张国刚　著

胡天汉月映西洋

丝路沧桑三千年

生活·讀書·新知 三联书店

Copyright © 2019 by SDX Joint Publishing Company.
All Rights Reserved.

本作品版权由生活·读书·新知三联书店所有。
未经许可，不得翻印。

图书在版编目（CIP）数据

胡天汉月映西洋：丝路沧桑三千年／张国刚著.—北京：
生活·读书·新知三联书店，2019.2（2023.6 重印）
ISBN 978－7－108－06403－5

Ⅰ.①胡… Ⅱ.①张… Ⅲ.①丝绸之路－文集 ②文化交流－
文化史－中国、西方国家－文集 Ⅳ.① K928.6-53 ② K203-53

中国版本图书馆 CIP 数据核字（2018）第 223263 号

特邀编辑	孙晓林
责任编辑	冯金红
装帧设计	蔡立国
责任校对	张国荣
责任印制	董 欢
出版发行	生活·讀書·新知 三联书店
	（北京市东城区美术馆东街 22 号 100010）
网 址	www.sdxjpc.com
经 销	新华书店
印 刷	河北鹏润印刷有限公司
版 次	2019 年 2 月北京第 1 版
	2023 年 6 月北京第 4 次印刷
开 本	635 毫米 × 965 毫米 1/16 印张 20.5
字 数	270 千字 图 154 幅
印 数	20,001－23,000 册
定 价	72.00 元

（印装查询：01064002715；邮购查询：01084010542）

丝绸之路示意图

目 录

序说　丝绸之路上的政治经济学 ………… 1

第一章　西域交通与文明汇集 ………… 15
 1. 说"西"道"东"话丝路 ………… 16
 2. 西域交通与文明汇集 ………… 28
 3. 丝路经贸：历史的变迁 ………… 35
 4. "CHINA"的故事：是瓷器还是丝绸 ………… 40
 5. 丝绸就是"硬通货" ………… 45
 6. 丝绸技术的西传 ………… 52

第二章　丝路上的"西游记" ………… 57
 1. 张骞的那次旅行 ………… 58
 2. 甘英出使东罗马 ………… 62
 3. 玄奘之前的"西游记" ………… 66
 4. 和氏璧与汗血马 ………… 73
 5. "花和尚"鸠摩罗什 ………… 78
 6. 刺客聂隐娘：哪里学来的法术？ ………… 81

第三章　飞天的文化意象 ………… 87

1. "胡人"都是什么人 ………… 88
2. 佛教东来三部曲 ………… 94
3. 杨贵妃与安禄山能有什么关系？ ………… 103
4. 飞天：中印文化的混血儿 ………… 108
5. 箜篌·胡笳·琵琶：汉唐丝路上的胡乐入华 ………… 114
6. 景教与丝绸之路的那些故事 ………… 119

第四章　香瓷之路 ………… 125

1. 宋元时代南海香瓷之路 ………… 126
2. 造纸术西传：背后的故事 ………… 132
3. 出口转内销：指南针的反思 ………… 137
4. 成吉思汗的铁骑究竟打到了哪里？ ………… 143
5. 横跨欧亚：那些著名的东方游记 ………… 146
6. 《马可·波罗游记》：从发现契丹到发现世界 ………… 152

第五章　何处红毛番 ………… 159

1. 三保太监 vs 航海王子 ………… 160
2. 葡萄牙人是如何来到澳门的？ ………… 166
3. "佛郎机"在哪里？ ………… 171

4. 何处红毛番 ………… 176

5. 大西洋与欧罗巴 ………… 182

6. 非我族类与华夷之别 ………… 189

第六章 神圣的边界 ………… 193

1. 神圣的边界：想起了利玛窦 ………… 194

2. 徐光启："西学中用"的第一个版本 ………… 199

3. 《职方外纪》所展现的世界图像 ………… 202

4. 国王数学家：来华耶稣会传教士 ………… 208

5. 康熙与罗马教皇的交往 ………… 213

6. 火炮：影响了明清易代 ………… 216

7. 洋房：三巴寺与西洋楼 ………… 220

第七章 想象的异邦 ………… 227

1. 《字汇》与"初民语言" ………… 228

2. 《赵氏孤儿》与欧洲道德诉求 ………… 234

3. 法兰西梦幻：中国模式，还是英国模式？ ………… 240

4. 英国媒体看中国：党派斗争中的他山之石 ………… 245

5. 虚幻与真实：从鲁滨逊到安森 ………… 250

6. 冯秉正《中国通史》：法文版《纲鉴易知录》 ………… 254

7. 政治无意识：西方解读中国历史 ………… 257

第八章　丝路商品与欧人新生活 ………… 263

1. 中国商品与欧洲的"中国趣味" ………… 264

2. 茶叶与英国茶会 ………… 271

3. 丝绸贸易与技术传播 ………… 279

4. 瓷器贸易与技术交流 ………… 285

5. 外销瓷："海上丝路"的一抹晚霞 ………… 294

第九章　启蒙时代欧洲的中国观 ………… 307

1. 从认同到识异 ………… 308

2. 欧洲"他者"的叙事模式 ………… 310

3. 中国人的性格 ………… 312

4. 时代的变奏 ………… 315

5. 反观诸己的镜像 ………… 318

后记 ………… 320

序说　丝绸之路上的政治经济学

欧亚大陆和濒临地中海的北部非洲，自古以来构成了一个"世界岛"！轴心时代的巴比伦文明、埃及文明、印度文明、希腊文明和中华文明，都孕育于兹，繁荣于兹。20世纪初叶，英国学者麦金德（H.J.Mackinder，1861—1947）认为，相对于世界岛而言，美洲大陆、英伦三岛、澳大利亚、日本列岛，只属于被大西洋、太平洋、印度洋、北冰洋隔绝的边缘地带。

——其实，这个世界岛是被丝绸之路连接着的。

至少在古罗马时代，地中海周边的海陆通道都是畅达的。西欧亚大陆乃至南亚地区，自古以来就交往密切。比如，公元前2000年到公元前500年，印欧人的民族大迁徙，从今天的伏尔加河、第聂伯河中下游出发，重塑了西欧、南欧、北欧、西亚、南亚的民族分布。又比如，公元前4世纪马其顿国王亚历山大东征，从地中海横扫西亚、中亚和南亚，把希腊文明带到了巴克特里亚（今兴都库什山以北阿富汗东北部地区）。总之，西欧亚大陆及北非地区，由于种族、宗教、文化、战争和经济的联系，交流密切。只有更加遥远的极东地区——中国，因为高山（喜马拉雅山脉）和大漠的阻隔，处在一个相对独立的地理区域，发展出独特的华夏文明。所以，对于西部世界而言，真正具有"他者"异质的东方，不在尼罗河，不在高加索，而是在天山以东地区，在中国。

把中国文明与西欧亚及地中海世界链接起来的通道，就是陆上和海上的丝绸之路。

一

公元前2世纪中叶，张骞受汉武帝派遣，凿空西域，开通丝绸之路，成就了他的一世英名。这是众所周知的事实。其实，早在张骞之前，走通东西方通道的，是众多不知名的英雄。商周玉器，并不产自内地，而是通过"玉石之路"从新疆和田运来。《管子》多次谈到"禺氏之玉"（王国维认为"禺氏"就是"月氏"），也许就是这条路上的"走私品"。但是，为什么到了张骞之后，丝绸之路才真正建立和发展起来呢？这与丝路此端的汉唐帝国国力强盛密切相关。

先秦时期，玉石之路上的商品往来，具有私人贩运性质，而且贩运的主体很可能是西戎民族。秦穆公称霸西戎，对于东西贸易的开拓，有一定促进作用。秦朝及汉朝初年，匈奴几乎垄断了通往西域的道路，也自然垄断了丝路贸易。只是到了汉武帝之后，凭借父祖几代六十年的休养生息政策，积累起来的国力，果断采取反击匈奴的政策，因此才有张骞的出使。

张骞来到大月氏新定居地（今日之阿富汗），引起他注意的是蜀地的竹制品和纺织品，当地人告诉他，这些物品是从印度来的，带着军事外交目的出使的张骞，不经意间就发现了经过四川、云南到缅甸而至印度的商贸通道。张骞第二次出使，携带了更多的物品，分送出使诸国，虽然这不算官方贸易，却促进了西域诸部族和邦国来华。这些外邦来使，与其说是向风慕义，不如说是为了经贸往来。

继汉武帝建立河西四郡之后，昭宣时代和东汉王朝，致力于建立西域地区的军事管理体制——西域都护，从而保障了这条贸易通道的畅通。唐朝设立安西四镇以及伊西北庭都护府，对葱岭东西地区的羁縻府州，实行了有效的控制，从而使唐朝的丝绸之路，比之于汉代有了更加长足的发展。可以说，汉唐时代的国力强盛，是丝绸之路得以建立、巩固与发展的先决条件。

值得提出的是，葱岭以西的道路建设，早在汉代官方开通丝绸之路交通之前，古波斯帝国和亚历山大帝国时期，就有相当的水平。

古代丝绸之路示意图

罗马和波斯，都很重视道路的修建与维护。以波斯帝国为例，修建了从帝国的四个首都，通向各地的驿道。在帝国的西部，有一条从古都苏撒（Susa）直达小亚细亚以弗所城（Ephesus）的"御道"，长达2400公里，每20公里设一驿站及商馆，亦有旅舍供过往客商留宿。驿站特备快马，专差传送公文，急件可逢站换骑，日夜兼程，整个路程7日到达。波斯皇帝夸口说，他在苏撒宫中能吃上地中海的鲜鱼，似乎比杨贵妃在长安吃上四川的新鲜荔枝有过之而无不及。在帝国东部，自巴比伦横跨伊朗高原，经中亚各城市而到达大夏（即巴克特里亚，今阿富汗北部地区）、印度。显然，波斯帝国的道路，把中亚、两河流域、小亚细亚、叙利亚和埃及串联了起来。亚历山大帝国时期，在从大夏到埃及的广大东方地盘上建立了

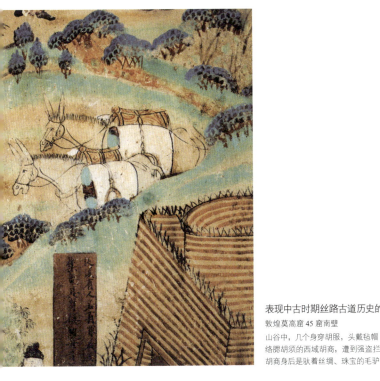

表现中古时期丝路古道历史的"商人遇盗"壁画
敦煌莫高窟 45 窟南壁
山谷中,几个身穿胡服、头戴毡帽
络腮胡须的西域胡商,遭到强盗拦路抢劫
胡商身后是驮着丝绸、珠宝的毛驴

以"亚历山大里亚"为名的新城 70 余座(经考古证实的不下 40 座),从地中海滨向东蔓延到阿富汗、印度边境。在西汉,张骞打通西域而建立起从中原经新疆至大夏的商路后,中亚原有道路网中的主要干线便成为丝绸之路的西段,从长安横贯中亚、西亚到欧洲,构成了陆上丝绸之路经济带。

二

丝绸之路对于中国方面来说,主要是边境贸易,中国人主动出境贸易,不占主流。文献记载,陆上丝绸之路担当东西贸易的商人主要是塞种人,即大月氏人、匈奴人,中古时期则以粟特人为主流。《北

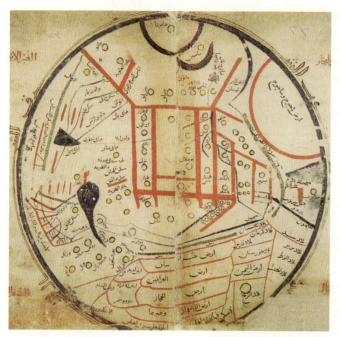

11世纪阿拉伯世界地图
流传至今最早而又完整的中亚地图。喀什葛里绘制
图中注记有当时的中亚和西域的重要国家、城镇及突厥部落分布

齐书·和士开传》说和士开这位北齐宠臣是西域胡商之后。前些年出土的虞弘墓、安伽墓、康业墓等，墓主人都是在华粟特胡商或者其后裔。唐宋以后海上丝绸之路，主要是波斯人和阿拉伯人为主，还有部分犹太人。不是说华人没有参与丝路贸易的。《法显传》提到，法显从斯里兰卡返回中国的途中，就是因为中国商人（同时也是法显的檀越）对他的保护，才免于同船婆罗门商人的戕害。但是，由于社会结构和宗教信仰的原因，也由于中国政府对于对外商贸的严格管控，华人参与丝绸之路上的贸易，不是用部族或家族方式，而是单兵游勇式的。阿拉伯人文献记载，公元9世纪的广州，外商有数万人之多。

关于边境胡商前来贸易的情况，《洛阳伽蓝记》卷三《城南》有一条对于北魏"四夷馆"前来贩货客商的记载："自葱岭已西，至于大秦，百国千城，莫不欢附，商胡贩客，日奔塞下，所谓尽天地之区

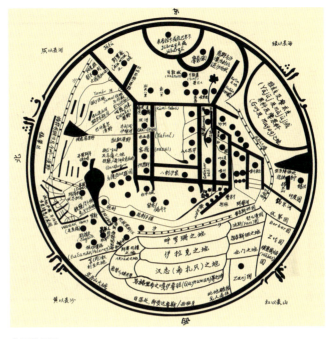

左图释义图

已。"这里的"商胡贩客,日奔塞下"已经把来华贸易的热络情景表现无遗。外商来了之后,"乐中国土风,因而宅者,不可胜数。是以附化之民,万有余家。门巷修整,闾阖填列,青槐荫陌,绿树垂庭,天下难得之货,咸悉在焉"。据记载,这些侨居商人,即所谓西夷,"来附者处崦嵫馆,赐宅慕义里"。

隋唐一统,特别是唐太宗平东突厥、平高昌,促进了丝绸之路贸易发展。唐太宗对来自昭武九姓的使者(他们关心的大约正是贸易)说:"西突厥已降,商旅可行矣。"于是,"诸胡大悦"(《新唐书·西域传下》)。唐人文献和小说笔记里,商胡(或胡商),是出现频率甚高的词汇。吐鲁番出土文书中,对于贸易物品的规格和价格管理井井有条,显然这些措置是为适应边境贸易的外商而制定的,当地居民不可能有如此巨大的需求。唐朝在边境地区,还专门设置了管理商贸活

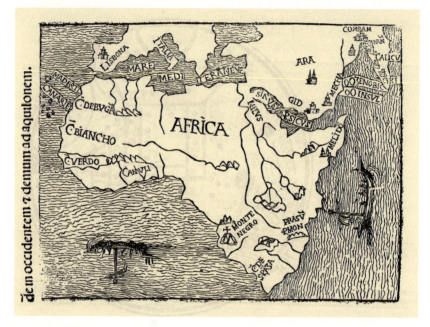

最早的单幅非洲全图
16 世纪初，根据达·伽马最新航海信息绘制

动的"互市监"，安禄山和史思明最早在幽州做互市牙郎，就是管这项工作的。他们通"六蕃语"，与外商谈生意有优势。边贸开市，"市易之日，卯后，各将货物、畜产，俱赴市所。官司先与蕃人对定物价，然后交易"（《白孔六帖·互市》）。边境节度使热衷于边贸，因为这是其重要的财政收入之一。而这笔收入，中央政府是把它计算在边军经费开支中的。《新唐书·西域传下》说："开元盛时，税西域商胡以供四镇，出北道者纳赋轮台，地广则税倍。"

宋代，西北地区掌握在西夏政权手里，海上贸易因而兴盛起来。13 世纪的蒙古帝国建立了横跨欧亚的大帝国。东西方贸易空前高涨，威尼斯商人马可·波罗一家就是从中亚陆路来华的。《马可·波罗游记》关于中国的记载，最为突出的描述集中在经济、商业、道路走向和地形上，反映了作者作为商人的主要兴趣所在。他不仅提到金银、宝石、珍珠、盐、稻米、谷物、大黄、姜、糖、香料，令他关注的还有瓷器、

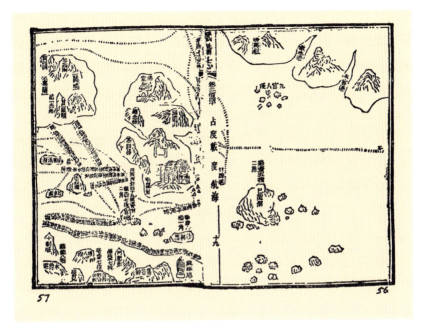

郑和航海图（局部）
应绘制于第六次下西洋之后。西方大航海前夜中国远洋航海的宝贵记录

纺织品和丝绸。他诧异地说，"大汗用树皮所造之纸币通行全国"，当金银一样充军饷。国内的交通运输、关津道路、驿站以及物价的管理，以及蛮子（原南宋地区）居民的工艺和经商才能，宏大而美丽的城市与港口，有着舟楫之利的广阔的水域系统，都令马可·波罗赞叹不已。

三

16世纪开始的大航海事业，是近五百年以来最重大的事件之一，欧洲人的东来形塑了今日的世界格局。这一伟大事变背后，就与"丝绸之路"直接相关。

元朝以后，西域地区出现了哈密、别失八里、柳城、于阗、火州以及吐鲁番等割据政权。帖木儿汗国（1370—1507）控制了中亚，奥斯曼帝国（1299—1922）统治了西亚，特别是1453年拜占庭灭亡之后，丝绸之路的陆上通道和海上通道，都不同程度地受到阻碍。因此，15世纪末欧洲人的航海事业，其重要动力之一，就源自破除丝绸之路的阻塞，适应东西方贸易增长的需求。欧洲人不满意丝绸之路被西亚和北非的阿拉伯中间商人所垄断，他们这回携航海技术进步的优势，要直接走到东西方贸易的前台，航船所向，就是遥远的中国和印度！

在葡萄牙人1498年进入印度洋以前，东方商品运往欧洲和非洲北部的通道有波斯湾和红海两条。波斯湾一线是自波斯湾入口处的霍尔木兹上行至巴士拉，叙利亚和土耳其商人，在此提取赢利丰厚的商品，经西亚陆路运往叙利亚或黑海的大港口，威尼斯人、热那亚人和加泰罗尼亚（今属西班牙）人，前来这些港口购买提货。

取道红海的货物则多来自马六甲，经印度西南的卡利卡特（即中国古书上的古里），或阿拉伯半岛南端的亚丁，进入红海，在图尔或苏伊士卸货，并由陆路运往开罗。到达开罗的货品一部分前行至亚历山大，

1519年，葡萄牙出版的东印度群岛和摩鹿加群岛（亦称香料群岛）航海图
首次显示出可清楚辨认的马六甲海峡，首次描绘出摩鹿加群岛（即香料群岛）的位置

直接由威尼斯、热那亚和加泰罗尼亚商人趸去；另一部分则由北非的撒拉逊商人，从亚历山大运往北非的各地中海港口和一些内地城市。

从中可见，传统丝绸之路的中端控制在伊斯兰教徒手里，在西端，整个欧洲的地中海贸易则主要被意大利人垄断。面对丰厚的东方贸易利润与东方消费品的诱惑，欧洲各国充满了羡慕和嫉妒！于是西班牙和葡萄牙率先扬帆，目的就是寻求一条不受意大利人控制，也避开阿拉伯人要挟的通往东方的道路，清除远东与西欧之间丝绸之路上的所有中介掮客。

可是，西人东来，不仅冲破了中间商的盘剥与垄断，也冲击着中国政府特别是明朝政府在丝路所经南海地区的朝贡体系。明朝开始直接面对西方，中国内地商品通过澳门大量进入西方市场。有数据表明，万历八年至十八年（1580—1590），自澳门运往印度果阿的生丝每年3000多担，值银24万两，崇祯八年（1635）达到6000担，值银48万两。经由马尼拉运至美洲的中国商品则成为太平洋大帆船贸易中的主要货物来源。世界市场对中国商品的大量需求无疑为中国沿海商品经济的发展开辟了广阔前景。清朝在康熙朝巩固了对于沿海和台湾地区的统治后，基本上把海上贸易集中在广州一地的十三行。中国主要外销商品，有瓷器、茶叶、布匹等。

中国在对外贸易中始终处于出超地位，积累了大量白银。明清时代，中国的货币改由白银计量，这是重大原因。这就存在一个巨大风险，明清时期国内金融政策是取决于国际贸易中白银的进口赢缩。东南地区甚至因为生产能够赚取"外汇"（白银）的经济作物，而出现了粮食短缺，需要从北方或者外国进口的情况。

随着墨西哥地区白银开采量的减少，为了平衡中外贸易，欧洲主要是英国人开始向中国销售毒品鸦片，这些鸦片多数是英国在南亚或者东南亚殖民地生产的，运销中国十分方便，从而使中西贸易变成了毒品换取商品的畸形结构，乃至导致激烈的政治和军事冲突。历史来到了另外一个十字路口！

为什么中国政府一次次拒绝欧洲国家主动贸易行为，诸如订条约、设使馆、开商埠，就是因为历史上中国的陆上或者海上的丝路贸易，都是中国与周边国家政治关系的一部分，政治上的互信与经济上的往来密不可分。

可是这一次，18、19世纪的中国，面对的不再是传统意义上的朝贡体系中的诸国，欧洲人也没有奇珍异宝，可以平衡中国丝绸、瓷器、茶叶等对外贸易的巨额出超。于是，大量白银涌入国门，冲击着中国的金融秩序，朝廷财政严重依赖白银进口，中国东南地区的产业分工甚至也依赖上了对外贸易。这是汉唐时期所不曾有过的。于是，当欧洲人为了平衡贸易逆差，向中国销售毒品鸦片时，经济贸易演变成政治和军事冲突，已经势不可免。

汉唐以来，丝绸之路上中国与西方的经济与贸易关系的起伏变化，也是我们观察"一带一路"沿途国家和地区，政治实力兴衰消长的晴雨表。

四

截至19世纪中叶，"一带一路"上的中西关系，可以划分为两个不同的发展时期。

前一个时期，从远古时代到郑和下西洋结束的15世纪前期，可以称为古典时期。又可以分为两个不同的阶段，汉唐时代，陆上丝绸之路为主体，西域的交流最活跃；宋元时代，海上香瓷之路则有了更重要的地位，南海的贸易最繁盛。

从直接交往的地区而言，12世纪以前的中西交往主要是中国与西亚、中亚及南亚的交往，与欧洲人的直接往来极其罕见。13、14世纪，蒙古人的帝国造就了欧亚大陆直接交通的便利条件，欧洲的旅行家、使节、传教士开始设法进入中国。他们都是通过西亚的陆路前来，进入西亚之后，或者北上俄罗斯大草原抵达中国边境，或者南下波斯湾经过一段海路在中国东南沿海登陆。这些零星来访者在中国多数行色匆匆，元代在北京和泉州曾建立天主教教区，无奈时间不长且在此工作的欧洲人也很少。

后一个时期，主要是明清时期，从 15 世纪后期到 19 世纪初叶，相当于新航路开辟以来的三个世纪，我们可以称之为近代早期（亦可称为启蒙时期，两种称法都是欧洲中心的）。就地区而言，这个时期中国与亚洲国家的交通往来依然频繁，但是最具影响力的是中国与欧洲的交往。此时期，中国在政治上是主权独立的（与 19 世纪中叶以后逐渐陷入半殖民地不同）；在经济上，中西仍然进行大体自愿的贸易往来。虽然中国在经济和科学领域已经逐渐落伍，但西方文明的东渐和中国文化的西传仍然保持一个互惠和平等的格局。

15 世纪末期以来，以哥伦布（1451—1506，热那亚人）发现美洲、达·伽马（1460—1524，葡萄牙人）开通欧洲—印度洋航路和麦哲伦（1480—1521，西班牙人）环球航行为代表的许多航海活动，促进了欧洲各国航海事业的进步，随之而来的是海外殖民势力扩张活动的加速发展。此时，欧洲人频频由海路造访中国，大多数绕过好望角斜插印度洋，抑或有人经由美洲贯穿太平洋。取道西北陆路来华几乎只是俄国人的专利，西欧各国虽多次努力想从俄国借道，但成果微茫。16—18 世纪承担中西文化交流使命的主要是耶稣会士。耶稣会士既深刻影响了中国人对于基督宗教的观念，也深刻影响了欧洲人对于中国的看法。作为一个整体的耶稣会士所塑造的中国形象成为这时期欧洲人认识中国的起点，成为欧洲人勾画自己心目中"中国"的基础。

从思想文化交流的层面而言，汉唐时代，影响中国的主要是西域的佛教；宋元时代至于明初，传入中国的主要是伊斯兰文化。至于近代早期（1500—1800），则是欧洲的基督教文化通过传教士入华。这个时期的中西文化关系，基本上是一个中学西传的单向流动过程，虽然经耶稣会士之手，有部分西方科技与基督宗教思想传入中国，但与中学西传的规模和影响相比，可以说很不起眼。相反，汉唐时期佛教入华，无论是东来传法，还是西行取经，也几乎是单向的自西徂东。中国以"四大发明"为主体的工艺性文明则在唐宋时代传到西方世界。

19 世纪是西方殖民主义向全球扩张的帝国主义阶段，像中国这样不曾如印度那样沦为殖民地的主权国家，也因为鸦片战争而被迫打开了国门，脚步沉重地迈出了中世纪；西学东渐日益强盛，以致出现西潮汹涌的另外一种单向流动的局面。

总之，远东地区与欧亚非大陆的丝绸贸易，从上古的走私活动，到汉唐时代的边境贸易，乃至大航海时代以来的中欧直接通商，"一带一路"，源远流长。其背后的动能，也许是帝王们夹杂着野心和虚荣的政治抱负，也许有商贾们怀揣着发财梦想的各种算计，也许还有僧侣们追求真理、传播信仰的宗教热情，以及众多热血男儿不辱使命、不畏艰险的报国精神。

金戈铁马，血雨腥风；胡天汉月，羌笛驼铃；天方海舶，贾客乡情；丝路花雨，木铎声声。

在物质和精神文明流淌的背后，人类共同的命运，也由此而编织在一起。

（本篇第6—10页古地图载梁二平著《谁在地球的另一边》，生活·读书·新知三联书店，2017）

第一章

西域交通与文明汇集

丝绸之路是古老的东方与不断拓展的"西方"在数千年间经济与文化交流的大动脉。在希罗多德眼里,东方是那片未知的领域;在司马迁、班固笔下的西域,也是扑朔迷离,清晰又不那么清晰。那么,真正的"西方"在哪里呢?西方人眼中的东方又所指何处呢?

1. 说"西"道"东"话丝路

西方在哪里？

国人的观念中，"西"是一个特别具有异国情调的概念。

"西方"不仅是一个方位名词，同时也是一种文化符号。周穆王西巡、唐僧西游、成吉思汗西征、郑和下西洋、蒋梦麟的《西潮》、西学东渐的"西"，都是一个非常宽泛的地理文化概念。

中国人对"西"的认识是渐进式的。

最早的西域仅指帕米尔高原东西两侧的中亚地区，后来逐渐包括了南亚次大陆、西亚的波斯、地中海的东罗马帝国以及西南亚的阿拉伯，郑和时代又涵括了非洲东海岸。明清时期接触到欧洲人，知其比历史上所接触之地更靠西，则"西"的概念又扩展为欧西，并呼以"泰西""远西"，以示与早年之"西"的区别。古代中国史书上的"西海"可能是指波斯湾，也可能指黑海或地中海。

元代汪大渊《岛夷志略》频繁出现"西洋"的地名，如"龙牙门"和"北溜"条还有"舶往西洋"的说法，"旧港"条提到"西洋人"。元代周致中《异域志》记载有"西洋国""在西南海中"，研究者认为指的是马八儿，位于今印度之东南海岸。

明前期继承了元代"西洋"的说法，范围大体指今南海和印度洋地区。万历年间张燮《东西洋考》卷五就说："文莱，即婆罗国，东洋尽处，西洋所自起也。"该书把交趾、占城、暹罗、加留吧、柬埔寨、旧港、马六甲、亚齐、柔佛、文郎马神、地闷等国列为西洋列国，将吕宋、苏禄、猫里务、美洛居、文莱、鸡笼、淡水作为东洋列国。从今天的地理看，这些地方大都在东南亚地区，分类有些混乱。

晚明盛清时期，"西洋"已特指欧洲，各类欧洲事物都被冠以"西洋"之名，这样的概念延续到近代。

总之，我们讨论的"西方"随着历史步伐的演进而转移，大致在汉唐时代，"西"就是"西域"，大体在中亚西亚南亚地区，宋元及明中叶以前，"西"偏向"西洋"，主要是南海地区略及非洲东海岸，晚明盛清时期指"西"的重点是"泰西"即欧洲地区。近代以来"西"的地理概念淡出，政治文化内涵加重并且比较明显地定格为欧美文化。

"西域""西洋""泰西"——历史上中国人观念中的"西"有什

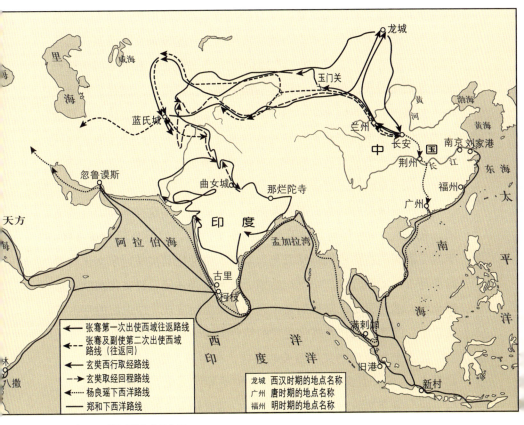

汉、唐、明时期对外交流示意图

么样的共同特征呢?

大航海之前人类重要的文明区域,除了以中国为中心的东亚文化圈外,以印度为中心的南亚(印度教与佛教)文化圈,西亚北非(伊斯兰)文化圈和欧洲(基督教)文化圈,都属于"西"的范围;人类最重要的具有源头性的四大文明中,其他三个文明区域都在中国的西部。在历史上,欧洲文明与西亚、北非及印度文明的亲缘关系十分密切。首先是语言学的联系,共同的印欧语系把相隔遥远的印度同英伦三岛、莱茵河畔连接为一体;其次是宗教的联系,希腊宗教、印度教、波斯古代宗教(琐罗亚斯德教、摩尼教)、犹太教、基督教、伊斯兰教之间的思维共性或历史联系,为东西方学术界所共同认知;而与此相关的西亚大陆及地中海周边地区拥有共同的神话和知识,也是不可否认的事实。

此外,还有战争的纠葛:从波希战争、希腊化时代,到十字军东征等等,造就欧洲文化的综合性。古希腊文化是欧洲文化的源头,马其顿国王亚历山大(前356—前323)的远征曾使西亚和北非经历过长期的希腊化时代,虽然这些地区的居民早有自己的发达文化,希腊文化不能真正取代当地文化,但彼此都留下了很多的融合痕迹。罗马帝国的文化不仅继承了雅典和罗马的古典遗产,而且也结合了西亚地区的文化。欧洲的基督教文明就带有强烈的西亚文化精神,以至在许多方面湮没了希腊文化的传统。

罗马帝国通过武力征服向欧洲各地传播的正是这样一种综合性文明,在公元1000年前后被及今天的整个欧洲,以至公元600—1100年间,欧洲的古典传统黯然失色。欧洲的中世纪其实是近东文化与希腊罗马古典的混合物。中世纪后期,文艺复兴才使希腊文化在欧洲重新显现,然而又是以阿拉伯文化为中介来重新显现。中世纪的拜占庭文化中,西亚特色和希腊化时代的特色更为明显。

与以上所有这些文化相关的事物,在中国人眼里都是"西"。由此看来,"西"其实就是中国人心目中的异域文化。中国人历来喜欢与"西"争夺文明的发明权和首创权,佛教传入之时就闹过"老子化胡"的笑话;近代西方科技文化传入之后,又有"西学中源"的奇怪说法。当然,欧洲人关于中国文化西来说、彩陶文明西来说、中国文字起源于埃及象形文字之类的论调也不绝于耳。即使到了近代,文明的发明权之争已经逐渐平息,中国人仍要以体用关系来调解"中"、"西"的各自定位(西体中用、洋为中用)。但是,中国人几乎从来不与"东"发生类似的纠葛。因为在东亚世界里,中国文化长期居于输出性主导性地位。

说到这里,难免又涉及中国人的天下观问题。

天下有多大?

学术界有一种看法,认为中国古代的"天下观"唯我独尊,古人普遍认为中华帝国才是人类唯一的文明,或者说唯一高等的文明。认为中华传统文化是一种目空一切、排斥一切的文化。这种看法比较片面。因为它无视了中国人心目中"西"的概念。

论及中国古代的世界观问题,有一些重要概念需要搞清楚。比如"四裔""天下"与"绝域"。中国古代对人类居住的"天下"(世界)的认识有三个不同的层次:第一个层次是仅指"中华",所谓"天下兴亡,匹夫有责",此处的"天下"实为"中华"。第二个层次,包括中华和四裔(夷狄),共同组成中国古代的天下观,这个"天下"的秩序通过朝贡来维系,其范围大体相当于今日的东亚世界。第三个层次是包括了"绝域",绝域一般指遥远的西方世界,但是绝对不包括东亚各国各地区。尽管中国人主要在第一和第二种意义上使用"天下"的概念,但是,不能否定中国人对西方世界(绝域)的朦胧认识。

中国古人对于四裔与绝域的分别不可能像今天的国界一样决然分明,实际上会随国势的强弱和时代的变化而有所变化。但是这样两个概念毋庸置疑是不同的。唐朝强盛时为了规范派出使节问题,有"绝域"与"入蕃"(或八蕃)的区别。其中"蕃"除了东亚诸地区外还包括了波斯,"以外为绝域"(《唐会要》,卷一百《杂录》)。

"天下"是指天子所统治的区域,并非一个客观的关于"世界"大小的观念。汉代以来,中国人对世界地理范围的认知不断扩大,"天下"的范围也有所调整,但调整的依据并非地理知识,而是天子的影响力。西汉已发展出关于"天下"的三重范畴。第一层是汉朝的郡县;第二层是汉朝以农业地带为主的周边,其中的国家是其藩属,汉朝皇帝借由朝贡与册封体制与之连接。第一层与第二层即是中国人所认识的天下。第三层可谓天下之外,被称之为异域、绝域,也是人的理性所无法认知的世界,因此天子可以不需要支配这个区域。简而言之,"天下"是由中国以及与中国有朝贡、册封关系的域外国家所建构的政治系统。那么"化外"是什么呢?

古代中国的理想政治形态可以大致分为三个层次的同心圆。"化内"是最内圈,即皇帝直辖的郡县区域,其人民被称为"华(人)""汉(人)"。此层之外的区域统统是"化外",人民即为化外之人,也被称为"夷(人)""蕃人"。但化外之地又可以分为二层,内层是中国的藩属国,亦即是"天下"之内的化外之地,此区域虽属蛮夷之地,但文明相对较高,其君长向中国天子朝贡并接受册封,其人民也因之得以进入文明世界。化外之地的外层则在"天下"之外,是绝域、异域,是天子教化所不及之地。涉及领土归属权问题,则包括化内之地与"化外"内层在内的"天下"皆是天子领土。

用现代概念简单地说,中国古代有一个"东亚世界"和"西方世界"(绝域)的观念,东亚世界都是笼罩在中国文化圈之内,是中国人"天下"观的主要内容。在东亚世界里,古代中国的国家政策以追求一种文化上的统治地位为满足。对于东亚世界的成员,只要接受中华礼仪文化,就可以被纳入朝贡国的地位。否则,就有可能发生兵戎相见的冲突。因为古代国家的安全观,乃是以文化和价值观念上的同与异来确定,文化上的认同是界定国家安全与否的关键因素。

但是,对于西方世界(绝域),中国人自古以来就有一种异域外邦的意识,"西方"从来都是一块代表非我族类之外来文化的神秘地方。

对于西方人的朝贡，中国皇帝从来不作刻意追求，即不在乎西方国家是否入贡朝觐。1500—1800年间，西方国家企图要以自己的方式挤进这个东亚秩序之内，一再遭到拒绝，拒绝的一个重要原因就是这些西洋国家过于遥远，鞭长莫及。但是，这并不妨碍康熙皇帝基本上以平等的心态与罗马教廷进行外交往来。到鸦片战争期间，西方凭借坚船利炮轰塌了中国人的世界秩序观。

西人看"东方"

欧洲人眼中的东方，也是一个不断变化的世界。

在希罗多德那里，东方还是一片混沌。他根据《阿里玛斯培》叙事长诗，对于远东的描述，充满了神秘色彩，有守卫阿尔泰山的金库的雕头狮身兽，有希伯波里安人奇异的金苹果。至于秦尼、赛里斯等称谓，也是从不同路径获得的关于中国的知识。中世纪的桃花石、契丹、蛮子、行在、刺桐，都传递中西方获得的关于远东的多多少少真真假假的信息。

在葡萄牙人于15世纪初开始沿非洲海岸摸索着前进以前，欧洲人所熟悉的东方世界只有北非和中东。他们关于印度的知识是模糊的，关于中亚、东亚的知识则更不清晰。欧洲人的东方意识，从近东一直到远东，也有一个发展变化的过程。总之，中国的"西方"与欧洲的"东方"其实都表达了人类普遍存在的一种文化心理：文化本位意识和文化相对意识并存的心态。文化本位意识和文化相对意识既矛盾又统一，这是由于不同文化的差异性和共通性之间的矛盾统一关系而造成，它们是不同文化交流的一个基础，但也经常构成障碍。文化本位意识与文化相对意识之间的矛盾与冲突伴随人类整个文明交流史，也是中西交往中常在常新的问题。

结合近代早期以来欧洲人世界观念的发展历程，以及直至今天还能被感觉到并且已经不只影响于欧洲人思维的世界区域分类观，可以总结出欧洲人自大航海时代以来不断扩充并在19世纪基本确立的一个世界分级体系。

这个体系可以清晰地分为五个层级。

第一层是大航海时代萌生的旧大陆与新世界之别，以大洋之隔为划分依据，旧大陆包括非洲和欧亚大陆，新世界包括航海活动中陆续发现的所有新土地，如美洲、澳大利亚、新西兰和太平洋诸岛。

第二层是对欧亚非这块超级大陆内部的划分，标准为"文明"与"野蛮"，这种观念由来已久，并在近代早期随着欧洲人同外界的接触增多而不断巩固。撒哈拉沙漠以北以东的地带被历史学家称为"核心文明区"，撒哈拉沙漠以南则是一个从文化上和生物学上都与"核心文明区"区别明显且接触有限的世界，而这种特征被定义为非洲文化的基本特征。同时，欧亚大陆的北部即北西伯利亚和中央西伯利亚并不包含在"核心文明区"，该地居民被认为仅通过皮毛贸易和技术交换而与南部地带保持一定联系，实质上仍处在野蛮状态。

第三层是"核心文明区"内部的"东"与"西"之分。前两层划分在形成之后的漫长时期里基本固定不变，但第三层划分涉及的各种概念始终在不停变化，所指的地理范围也相应变化，这就是亚洲与欧洲之所指、东方（Orient）与西方（Occident）之所指、东（East）与西（West）之所指。"欧洲"和"亚洲"是地理实体的划分。"亚洲"最早是指现在土耳其西北的这块地方，然后被希腊地理学家向东和向南延伸至整个地中海东岸地区（黎凡特），随着欧洲人对其东边地区的认知陆续扩大而一路东扩至太平洋西岸。"东方"与"西方"则是历史学家使用的表达文化差异的术语，这对名词所指的地方并不总是与"亚洲"和"欧洲"相吻合。

不过"东方"一词也如"亚洲"一词那样内涵不断扩张。"东方"的原始含义是指西南亚一带，7至8世纪阿拉伯人征服西南亚之后，"东方"的含义变成与基督教世界相对立的外国文化区，继而就成为伊斯兰教的同义词，故其所指也涵括了位居南方的北非。大航海时代以来，随着欧洲殖民网扩张至印度洋和南中国海，"东方"的概念继续向东推进。当19世纪印度逐渐成为东方学家研究的基本课题

欧亚草原动物纹样的虎形金饰
战国　新疆阿拉沟墓地出土

时,"中国"也开始被涵括在"东方学"领域。至于"东"(East)与"西"(West)这对概念,"东"早先是指基督教王国之内的东正教领地,即拜占庭帝国与俄国教会的势力范围,但后来更经常地成为"东方"(Orient)的同义词,指欧洲范围之外的广阔的外国地区。从这三对概念的历史演变过程中,我们可以看到,中国明确出现在其中任何一对概念的指称范围内都是很晚的事。另一方面,中国到19世纪的时候已经同时出现在"亚洲""东方""东"这三个概念的指称范围之内,亦即此时这三个概念在"中国"这个区域是可以重合的。明了这一点,也就可以明白,在欧洲人的第三层空间划分——东西之分形成与发展的相当长时间里,中国虽已存在,但尚未真正显影,只是作为一种模糊的传说包含在"非西方"的土地中。

既然"亚洲"和"东方"是被欧洲人逐渐扩大的,而它们实际上包含了许多种差异巨大的文明,那么与欧洲人的认识过程相符,接下来就是针对"亚洲"或"东方"的第四层划分,这次的标准是宗教性的,即奉圣书的人(犹太人、基督教徒、穆斯林)与其他宗教信仰者。前者对应的是西南亚地区,也是历史上欧洲人最先认识到的"东方",后者所指的是更靠东的亚洲地区,而在历史上就是"印度"(India)这个词之所指。在古代欧洲地理学中,"印度"意指最东方,这个概念被文艺复兴时期所继承并随着对更多东方地理空间的渐次发现而

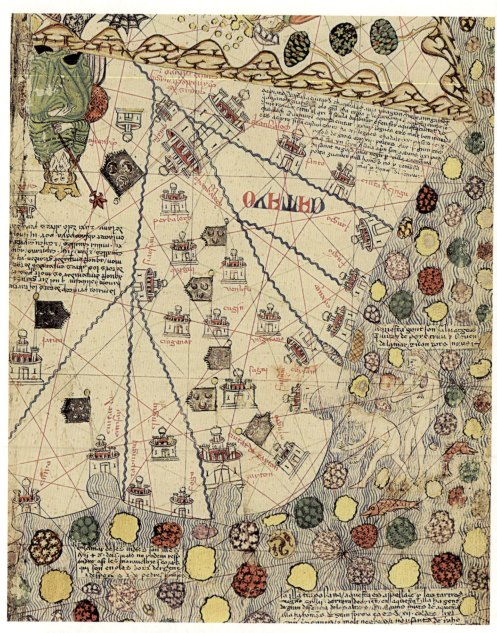

被誉为中世纪最好的世界地图《加泰罗尼亚地图集》之中国部分

北方是契丹,都城"汗八里"(北京),南方有"刺桐"(泉州)和"行在"(杭州),还有发源于西北,向东流入海洋的两条大河及支流(载梁二平著《谁在地球的另一边》)

不断扩展，直到它包括了地球的大部。比如奥特利乌斯（Abraham Ortelius）1570年制作的印度地图就包括了当今亚洲的南部、东部和东南部。在其他一些地图中，甚至美洲和埃塞俄比亚也被算入印度。无疑，中国在这时也是被包括在"印度"之中的。从18世纪开始，"印度"的范围渐趋缩小，先是被限于指南亚和东南亚，继而又依循英国人的殖民范围而专指南亚。20世纪，这个词的含义进一步缩小，直到仅指当前这一个同名国家。

18世纪，随着"印度"的范围不断缩小，分布在当今印度以北和以东的地区便呈现出独立形态，但它们并未立即被按国界线界分，而是首先以文化区域的形态出现，由此便在18世纪后期出现了针对东方之"印度"与"非印度"的第五层划分。这就是以宗教纽带相联结的印度次大陆同儒家文明圈之分，前者是指信奉印度教、小乘佛教和大乘佛教的地区，后者则是以中国内地为核心，并包括朝鲜、日本和中南半岛部分地区。

需要注意的是，在"核心文明区"范围之内，与欧洲空间距离越远的地区，就被认为同欧洲在精神与文化上愈加疏远。基督教王国与伊斯兰教王国之间的划分其实是核心文明区之内最浅近的一层划分，基督教徒与伊斯兰教徒因广泛的社会共性和哲学共性而历史性地联系在一起，而双方长期坚决否认这种共性的一个重要原因是尚未找到共同的文明对立者。奉圣书的人与印度教及印度佛教的信仰者之间在科学、数学、部分神秘主义行为和宗教概念等文化层面的各方面上也有不少近似之处，导致欧洲人把这两个群体分开的是双方在基本的社会结构和意识形态结构方面的差异。事实上，现代西方学者越来越多地提到基督教文明与伊斯兰教文明间的同源性，以及它与印度文明间的相似性。与此同时，"中国文明"相对于其外部所有文明的异质性也越来越突出，所以儒家文明圈与核心文明区其余部分之间这条界线最晚显现，并随着它日益清晰而终于成为欧亚大陆上最深刻的历史裂痕，"东方"的本质特性终于由儒家文明圈来代表。从19世纪以迄于今的西方公众想象中，如果说有哪种现存文明在时间上、空间上和内涵上距离西方或欧洲最遥远,那无疑就是"中国文明"。*正是在这个意义上,才出现了"真正的东方始于天山,而不是高加索或者苏伊士"的判断。

总之,欧洲人地理知识的增长总是与文化观念或意识形态上的"人我之别"日趋精致复杂相伴随。而且我们要记住,在欧洲人自文艺复兴以来逐渐丰富完善的世界分级体系中,作为地理单元的"中国"到18至19世纪才渐趋明确,并且这又与中国的文化特征或宗教特征被欧洲人最后确认的过程同步。那么将中国的地理轮廓和文化轮廓独立出来,仅仅是由于亚洲或东方的其他部分被逐渐归位后自然剩余的结果吗?当然不是!欧洲人从地理上认识中国的同时,就一直努力从文化和宗教上界定中国,至少从中世纪晚期亲临中国的马可·波罗就开始这样了。而欧洲人的这种"爱好"正是欧洲人古已有之的等级制世界地理观之自然延伸。在欧洲人"认清"中国的位置与文化性质的过程中,最堪玩味的,莫过于中国文明并非一开始就被欧洲人理解为欧洲文明的本质性他者,而其中部分原因却又在于欧洲人那长期被宗教意识覆盖的世界地理观的影响。在《马可·波罗游记》中,马可感受到中国与"我们"不同,但是"我们"的文化内涵是什么,连马可·波罗自己也不太清楚。其实,欧洲人正是在认识中国文化的过程中,认识到了欧洲文化自身的独特性。

链接东西:丝路的冠名

东方与西方的连接通道,自古以来没有一个专门的名词。1877年,德国著名地理学家李希霍芬(F. von Richthofen)在其《中国》一书中,把"从公元前114年到公元127年间,中国与河中地区(transoxiana,指中亚锡尔河和阿姆河流域以及泽拉夫尚河流域,包括

---

* 当然,撒哈拉沙漠以南的非洲、美洲和澳大利亚的土著文明被认识到和被认可是更晚近的事,在中国文明被界定为核心文明区的最另类时,它们还被排斥在欧洲人关于文明世界的想象之外。

今乌兹别克斯坦全境和哈萨克斯坦西南部。中国古代称之'河中'），以及中国与印度之间，以丝绸贸易为媒介的这条西域交通路线"称为"丝绸之路"（the Silk Road，德语作 Die Seidenstrassen）。其后，德国历史学家赫尔曼（A. Herrmann）在其名篇《中国与叙利亚之间的古代丝绸之路》一文中主张，将"丝绸之路"的西端延伸到地中海沿岸和小亚细亚。

赫尔曼的观点立刻得到西方一些汉学家的支持，从而逐渐被学术界接受。19、20世纪之交，一些西方探险家在新疆、甘肃等地进行考察，发现了古代中国与亚、非、欧交往的许多遗物，并在相关的著作中广泛使用"丝绸之路"这个名称，还把古代中原与西方以丝绸贸易为代表的文化交流所能达到的地区，都包括在丝绸之路的范围之内，不仅使"丝绸之路"的概念更加深入人心，也进一步扩大其空间、时间和承载物内涵。

这样，"丝绸之路"就成为从中国出发，横贯亚洲，进而连接非洲、欧洲的陆路大动脉的总称。此后相继出现了"丝绸之路"的绿洲道、沙漠道、草原道、吐蕃道、海上道等提法，"丝绸之路"的内涵被进一步扩大。同时，随着中西关系史研究的深入，"丝绸之路"也开始被人们看作是东西方政治、经济和文化交流的桥梁。于是，"丝绸之路"几乎成为中外文化交流的代名词。2013年，中国政府提出关于建设丝绸之路经济带和21世纪海上丝绸之路的倡议，即所谓"一带一路"，不仅有着巨大的现实意义和面向未来的长远关怀，而且包含着丰富而深厚的历史文化意蕴。

2. 西域交通与文明汇集

地球上的人类究竟是从非洲走出来的，还是各大洲都有自己的人类起源，在学术界还不能说完全没有争议。但是，有一点可以确定，在国家制度出现之前，人类不需要护照、签证，曾经历过广泛的民族大迁徙。从里海、黑海地区东迁到塔里木盆地讲印欧语的吐火罗人，就是这样的民族大迁徙中具有代表性的一支。阿尔泰山和天山之间的克尔木齐文化（克尔木齐在新疆阿勒泰市）与里海、黑海北岸的颜那亚文化（Yamnaya Culture）具有亲缘关系。后来统治河西走廊地区的具有印欧血统的月氏人（吐火罗人），很可能就是这种自西徂东的文化的传承者。

总之，在遥远的上古时代，远东地区与广袤的西域地区有交通往来。

西域地区的文化汇集

所谓"西域"，通常是对阳关、玉门关以西广大地区的统称，但这一概念的内涵有狭义和广义之分；不同历史时期的"西域"，所指的地理范围也不尽相同。而且，"西域"不只是一个地理概念，它还是一个政治概念。

汉代的西域，狭义上是指天山南北、葱岭以东，即后来西域都护府统领之地，按《汉书·西域传》所载，大致相当于今天新疆天山以南，塔里木盆地及其周边地区。

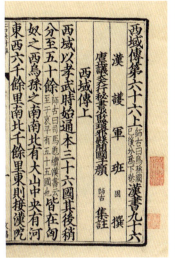
《汉书·西域传》书影

商胡牵骆驼壁画
唐代　河南洛南新区安国相王李旦孺人唐氏墓

　　广义上的西域则除以上地区外，还包括中亚细亚、印度、伊朗高原、阿拉伯半岛、小亚细亚乃至更西的地区，事实上指当时人们所知的整个西方世界。

　　比较汉唐时代的"西域"概念，可以更好地看出"西域"是一个范围不断变动的地理区间。随着唐王朝势力向中亚、西亚的扩展，从前汉代的"西域"变成安西、北庭两大都护府辖控之地，并因推行郡县制度，采取同中原一致的管理政策而几乎已成为唐王朝的"内地"。则"西域"被用来指安西和北庭以远的、唐王朝设立羁縻府州的地区，具体而言就是中亚的河中地区（Transoxiana，阿姆河和锡尔河之间地区）及阿姆河以南的西亚、南亚地区。

　　阿姆河，《史记》《汉书》称为妫水，两《唐书》称为乌浒河（当为古希腊语的对音）。锡尔河在汉语史料中称为药杀水（当为古波斯语的对音）。两河地区，处在蒙古草原和南俄草原之间，以费尔干纳盆地、塔什干地区、花剌子模三角洲、叶尼塞河上游、额尔齐斯河上游为中心，是古代游牧民族生活栖息的理想地域。

左：深目高鼻的青铜武士，
当为生活在西域的塞人形象
战国　新疆新源县出土

右：西亚风格的鎏金银胡瓶
北周　宁夏固原李贤墓出土

唐代广义上的西域与汉代狭义上的西域，其政治与军事功能相同，都是作为中原内地的屏藩。在两汉与匈奴的军事斗争中，在唐朝与阿拉伯人的利益冲突中，各个时代的"西域"也确实起到了缓冲作用。唐代广义上的西域概念比汉代的西域有所扩大，随着当时对西部世界认识的深入而扩展至地中海沿岸地区。

今天通常讲的"西域"指的就是两汉时期狭义上的西域概念。本书提到的"西域"，也同样多指这一地区。该地区在两汉时期是多种族、多语言的不同部族聚居之地，两汉政府虽然在当地设置都护府，并未改变该地区的政治结构，其主要目的在于保障丝绸之路的畅通。

从地理位置看，狭义的西域即塔里木盆地正处于亚洲中部，英国学者斯坦因将其称为"亚洲腹地"（Innermost Asia），可以说是非常形象，它四面环山，而斯坦因将此地的性质定义为"阻隔"古代几大文明发生地间的联系。不过，这道天然屏障并未完全隔离周围世界，一些翻越高山的进出口使它既保持与周围世界的联系，又得以利用自然的形势免遭彻底同化。

所以，西域地区其实是世界文明的交汇点，两河流域的波斯文

新疆塔里木壁画穿波斯装的吐火罗士兵

明、古希腊罗马文明、印度文明和中国文明都在这里汇聚。而在充分吸收这些文明的同时,西域也并没有被这些文化的洪流所吞没,而是经过自己的消化吸收,形成适合本地区本民族特点的独特文化。在这里可以找到众多古代文化的影子,同时也可以感受到西域文化的独特性,这正是西域文化的魅力所在。

北方草原之路

中西方的文化交流在丝绸还未成为主要流通商品之前的远古时期就已存在。

草原之路与绿洲之路的出现正是这种交流存在的具体表现,它们可谓"丝绸之路"的前身。先说草原之路。

"草原之路"通常是指始于中国北方,经蒙古高原逾阿尔泰山脉和准噶尔盆地进入中亚北部哈萨克草原,再经里海北岸与黑海北岸到达多瑙河流域的通道。古代游牧民族经常利用此通道迁徙往来,来自东欧的印欧语系族群斯基泰人(Scythian),汉代文献中的塞人、大月氏人,在公元前2000年就是沿此通道由西而东并南下印度，或东北行至阿尔泰地区。

有关商代的文献记载从另一个方向表明了草原之路的存在。商代建立之前，先民的迁移就非常频繁，此后商代国家巩固和领土扩张的过程中，同北方少数民族经常发生战争，促使他们向更北方向迁徙。因此，中国北部边境众多古代民族长期在草原之路一带活动，他们与斯基泰人，共同绘制了草原之路上文明流动的多彩画卷。

考古发现也丰富了草原丝绸之路上中西文化往来的史实。俄罗斯西伯利亚地区所发现的格拉兹科沃文化（Glazkovo Culture）墓葬中出土的白玉环，同商代流行的白玉环和白玉璧就有明显联系，形制与商代玉器类似，纹饰也相雷同，都有几圈同心圆刻纹。西伯利亚卡拉苏克文化（Karasuk Culture，前1200—前700）遗址中出土的弯刀、短剑、弓形器、饰物等青铜器及其动物纹饰，也与商代青铜器之间存在一定联系。因此有学者认为，卡拉苏克青铜文化的出现，是由于中国北方移民将中国青铜器带入叶尼塞河（Yenisei）流域的结果。这一事件当发生在公元前1500年前后，即中国的殷商时代。卡拉苏克文化遗址出土的陶鼎、陶鬲亦与安阳文化中这类器物的器形完全相同。

同时，外部世界的一些青铜文化，如伏尔加河（Volga）和奥格河流域略早于安阳文明的塞伊姆文化（前14世纪—前8世纪）也对中国商代青铜文化产生了一定影响，表现在白玉指环、弯形刀、空銎斧、棱形矛等兵器和工具的外形。塞伊姆文化与安阳文化间的交流媒介应是卡拉苏克文化。不过总体而言，商代青铜文化所达到的高超水平使其对卡拉苏克文化的影响远远超过它通过卡拉苏克文化所吸收的塞伊姆文化因素。

绿洲之路 / 玉石之路

"绿洲之路"指位于草原之路南部，由分布于大片沙漠和戈壁之中的绿洲城邦国家开拓出的通道，它们由连接各个绿洲的一段段道路和可以通过高山峻岭的一个个山口衔接而成,这条通路逐渐成为欧亚大陆间东西往来的交通干线。据说周穆王西巡就是沿着这一路线出行。虽说穆天子见西王母的故事未必真实,但考古发现已将这条线路的出现时间追溯到远早于周穆王的时期。

多年的考古发现表明,中国中原的玉器至少有七千年的历史,这些出土玉器几乎都属于软玉,而迄今所知中国的软玉产地除台湾花莲丰田地区外,主要是新疆和田。近年在陕西神木发现的石峁文化,石峁古城出土了大量玉器,几乎是一座玉城,其中有相当的玉石来自西方。

《管子》《山海经》《穆天子传》等先秦文献中对古代中原地区所用之玉多取自和田、昆仑山等地就有不少记载。已出土的安阳殷商玉器则确然以和田玉占绝大多数,使先秦史籍的记载有了物证。公元前5世纪上半期,秦国向西的发展开始停顿,新兴的赵国则征服山西西北部的一些部落,可能同当时势力东达河套的月氏人有了接触,于是阿尔泰山所产玉石源源不断地输入赵国(《史记·赵世家》)。和田玉石与阿尔泰玉石流传到中原的通道无疑正是"绿洲之路",按其先秦时期所输送的重要物品,又可称为"玉石之路"。

扩张行动的影响

早期中西交通的出现,是古代东西方各地人民共同努力的结果,张骞之前,四川地区的纺织品和竹木制品,能够从印度辗转贩运到阿富汗地区,不知道经过了多长时间,有多少商人、百姓付出包括生命在内的代价。但是,轴心时代几个大帝国的战争和扩张行动,作为官方行为,能在比较短的时间内,促进东西方道路的双向打通。

公元前550年,居鲁士(Cyrus)建立了阿契美尼德王朝,大流士(Darius I)时期(前521—前485),波斯帝国的领土东起印度西北和粟特,西至埃及、黑海,东北边疆已和葱岭以西的斯基泰人游牧区接壤。波斯帝国很重视道路的修建与维护,以帝国四个首都为中心,建起一个联络中亚、两河流域、小亚细亚、叙利亚和埃及的驿道网络。向西的干道中最重要也最长的一条是从古都苏撒（Susa）直达小亚细亚以弗所城（Ephesus）的"御道"，全长2400公里，每20公里设一驿站及商馆，亦有旅舍供过往客商留宿，驿站特备快马，专差传送公文，急件可逢站换骑，日夜兼程，整个路程七日可走完。因此波斯皇帝夸口说，他可在苏撒宫中吃到地中海捕来的鲜鱼，比杨玉环在长安吃到来自涪陵的新鲜荔枝更神速。这种完备的道路网络也延向帝国东部，主要干线起自巴比伦，横贯伊朗高原，经中亚各城市而达位处帝国边陲的大夏（西方文献称巴克特里亚，阿姆河以南之阿富汗北部地区）与西北印度。

亚历山大帝国时期（前336—前323），欧亚大陆交通网进一步扩大。亚历山大的军队前锋曾到达阿姆河（Oxus，又名乌浒河）和锡尔河（药杀水）之间的粟特地区。希腊人每到一个地方都要筑起石头城，据称他在从大夏到埃及的广大东方地盘上建立了以"亚历山大里亚"为名的新城七十余座，经考古核实的已达四十余座，从地中海滨向东蔓延到阿富汗和印度边境。希腊人给中亚地区带来一个希腊化的时代，希腊文化和艺术也因而传入塔里木盆地等新疆地区。在西汉张骞打通西域而建立起从中原经新疆至大夏的商路后，中亚原有道路网中的主要干线便成为丝绸之路的西段。而即使在此之前，此道路网无疑也为自中原辗转运来的丝织品继续西传提供了便利。

商周至春秋，中原诸国对周边部落的进攻及因此引起的民族迁徙也促进了道路的开拓。周穆王时期曾经一改昭王对西南方向用兵的扩张政策，大规模对西戎鬼方用兵，迫使该族向北方草原方向迁徙。公元前7世纪后半叶，秦穆公逐九州戎可能是最早对中亚东部产生影响的事件，导致中亚民族大迁徙。西方人笔下的斯基泰人据说就是中文史料中的九州戎，自东北向西南移动，公元前612年攻破亚述都城，距秦穆公逐九州戎仅十几年。

由此可见，张骞出使西域之前，中原地区与西域的交往，已经因为各种原因而广泛存在，汉武帝派出的张骞使团，只是提供了一个契机，正式揭开其以往不大为外人所知的面纱，并将这条东西文明流动的通道，改由官方出面主导而已。

3. 丝路经贸：历史的变迁

丝绸之路经济带和21世纪海上丝绸之路，即所谓"一带一路"，作为中国推进与周边国家经济合作的标志，如今闻名遐迩，几乎妇孺皆知。2017年，正值德国地理学家李希霍芬创新性地把中国通向中亚及其以西地区的商贸通道称为"丝绸之路"140周年。

可是，我们翻读中国历史文献，对于"丝绸之路"这样的浪漫字眼，实在缺少真实感觉。因为史书上有的只是"胡商""商胡""胡姬""绢马贸易"之类的文字。这并不完全是古代史家的疏忽，行走在丝绸之路上的主要是西域商人。对于中国来说，它只是边疆互市贸易的一部分。

丝路沧桑三千年。早在张骞之前的上千年，中国与西部世界就有了许多交往，商周时期的"玉石之路"，就是这种民间走私冒险生意的记录。

至于两千多年前张骞出使西域，则是奉汉武帝之命，前往联络军事盟友大月氏。他顺便发现了西南丝绸之路，即从四川经印度到中亚的贸易通道。返回长安后，当他再次出使西域时，带了许多使节，许多物品。这一次，他也不是去做生意的，而是去宣扬国威，做外交联络的。所带商品或赠与，或交易，只是政治外交的铺路石。此后，汉武帝招募民间探险家出使西域者，准许用官府的身份，从事民间交易。

两汉时期，西域都护府是保障中原地区政治和军事安全的重要举措。班超（公元32—102）在经营西域的过程中，一直在与西域角力。有件事情特别典型地反映了这一点。班超初次去鄯善国的时候，被封为

帛书"张掖都尉棨信"
高级官吏出行的标志,也是通行关禁的证件
西汉　甘肃省居延肩水金关出土

座上宾,"礼敬甚备"(《后汉书·班超传》);待北匈奴也派使节来到鄯善,就不怎么待见汉使了。班超用"不入虎穴,不得虎子"来激励部下,乘月夜风高,袭击匈奴使馆,坚定了鄯善国王归属汉朝的决心。

北朝时期虽然中原王朝对于西域的关系已然密切,但是,真正用心经营西域是隋炀帝时代的裴矩。隋炀帝向往秦皇汉武的功业,裴矩的《西域图志》则开启了他的雄心。这个时候,隋朝的对手是吐谷浑和突厥。隋炀帝在张掖和洛阳举办的"丝绸博览会",实质上是经济搭台,政治唱戏,王朝的政治外交目的大于经济贸易诉求。

唐朝对于西域的经营,贞观十四年(640)八月对于高昌(吐鲁番)的征服是起点,九月就在这里设置了安西都护府,接武汉朝对于西域的管理模式。贞观二十年(646),西突厥可汗请求娶唐朝公主和亲。历史上的和亲有两种:刘邦吕后时代的和亲,是出于无奈,迫于匈奴强大的军事压力。但是,汉元帝(前74—前33)时期"昭君和番",下嫁南匈奴呼韩邪单于(?—前31),则是汉朝鼓励匈奴向风慕义之举,是中原政权睦邻友好政策的一部分。现在,西突厥可汗请求和亲,颇具后者的意味。唐太宗同意和亲,但要求西突厥割龟兹(今新疆库车)、于阗(今新疆和田)、疏勒(今新疆喀什)、朱俱波(今新疆叶城)、葱岭五国作为娶公主的聘礼。这些地方本来是西突厥所

彩绘驿使图砖
西域交通上的邮驿使骑
魏晋甘肃嘉峪关出土

控制，现在需要让渡出来。实际上唐朝是用武力做后盾，攻入龟兹的。《旧唐书·西戎·龟兹传》："太宗既破龟兹，移置安西都护府于其国城，以郭孝恪为都护，兼统于阗、疏勒、碎叶，谓之'四镇'。"648年，唐朝把安西都护府迁移到了龟兹；并且在龟兹、于阗、焉耆、疏勒修筑军事设施，建立堡垒，史称"安西四镇"。安西四镇成为保证唐朝前期中西陆路交通的重要军事重镇。

中国历史上的边贸，与中国周边羁縻府州体制以及朝贡体系建设，密不可分。换言之，中国周边这种贸易体系，是中国与周边国家的政治关系的一种存在形式。这可以从两个方面来理解：一个是只有周边政治安全之时，边疆的丝绸贸易及其他相关贸易才能正常进行。另一个是，只有政治上有互信，中国政府才愿意与之进行此种贸易。因此，周边的羁縻府州或者朝贡体系，不仅是保障中国政治安全的一种制度安排，也是对外发生经济联系的一个重要条件，是丝绸之路得以推进的必要前提。影响丝路畅达与否的关键因素，不是商品价格，不是商品供给与需求，而是取决于中国边疆地域及其与西部地区的政治关系与秩序。

汉唐时代，丝路是否畅通，就看中国在西域地区的都护府以及羁縻府州的管理体制，是否能有效运作。再往西，中古以降，则要看伊斯兰世界之间及其与地中海周边地区的关系，与欧洲基督教国家的关系。当蒙古人建立了横跨欧亚大帝国的时候，丝绸之路最为畅通。不仅阿拉伯人、波斯人、犹太人活跃其间，而且欧洲人也远道而至。马可·波罗一家就是顺着陆上丝绸之路来华，又从海上丝绸之路回国的。当帖木儿帝国控制了中亚、奥斯曼帝国控制了西亚，陆上和海上丝绸之路都发生了梗阻的时候，欧洲人就在想办法要开展大航海了。1492年哥伦布发现新大陆，手中就拿着一本《马可·波罗游记》；1498年，达·伽马带着两艘装满香料的船只从印度卡利卡特回到里斯本，真正地开通了新的欧洲通向东方的商贸通道；这些都为丝绸之路增添了新内容。由此可见，丝绸之路上贸易的兴衰起伏，是中西政治秩序的晴雨表。

　　海上丝绸之路的畅通，取决于多种要素。首先是技术层面，包括航海技术、造船技术、导航技术。其次是东西两头的政治格局的变化。再次就是大宗贸易品的规模效应。陆路运输商队的规模可大可小，海路运输，造船成本高昂，必须有相当的规模，才能抵销成本。早期的海上商贸也是分段逐次进行的，红海到波斯湾、印度洋；印度洋到东南亚、东南亚到广州等中国东南沿海地区。大体说来，从红海到印度洋是西亚商人开通的商道，伊巴露斯（Hippalos）船长发现的"季风"动力，是西段航海的先决条件。从广州到达南亚的航道是中国人率先开通的。《汉书·地理志》记载了汉武帝晚年派使节出使狮子国（斯里兰卡）的记载。可见汉人也利用了季风的原理。至少在唐代，东西方都已经利用季风的风向变化，夏季从红海—波斯湾—斯里兰卡—广州方向航行；冬季则相反，从广州往红海方向航行。

　　宋元时代最大的变化是，海上外贸收入对于国家财政第一次有了比较重大的意义。唐代驻扎在广州的岭南节度使，是一个肥缺。政治上未必显赫，经济上却非常实惠。但是，宋元时代广州、泉州、明州（宁波市），这些明星城市是朝廷的摇钱树。外商在这些地方势力也很强大，有些阿拉伯和波斯商人甚至在这里担任海关贸易中的要职。我想主要是因为这些人在招商和征税方面更加便利的缘故。

　　明朝初年，郑和下西洋，目的并不是拓展海上贸易。但是，其官方行为巩固了中国与南海地区的政治关系，客观上促进了海上贸易的发展。1500年以后的变化是，欧洲人东来，明清王朝开始直接面对西方，没有了东南亚和波斯人、阿拉伯人的中间商，中国方面反而局促不安起来。或者说，没有政治上的互信，中国政府对于直接与陌生的欧洲人做生意，满腹狐疑，缺乏自信。

清朝在康熙朝巩固了对于沿海和台湾地区的统治后，基本上把海上贸易集中在广州一地的十三行。为什么中国政府一次次拒绝欧洲国家主动贸易行为，诸如订条约、设使馆、开商埠，就是因为历史上中国的陆上或者海上的丝路贸易，都是中国与周边国家政治关系的一部分，政治上的互信与经济上的往来密不可分。尽管汉唐时代也有马匹之类的军事物资进口，总体上说，进口物资只是满足上层的奢侈品需求，与内地农业经济发展，没有紧密的联系。

可是这一次，18、19世纪的中国，面对的不再是传统意义上的朝贡体系，欧洲人也没有任何奇珍异宝，可以平衡中国在丝绸、瓷器、茶叶等对外贸易的巨额出超。于是，大量白银涌入中国，冲击着中国的金融秩序，朝廷财政严重依赖白银进口，中国东南地区的产业分工甚至也依赖上了对外贸易。这是汉唐时期所不曾有过的。

于是，当欧洲人为了平衡贸易逆差，向中国销售毒品鸦片时，经济贸易演变成了政治和军事冲突，已经不可避免。也有人从不完整的贸易数据作微观分析说，鸦片战争不是因为贸易冲突；但是，帝国主义时期的西方以贸易为口实，以炮舰为后盾，轰塌东方各国的国门，是有目共睹的事实，不独在中国。

鸦片战争到今天，已经过去177年了。世界已经发生了翻天覆地的变化，但是，当我们重新审视丝绸之路上的政治经济学，我们发现建立政治上的互信，军事上要有自我保护能力，贸易商要有拳头产品，这些历史的经验，对于当前的"一带一路"建设，仍然不无启发意义。

4. "CHINA"的故事：是瓷器还是丝绸

有报道说，2015年3月，英国威廉王子访华期间，3岁的小王子乔治听说爸爸去中国了，竟然去翻瓷器柜，因为，在英文里，CHINA（中国），亦有瓷器之意。其实最早西方对中国的称呼是seres或者cine，都与"一带一路"上的"丝绸"有关。

现代欧洲人对于中国的称谓，英文德文皆作China，法文作Chine，意大利文作Cine，皆源于约公元前1世纪出现的希腊文词语Thinae或稍后的拉丁文译名Sinae，其汉语音译都为"秦那""支那"或"秦尼"，而这个希腊文名词很可能来自大约公元前5世纪的波斯古文献，它把东边的文明之邦中国称作"秦尼"（Čini，Saini）。

早先的印度人也称中国为"秦那"（Cina）。印度的两大史诗《摩诃婆罗多》和《罗摩衍那》都提到，在其遥远的北方有个叫"秦那"的大国。这两部史诗都形成于公元前4世纪到公元2世纪之间。"秦那"这个名称可能就是通过波斯或印度传入希腊。

为什么称古代中国为"秦那"或"秦尼"？季羡林、饶宗颐等许多学人都有过探讨，大体有两种不同的看法。

一种看法认为，Cina就是"秦"的音译。1655年意大利传教士卫匡国出版的《中国新地图集》首先提出此说，许多中外学者如伯希和、季羡林、饶宗颐都表示赞同。他们的主要根据是，春秋战国时期位于中国西北方、西南方的某些少数民族，极有可能知道"秦"这一名称。因为西周王朝在镐京时期，秦人守护着西边，是西陲大夫。周王室东迁之后，秦襄公在此建国。进入春秋时代，作为五霸之一的秦穆公（前682—前621），"益国十二，开地千里，遂霸西戎"。秦的名威远著，有可能从此传向中亚，并进而传向南亚、西亚、欧洲。战国时期，北方的匈奴人、月氏人、乌孙人都与秦国相邻，也都有可能成为"秦"这一国名的传播媒介。在中国西南方，公元前316年，秦将司马错（司马迁的八世祖）攻打巴蜀，进而吞并其地。许多考古发现证明，蜀人在春秋战国时期即与外界（包括南亚）有若干物资交流关系，那么蜀地归秦之后，蜀人成为"秦"这个名称传至印度的中介也是自然之事。张骞在大月氏发现蜀地的商品经印度传到中亚，对当地人来说，很可能是"古已有之"的事情。

另一种观点认为，"秦那"是"绮"的译音，即与丝绸外贸有关。公元前4世纪，印度孔雀王朝初期的《政事论》一书，就有"中国丝卷"（Cinapatta）或"中国所出由带捆扎的丝"的记载，该词中Cina就是"秦那"。先秦丝织品中，以文绮最为普遍和精致，所谓绮，"文缯也"，纹理不顺经纬，织法新颖，花式繁复，当时输出境外的丝绸极有可能是这种绮，所以中亚和印度最早知道的就是产绮之国"绮国"，而并非"秦国"。古代波斯、印度都知道在他们的近邻有一"绮国"，波斯文和梵文中都有锦、绢、绸、绫、绣、丝等专名，却独无"绮"字，大概就因为"绮"为国名Cina指称了。

总之，无论"秦那"是"秦"还是"绮"的对音，可以肯定的是，中国与中亚及南亚的文化交流在秦统一中国之前，就已经有一定规模，尽管是以民间的物资贸易为主。

如果说"秦那"的原意在学术界还有争论的话，对于稍后西方所出现的另一个有关中国的称呼"赛里斯"（Seres），则普遍认同就是指中国丝绸。这个名称当有波斯与印度的影响，据说最早见于公元前4世纪前后担任波斯宫廷医生的希腊人所作《印度记》，实际来源则出自马其顿国王亚历山大东征部将的描述，他们虽然没有踏进赛里斯国土，却在屯驻北印度时见过赛里斯人制作的衣袍。

根据法国学者戈岱司《希腊拉丁作家远东古文献辑录》的材料，赛里斯就是"丝国"（Seres）的意思。古代欧洲人怀疑中国的丝绸出产于羊毛树上，或者得之于丝蜘蛛腹中。罗马地理学家斯特拉波（前63—公元23）《地理书》说：也许由于酷热的原因，"在某些树枝上生长出了羊毛"。稍后的著名作家、学者普林尼（公元24—79）《自然史》第六卷则描述得更为具体："人们在那里所遇到的第一批人是赛里斯人，这一民族以他们森林里所产的羊毛而名震遐迩。他们向树木喷水而冲刷下树叶上的白色绒毛。然后再由他们的妻室来完成纺线和织布这两道工序。由于在遥远的地区有人完成了如此复杂的劳动，罗马贵妇们能够穿上透明的衣服而出现在大庭广众之中。"他还抱怨远东的奢侈品贸易对国家的损害："我国每年至少有一亿枚罗马银币被印度、赛里斯国以及其他阿拉伯半岛夺走。"

《后汉书·西域传》曾提到大秦王安敦即马可·奥理略（Marc Aurele）遣使入华之事。在他当政的时代（约161—180），一本叫《希腊志》的书，第一次比较接近真实地记述了丝绸的秘密。书中说："至于赛里斯人制作衣装的那些丝线，它并不是从树皮中提取的，而是另有其他来源。在他们国内生存有一种小动物，希腊人称之为'赛儿'（Ser），而赛里斯人则以另外的名字相称。这种微小动物比最大的金甲虫还要大两倍。在其他特点方面，则与树上织网的蜘蛛相似，完全如同蜘蛛一样也有八只足。赛里斯人制造了于冬夏咸宜的小笼来饲养这些动物。这些动物做出一种缠绕在它们的足上的细丝。在第四年之前，赛里斯人一直用黍作饲料来喂养，但到了第五年——因为他们知道这些笨虫活不了多久，就改用绿芦苇来饲养。对于这种动物来说，这是它们各种饲料中最好的。它们贪婪地吃着这种芦苇，一直到胀破了肚子。大部分丝线就在尸体内部找到。"

中国古代的丝织业号称蚕桑之业，诚然是离不开树和小虫。西方从道听途说中获得羊毛树和丝蜘蛛的传说，也可以看见蚕桑的影响，只是颇有讹误罢了。到了公元2世纪，西方对于蚕桑业的认识已经比较接近实际了。

至于China作为瓷器的代称，则是由于近代中西贸易的内容与格局都发生了时代的变奏。唐宋时代，瓷器是中国重要的对外贸易商

19世纪英国韦奇伍德陶瓷工厂生产的青花瓷罐
采用浓郁的中国风格山水楼阁图
上海市历史博物馆藏

品，尤其海路上瓷器更重要。1500年大航海之后，欧洲直接从中国大量进口瓷器。据推算，18世纪流入欧洲市场的中国瓷器也还应在1亿件以上。不仅是各国王室，就是像路易十五（1710—1774）的情妇蓬帕杜夫人（1721—1764）这样的社会名流，客厅沙龙里如果没有几件中国瓷器，那是很没有面子的事。于是，中国成为瓷器的代名词。欧洲进口华瓷，从订购，到来样加工，乃至自己生产，经历了进口、模仿、自创的过程。最初进口的中国瓷器本来就是按欧洲人的审美订制的，欧洲人自行仿制起来，与模仿欧洲人口味的中国外销瓷相比，显然更有优势。从此，原本只有王公贵族才能享用的中国纺织品和瓷器，开始成为普通人的日常用品。仿制华瓷的成功，促使欧洲各国纷纷设法仿制中国物品，形成风气。

路易十四（1638—1715）时期，第一批色彩鲜艳的中国印花棉布被大量运往法国，法国人立即加以仿造，广受消费者喜爱，名为"印花布"。18世纪，中国丝绸及其欧洲仿制品和中国棉布制品在欧洲被广泛用作帷幕和罩单。瓷器也是这样。17世纪中期，只有少数宫廷才有大量的瓷器陈列，18世纪，瓷器开始成为一般家庭生活用品。包括饮茶在内的热饮成为社会流行风尚，对茶具的需求随之迫切，促进了中国瓷器的进口，进而又刺激欧洲人竭尽全力仿制中国瓷器，直至走上创新之路。

　　1793年，马戛尔尼（1737—1806）出使中国时，献给乾隆皇帝的礼品中，就有英国韦奇伍德（Wedgwood）工厂生产的碧玉瓷。这家公司成立于1759年，所制瓷器号称世界精品，一直得到英国王室和上流社会的喜爱。这次3岁的小王子乔治在家中瓷器柜里去找CHINA（瓷器），不知道他见到的是古老的中国瓷器呢，还是王室日常所用的韦奇伍德瓷器？估计后者的可能性大。当年乾隆皇帝对于韦奇伍德瓷器十分不屑，如今该公司在中国已经开了30多家销售店，营业额不断增长，其精美的骨瓷一直是收藏界的宠儿。

5. 丝绸就是"硬通货"

西域之人到汉唐时期的中国来做生意,或者中国商人到西域去"淘宝",拿什么做货币呢?总不能说全都物物交换吧?你给我一匹马,我给你一捆丝绸;你给我一尊唐三彩,我给你一口铁锅。这种情况不能说完全没有,但是,这样的物物交换远非东西方贸易的全部。

在中国境内是发现过不少西方货币的。

一百多年前,最早是俄国人和英国人在新疆和田和吐鲁番分别发现了东罗马(395—1453)金币和萨珊波斯(224—651)银币。最近半个多世纪以来,中国境内发现的西方金银币就更多了。有学者统计虽然东罗马金币不足百枚,而萨珊银币则多达2180枚,大食国即阿拉伯帝国(632—1258)金银币估计超过百枚。

魏徵主编的《隋书·食货志》记载,北朝末期,中国河西地区东罗马金币、萨珊银币是官方认可的民间流通货币。唐玄奘在贞观(627—649)初年私自出境往西天取经,途经凉州(今甘肃武威市)的时候,说这里西域胡商往来不绝,佛教法会散场后,施主们捐赠丰厚,"金钱、银钱、口马无数"。

李林甫主编的《大唐六典》记录的唐明皇开元二十五年(737)赋役令规定,移民到内地入籍的西域胡人,暂时没有土地收入,可以按照银钱缴纳赋税。雍州(今陕西关中地区为中心)的纳税标准是,富者每丁10文,次者5文,穷者免交。

吐鲁番地区出土的民间借贷文书中,有大量银钱的交易记录。例如,武则天称帝后的第三年(692),高昌县(今新疆吐鲁番市)居民

左：萨珊波斯金币的仿制品
中国境内首次发现
唐代　宁夏固原出土

右：东罗马金币
东罗马查士丁尼二世时期6世纪货币
宁夏固原唐墓出土

史玄左用64文铜钱支付"马脚"银钱2文。所谓"马脚钱"就是马匹的运输租金。说明2枚银钱相当于64文铜钱。即铜钱32文等价于银钱1枚。

值得指出的是，这位当事人史玄左有可能是中亚史国人。欧阳修主编的《新唐书》以康、安、曹、石、米、何、火寻、戊地、史为昭武九姓，他们居住在今乌兹别克斯坦的撒马尔罕地区，唐朝人称之为九姓胡人，西方人称之为粟特人。长孙无忌主编的《唐律疏议》明确规定，民间是不可以私自铸造金银货币的，那么，在西域流通的金银币只能是胡商带入中国境内的。1959年在新疆西部的克孜乐苏（柯尔克孜族自治州）地区，发现有窖藏947枚银币，还有13根金条。显然这是很大的一笔财产。

西域诸国流行金银钱，在司马迁《史记·大宛列传》里就有记载：如说安息（今伊朗，即古波斯帝国），"以银为钱，钱如其王面"。中国人用什么去西方交易呢？《穆天子传》里面记载周穆王见西王母，送上的礼品是精美丝绸（所谓"锦组百纯"之类）。这是当时汉人理解的与西方国家交往的最好"国家级礼品"。毫无疑问，如果说中国出口的是丝绸，西方用以交换的等价物，除了马匹之类，就是金银币和金银器了。

有人认为，汉朝贸易多用黄金。《汉书·地理志》记载云，从东南沿海西行，应募者为了获得明珠奇石之类的异物，"赍黄金杂缯而往"。《史记·大宛列传》记载，张骞第二次出使一行三百余人，所携带的物品有"马各二匹，牛羊以万数，赍金币帛直数千巨万"。马各二匹是骑乘工具；牛羊以万数，其中的相当部分是沿途的食品（部分用来交换主食或者蔬菜）；至于价值巨大的"金币帛"，《说文解字》"巾部"云："币，帛也。"币帛，就是丝绸。"金、币帛"就是黄金、丝绸。《汉书·地理志》的"黄金、杂缯"与此意义相同。其中黄金是西域流通的"外汇"，还有就是作为"国家级礼品"的商品等价物丝绸。司马迁、班固提到汉使出行要带一部分外汇"黄金"，但是，这不能构成中国主要靠黄金购买西方的奢侈品的根据。只有丝绸才是汉朝与西域交往的硬通货。相反，《汉书·张骞传》说所携带的乃是"币帛"，不含黄金，而《大宛列传》则说，其后因为民间冒充汉朝官方使者的太多，"外国亦厌汉币，不贵其物"，此汉币不可以黄金解也。

总之，西亚、中亚、新疆等地区，罗马金币、波斯银币与中国丝绸是"国际通用货币"。其中，西方金银币随着丝绸之路在内地部分地区流通，不仅获得中国政府批准，而且允许成为外籍移民的纳税货币。中国的丝绸则始终是与西方贸易的宠儿。

两汉时期，因西域都护府和西域长史的设置，商道在汉朝的有力控制之下，中西贸易迅速发展，但这其中有很大部分属于朝贡贸易性质的"赐赠"行为，即汉朝廷以播扬威德为目标，屡派使节携巨额币帛赴西域各国送礼，或当西域使节来朝觐之时，以绮绣杂缯和金属赏赐。

汉朝的慷慨赐赠，大大刺激了塔里木诸绿洲城邦王公贵族的旅行热情，也带动了这些绿洲王国的兴盛。于阗王、精绝王（精绝国遗址在今新疆民丰县）曾多次带着使者和商旅到中原从事贡赐贸易，敦煌悬泉汉简中留下很多条楼兰、于阗、精绝、若羌、且末、扞弥等国来使过关的记录，主要见于过所文书和乘传驾车簿类文书。

"胡王"连珠纹锦,该织锦有连珠纹及狮子图案,当是西域绿洲国家的产品
公元4—5世纪,当地已能独立生产丝绸织品
麴氏高昌　新疆吐鲁番出土

官方的频繁往来,使交通道路得到良好维护,自然也有利于民间贸易的蓬勃开展。中国商人在南北朝隋唐时期就已参与民间贸易,新疆出土的许多文书都记载了这一点。在西域的中原商贾,还以隔年收账的赊销方式,向当地居民出售丝绸,这不只表明他们与本地居民的关系融洽,还表明他们在这些地方有长期固定的营业机构。不过,民间贸易总体上以西方商人为主。

"西域贾胡",在两汉时已深入中国各地。他们就是公元2世纪的罗马地理学家托勒密在《地理学》中引述同时期前往东方贸易的那样的商人。古罗马地理学家马利努斯《地理学知识》记载称,一位名叫梅斯·蒂蒂安努斯(Maes Titianos)的马其顿商人曾同中国保持经常的贸易关系。梅斯本人虽未到过中国,他的代理人却经常组成商团从地中海之滨跋涉数万里到达赛里斯国的首都。这些记载印证了汉唐文献中屡见不鲜的胡商的存在。

罗马商人活跃的足迹,可以从出土资料中得到印证。比如,罗马人制作的玻璃器、玻璃珠就从丝绸之路传入新疆和中原内地。在新疆尼雅、楼兰东汉时期墓葬中发现有不止一处的搅胎玻璃珠出土。在洛

"五星出东方利中国"织锦,汉代织锦技术的最高水平
汉晋　新疆民丰尼雅出土

阳东汉墓出土有搅胎玻璃瓶,其形制、风格与公元 1 世纪在大月氏(阿富汗)、埃及出土的罗马搅胎玻璃瓶非常相似。在楼兰城郊的一座东汉古墓中,考古人员发现了丝绸残片(上面有佉卢文)、汉代五铢钱和漆器,就是在同一墓穴里,曾经出土有希腊的彩色毛织物残片,残片上的头像是希腊神话中的赫尔墨斯,手持信物的使者神。这些文物集中在一起,给那个时代丝绸之路上的商品和文化交流以丰富的想象力。

《大般若经》称"金、银、琉璃、砗磲、玛瑙、虎珀、珊瑚"为佛家七宝,砗(chē)磲(qú)是印度洋和西太平洋出产的大型海贝,状如古代车辙,汉代传入中国时起了这么个名字;汉语的"琥珀"一词出自叙利亚文;"珊瑚"出自古波斯语。砗磲与珍珠、珊瑚、琥珀,被西方人誉为"四大有机宝石"。《汉书·西域传》说,罽宾(今克什米尔)"以金、银为钱",出产"珠玑、珊瑚、虎魄(琥珀)、璧琉璃"。罽宾是阿富汗南部一个希腊化的城市,古希腊人称为喀布尔河(Kophen),汉语音译为罽宾,处在丝绸之路的重要节点上。"佛家七宝"原本是罽宾出产，或者是经由丝路要道的罽宾从"西海"传入中国的宝物。

南北朝时期更有大批西域商人云集中原。北方政局趋于稳定，中西贸易再度兴盛，西域贾胡云集中原，长江流域也借河南道与西域建立商贸联系，吐鲁番阿斯塔那墓区出土的此时期丝织品中有许多来自益州（今四川成都）。

《隋书·食货志》记载北朝后期的情况云，"河西诸郡，或用西域金银之钱，而官不禁"。这些西域流通的金银之钱，诸如少量的东罗马金币和大量的萨珊波斯银币，在中国境内有出土。有学者认为，相对于中国内地的"丝绸"从东往西流动，相应的中亚西域地区金银货币也有一个往东流动的过程，所谓"丝路"与"银路"的相向流动。有学者认为，这些萨珊波斯的银币主要是粟特商人作为东西方国际贸易的承担者带入新疆和河西地区的。

塔里木周缘的绿洲城邦作为贸易中转站和集散市场而变得喧嚣热闹，绿洲居民之间以及农耕民族和草原民族之间的物资交换活动，也受到中西贸易的刺激而日益活跃，丝路沿途还出现专门的商业城镇，比如既是南道要冲又可连通北道的疏勒（今属新疆喀什地区疏勒县）。《汉书·西域传》称其地"有市列"，即市镇上有按商品种类营销的店铺，显然是一个交易市场。于阗东西二城也十分兴旺，当地兼管市场交易的行政官作为汉朝的册封官员见诸史籍，即"城长"。商业繁荣大大刺激了诸绿洲城邦的发展，人口增长可为一例，丝路畅通之后百年间，疏勒户数增加十倍以上，于阗人口增加五倍左右，焉耆（今新疆焉耆回族自治县）人口增加约70%。南北朝时期，由于贸易频繁导致的人口聚集，绿洲地带出现许多王城之外的新城镇，或作为各种长途货物的集散地，或作为本地居民的初级农牧市场。至唐代，北道（天山北道）沿线因同样理由而出现一系列新城。商人开始成为一些城镇的重点征税对象，交易税列为政府的重要财政收入，比如在铁勒控制时期的高昌和其后的麴氏高昌（今新疆吐鲁番）。唐太宗贞观十四年（640）平定高昌，改置西州，又在可汗浮图城置庭州（今新疆吉木萨尔北），西域变为唐朝管辖下的郡县，丝路空前繁荣。西州市场上有各种分类专营店铺，如谷麦行、米面行、果子行、帛练行、彩帛行、铛釜行、菜子（籽）行，同时交河郡（即西州）也出现了行会组织。

位于交通枢纽的楼兰故址（今新疆若羌县北）及其西边的营盘遗址、精绝国所在的尼雅遗址，都出土了众多各朝代的精美丝织品，足可作为当日丝路贸易的见证。到了唐代，随着中原丝织业的进一步繁荣，各地名产都汇聚西域。西州市廛上的丝织品有益州半臂、梓州（今四川绵羊三台县）小练、河南府生绝、蒲州（今山西永济市）与陕州（今河南三门峡市）之绝以及常州（今江苏常州）纻布。丝织品的诸多品种，如绫、纱、锦、罗、晕绷、绝、生帛、缦、绵䌷、绵、绮、绨、缣、刺绣和缬，都源源不断地从西州输往天山南北以及中亚、西亚和地中海周缘。

6. 丝绸技术的西传

丝绸之路上的硬通货，就是丝绸。而丝绸制造技术的西传，则是丝绸之路上众多浪漫的故事之一。

据藏文本《于阗国授记》和玄奘《大唐西域记》卷十二所载，7至8世纪的于阗，流传着一个关于于阗国丝织业开端的传奇故事。故事说，于阗国王为获得蚕种而向东汉皇帝求亲。被许亲后，于阗国王命于阗使者私下告知汉家公主，嫁到于阗后若想继续穿丝绸衣服，就必须随身带来蚕种。公主认为此话有理，就将蚕种藏于凤冠之中。当送嫁车队行至边境时，守边官员依例遍搜行囊，但不敢检查公主的凤冠，蚕种就这样带到了于阗，于阗从此开始有了丝织业。

20世纪初，英国探险家斯坦因在于阗故地附近的丹丹乌里克（位于今新疆和田境内）遗址，发现一块描绘这个故事的木版彩画，画版中央绘一头戴高冕正坐的盛装贵妇，侍女二人跪于两旁，左边侍女以右手指贵妇之冕。画版左端有一篮，盛满形同果实之物。斯坦因考定画中贵妇人就是相传将蚕种带至于阗的中原公主，侍女手指贵妇人之冕，是暗示冕下隐藏之物就是公主私运来的蚕种，左端篮中所盛者，则是蚕茧（参见123页"蚕种西渐传说图"）。这幅画表明，故事虽然未必可信，但是，它在西域的广泛流传却是不争的事实。

和亲乃是国之大事，中国史书不会忽略失载。事实是东汉时期并无和亲于阗的记载，且中国政府历来并不刻意于技术保密，若果有联姻之事，将养蚕技术及工匠作为公主的陪嫁奉送倒很有可能，即如唐代文成公主入藏之事。

丝绸无疑先从中原传播到了新疆地区。至于传入新疆的时间，20世纪以来的国外学者认为是在5世纪，但国内学者根据考古资料将其提前到4世纪。与考古资料相配合的是，大批汉族人自十六国时期（304—439）以后移居高昌，在这种情况下带去中原的养蚕和丝织技术理所当然。不过，20世纪90年代在楼兰故址附近的营盘同时出土一件平纹纬锦和一件佉卢文纸文书（佉卢文是中古时期西域流行的通商和佛教文字）。其年代被断为270—310年间，平纹纬锦的年代因此被认为属于同一时期，并且有学者认为，这件纬锦系当地出产，并进而推断这意味着丝织技术传入西域在3世纪。

《隋书·西域传》已称高昌国"宜蚕"，《魏书·西域传》记载龟兹和疏勒已有自己的丝织业，焉耆则可养蚕，吐鲁番出土北凉承平五年（447）文书中也有"龟兹锦"字样。养蚕和丝织技术传入印度则可能是通过于阗，于阗与印度往来密切，很多印度移民居住于阗，西藏、云南也可能是养蚕缫丝技术传入印度的媒介，只是难以确定具体时间。

关于蚕种西传波斯和东罗马的故事较少戏剧性，恐怕更接近实情。据伊朗民间传说，萨珊波斯帝国的两位使者在学会了养蚕缫丝技术后，将蚕种安放在竹筒中小心翼翼地带回伊朗，使用当地生长的墨桑养蚕，取得成功，从此开始了波斯和西亚的丝织业。按中国文献记载，波斯至少在5世纪已有丝织业。东罗马帝国的蚕种则应来自中亚地区，而非波斯。据6世纪上半叶东罗马史家的记载，552年，几个僧侣从印度来到拜占庭，迎合当时东罗马皇帝查士丁尼不愿再从波斯人手中购买生丝的意愿，称自己从印度以北的赛林达国（Serinda）学来了养蚕之法，并能将蚕种带到拜占庭。查士丁尼应允之后，他们果然前往赛林达国带回蚕种，从此开始了东罗马养蚕的历史。另一位6世纪的东罗马史家狄奥法尼斯也有类似的记载，只是将印度僧侣换成波斯人，并称波斯人是将蚕种藏在竹杖中而混过边境盘查的。Serinda一词是由Ser加Inda构成，恐以此指中国与印度之间的地区，则就是西域地区。

目前学界基本认同6世纪上半叶的东罗马帝国得到了蚕种和养蚕

之法,《北史·西域传》即载大秦"土宜五谷、桑、麻,人务蚕、田"。而蚕种传入波斯的确切时间在那则故事中却没有体现。相较之下,蚕种传入波斯的故事比较朴实,传入东罗马的故事则显得是在前一则故事基础上有所加工,由此可以推断传入波斯早于传入东罗马。而且中国史书的记录表明至少在5世纪时,波斯就有了自己的丝织业,《魏书·西域传》和《北史·西域传》都记载波斯出产绫、锦,《南史·夷貊传》记载滑国于普通元年(520)遣使贡献时,贡物中包括波斯锦,吐鲁番哈拉和卓墓葬中出土的5世纪后半叶文书中也写有"钵(波)斯锦"。

蚕种传入东罗马后,丝织业在帝国境内发展迅速。据说传播蚕种

双鹿相对织物
8至9世纪,东伊朗或粟特
纽约大都会博物馆藏 Textile Fragment with Confronted Deer in Partial Pearl Roundel with Serrated Outer Border

的印度僧侣或波斯僧侣成为指导养蚕的第一批技术专家。在他们的带领下，东罗马人懂得在适当的季节，用堆肥产生人工的热量孵化蚕卵，并喂以桑叶，这些蚕得以在异国的气候下成长和结茧。他们也懂得留下足够数量的蚕蛾繁衍蚕种，同时也开始广泛种植桑树，积累经验和进行研究，以改进这项新兴产业。到了查士丁尼的继承人查士丁二世（565—578 年在位）上台后，来访的粟特使臣认为，罗马人的养蚕缫丝技术已经不逊于中国人。伯罗奔尼撒行省很快凭借丝织业成为一个富裕省份，9 世纪中叶巴西尔皇帝（867—886 年在位）时期，伯罗奔尼撒的丝织技术发展到相当精致繁复的地步。来自西西里的一位历史学家细致地描述了伯罗奔尼撒纺织品的多样性，"依据丝绸的重量和质地、织品的细致、颜色的鲜艳、刺绣的风格和材料，分别列出不同的价格。单丝、双丝甚或三丝的织品通常可以在市场买到，至于六丝的绸缎需要更高的技术，售价极为昂贵。在所有的色彩之中，他用美妙的修辞言词，赞许艳丽如火的鲜红和如沐春风的翠绿。刺绣用丝线或金线，美丽的花朵比简单的线条或圆形的图案更受人欢迎"。

伯罗奔尼撒亦即希腊地区长期垄断着基督教世界的丝织业，但到 12 世纪拜占庭帝国近乎土崩瓦解之际，先是阿拉伯人从希腊人那里偷走了养蚕和丝织技术，并在当时由摩尔人穆斯林统治的伊比利亚半岛开始发展丝织业，阿美里亚和里斯本率先成为丝织业重镇；继而诺曼人通过掠夺科林斯、雅典和底比斯而得到丝织工人，于是在西西里开始了丝织业。中世纪后期，西西里的丝织业逐渐影响了意大利，再经意大利传播于欧洲各地。但中国丝织物一直是出口欧洲的主要产品之一，直到 18 世纪后期，欧洲本土的丝织品才因为贸易保护和风格趣味等原因逐渐在本地市场占据绝对优势。

第二章

丝路上的"西游记"

世人皆知《西游记》,殊不知一带一路上的"西游"故事,远不止唐三藏一人。

张骞最早奉命"西游",人称"凿空"。此后,西游故事不绝如缕。西行的目的,于官方,都是为了政治外交;于民间,则多为取经礼佛。至于为追求商业利益而长途跋涉的足印,则湮没在茫茫沙漠和浩瀚的大海之中。

东汉最著名的政治外交使团,是汉和帝永元九年(公元97),西域都护班超(《汉书》作者班固之弟)派遣属下甘英,出使大秦(东罗马帝国)。

《汉书·地理志》记载了公元前2世纪初至前1世纪末叶,汉武帝经略南海的史实。西汉官方使团,自海路经日南障塞(时属西汉,今越南岘港)、徐闻(今广东湛江徐闻县)、合浦(今广西北海合浦县)出海,沿着中南半岛,经今泰国、马来西亚等地,过马六甲海峡,远航到黄支国(今印度康契普拉姆市)、已程不国(今斯里兰卡),然后返航而回。

1. 张骞的那次旅行

西汉时期,张骞那次打通西域的旅行,是丝绸之路史上的一件大事,它是开启中西交流新时代的历史性标志,并对后来东西方文明的发展有着深远意义。

西汉初年因为国困民贫,对匈奴的入侵大都采取防御政策。经过几十年休养生息,汉武帝刘彻开始考虑对匈奴采取反击。汉武帝获悉有一个大月氏国,曾居于河西走廊之敦煌、祁连山之间,但已被匈奴驱逐而西遁。大月氏与匈奴有世仇,汉朝想与之结为盟友,携手夹击共同的敌人——匈奴。时任郎官的张骞,响应了汉武帝招募,第一次出使西域。

公元前138年,张骞带领一百多人的出使队伍离开长安,经陇西向西进发,但不久就被匈奴俘虏。匈奴单于长期监禁张骞,并为之娶妻成家,但张骞不失汉节,等待时机准备逃脱。11年之后,乘匈奴防备疏松,张骞终于和随从人员逃出匈奴。张骞一行向西越过葱岭,经过几十天长途跋涉后抵达大宛,即今天中亚之费尔干纳盆地。大宛王素闻汉朝富庶,无由得通,见到汉使张骞大喜,派人护送张骞前去康居(即锡尔河中游地区),再由康居到达大月氏。然而大月氏已立新王,并越过阿姆河吞并了希腊化国家大夏(今阿富汗北部)之故地,已然安居乐业,无心再向匈奴寻仇。张骞在此住了一年多,不得已而东返。为了避免匈奴拦截,张骞未走原路,而是沿塔里木盆地南缘进入柴达木盆地,绕道青海归国,但不幸又被匈奴捕获。所幸一年以后,匈奴因单于去世而发生内乱,张骞得以逃脱,终于带着胡妻回到长安。时在汉武帝元朔三年（前126）。

张骞第一次出使西域历时13年，虽然没有达到同大月氏结成联盟的政治目的，却了解到有关西域地区的政治、经济、地理、文化、风俗等情况，为以后中原加强同西域的联系奠定了基础。不久，张骞就利用他对西域的知识参与卫青出击匈奴的战争，因知水草所处，为此次军事行动的胜利立下大功，被封博望侯。张骞第一次出使西域的同时，西汉王朝也对匈奴展开一系列打击，其中具有决定作用的是公元前127、前121和前119年分别进行的三次战争。公元前127年，卫青大败匈奴，控制了河南之地（今河套以南地区）；公元前121年，匈奴在霍去病的打击下发生分化，浑邪王降汉，河西走廊完全为汉朝控制；公元前119年，卫青、霍去病又分道出击匈奴，匈奴单于大败远遁，从而将匈奴进一步驱逐至漠北。经过这三次大规模的反击，西汉王朝在对匈奴的斗争中掌握了主动，前往西域的道路也基本畅通，这为张骞第二次出使西域，此后丝绸之路的安全畅通以及西域诸国同西汉王朝的友好往来，创造了有利条件。

然而西汉王朝的反击战只是肃清了匈奴在漠南及河西走廊的势力，西域各国仍为匈奴控制，依然威胁着西汉王朝西北边境的安全。为了彻

张骞出使西域路线示意图

底铲除匈奴势力,也为了实现开疆拓土的雄心大略,汉武帝再度派遣张骞出使西域,目的是设法联络乌孙等西域各国,建立抗击匈奴的联盟。这一次出使队伍浩大,随员三百,牛羊万头,携钱币、绢帛"数千巨万"。张骞到达乌孙(伊犁河、楚河流域)时,正值乌孙因王位之争而政局不稳,乌孙方面无意与汉朝结盟抗击匈奴。但在乌孙期间,张骞分别派遣副使到中亚、西亚和南亚的大宛、康居、大月氏暨大夏、安息、身毒(印度)、于阗各国,广加联络。公元前115年,张骞回国,乌孙遣导译相送,并派使者来长安。使者见到汉朝人众富厚,回去广加宣扬,汉朝的威望在西域大大提高。不久,张骞所派副使也纷纷回国,并带回许多所到国的使者。从此,中西之间的交通正式开启,西汉政府与西域及中亚、西亚、

张骞出使西域图壁画(临摹品)
敦煌研究院藏

南亚地区的友好往来迅速发展，西来使者相望于途。自西汉西行的使团据说一年之中多则十几个，少则五六个，使团规模大则数百人，小则百余人，所访之地遥远，出访一次所需时间从数年到八九年。除了使节往还的热络，还有一队队商胡贩客，"日款于塞下"。此后，中西之间的陆路交通继续向西延伸，一直到奄蔡（咸海与里海之间）和条支（今伊拉克境内两河之间）等国。

《史记·大宛列传》说张骞，"为人彊（强）力，宽大信人，蛮夷爱之"。意思是说张骞意志坚强，勇猛果敢，宽厚诚信，受到西域人喜爱。他的随行使者有位神射手，穷急之时射禽兽充食，历尽千辛万苦！张骞出使西域，本来是出于抗击匈奴的军事外交目的，最终却打开了一条连接东方与西方的丝绸之路，开辟了中西经济文化交流的新纪元。这次伟大旅行的背景是什么呢？这就是秦汉大一统帝国所聚集的巨大能量！是汉初七十多年经济发展的丰厚积累！是雄才大略的汉武帝的伟大气魄，以及像张骞这样有血性的英雄宁死不失汉节的伟大精神！

2. 甘英出使东罗马

汉武帝时代，为了巩固同西域的联系，在张骞通西域之后，先后在河西走廊设立了酒泉、张掖、敦煌、武威四郡，史称"河西四郡"。从此，玉门关和阳关成为出入西域的门户。

为了保护西域通道，武帝将长城的西界延长到玉门，进而在李广利伐大宛取得胜利后又西延到盐泽（罗布泊）。李广利于公元前102年（武帝太初三年）远征大宛，兵力财力都耗费巨大，名义上是为了取得大宛的汗血马，实际上是进一步巩固张骞通西域后的中西关系。

据历史记载说，西域诸国受到震慑，纷纷遣使来贡。于是，西汉在敦煌到盐泽地方设置亭障（边防据点），在新疆轮台等地大量屯田，以保障往来使节客商的安全与供给。公元前60年（汉宣帝神爵二年），汉朝任命在西域屯田守卫的将军郑吉为西域都护，驻屯乌垒城（今新疆轮台东北），统管西域诸国。

西域都护，秩比二千石，相当于郡太守的职级，是汉朝主管西域事务的最高军政长官。它的设置表明，汉朝内地与西域各国的政治关系与经济文化交往纳入了制度化的轨道。

王莽时期及东汉初年，由于匈奴势力的复起，内地与西域关系断绝。班超——著名史学家、《汉书》作者班固的胞弟，公元73年随窦固出塞抗击匈奴，继而受命经营西域，花了近二十年时间来巩固汉在西域建立的政治秩序。91年，他被重新任命为西域都护。于是，西域50余国又都臣服于汉。公元97年（是出发年还是返程年不详），他派部下甘英出使大秦，试图把汉与西域的直接交通更往前推进一步。

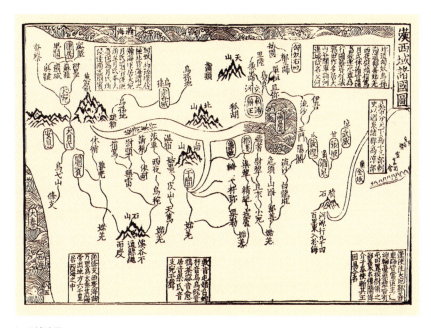

汉西域诸国图
南宋　首都图书馆藏

大秦，也就是《史记》中的黎轩（公元前30年之前的黎轩指埃及托勒密王朝），此时即罗马帝国（公元395年罗马帝国分裂后则指建都拜占庭的东罗马帝国）。汉朝人从传闻中知道大秦是西域的大国："其人长大平正，有类中国，故谓之大秦。"知道大秦国"土多金银奇宝"，凡是外国珍奇异物"皆出焉"。知道大秦国"其人质直，市无二价"，从海道与安息（伊朗）、天竺（印度）通商，"利有十倍"（《后汉书·西域传》）。汉朝人还了解到富裕的大秦国王"常欲通使于汉"，却被横在中间的安息人"遮隔"而不能直接与汉交通。班超派甘英出使大秦的目的，显然是为了直接探寻远西的文明大国，这将有利于打破安息的居中贸易垄断地位。

甘英出使大秦的路线，只能从《后汉书·西域传》以及袁宏《后汉纪》做一点推测。大概是从当时西域都护驻地龟兹（今新疆库车西南）出发，沿西域北道西行，经新疆的喀什、莎车，越过帕米尔高原。

再往西经过阿富汗到伊朗境内,然后经过伊拉克巴格达东南的"斯宾"。再前行,便到了条支:"抵条支,临大海"。

条支何在?大海何指?后来的研究者说法不一。多数学者认为,条支即今叙利亚,大海就是其西界的地中海。正当甘英打算渡海西行之时,安息西界的船人却极力拦阻,理由有两条:一、海阔水大,遇到好风至少要三个月才能渡过,若风向不顺,则要航行两年,所以非备下三年的口粮不能渡海。二、海水有魔法,能够让人思恋故乡,以至不堪忍受,"数有死亡者"。有研究者说,安息人传说的是关于希腊海妖神话中,海妖塞壬的歌声会使航海者死亡的故事。甘英听到的是不是关于海妖的传说(也许从希腊神话辗转到安息人这里故事会有变异)?即使是海妖传说,甘英是否就因此而打退堂鼓?现在无从考证。但实际情况是,甘英望望前路上波涛汹涌、一望无际的大海,确实打消了渡海西行的念头。

后来的研究者都替甘英惋惜,研究中西交通史的德裔美国学者夏德骂他是胆小鬼,被安息人的一派胡言吓住了。也有人指出,安息人精明,想方设法不让汉人访大秦,以便从中获居间贸易之利。我想,甘英此行恐怕政治军事目的大于经贸需求,也许他发现,遥远的大秦很难被拉来作为军事盟友,因此他借安息人恐吓他的那些故事,顺水推舟选择返航。

但是,甘英从安息人那里打听到的事情,远远超过所谓希腊神话的内容。《后汉书·西域传》说,甘英获得的资讯,"皆前世所不至,《山经》所未详,莫不备其风土,传其珍怪焉"。虽然远在距离"玉门、阳关者四万余里,靡不周尽焉"。甘英虽然没有踏上罗马帝国的本土,但是他仍然创下了历史上出使最远的纪录,此前的汉使最远不过安息,"莫有至条支者"。甘英了解的远到罗马帝国的新消息,"若其境俗性智之优薄,产载物类之区品,川河领障之基源,气节凉暑之通隔,梯山栈谷绳行沙度之道,身热首痛风灾鬼难之域,莫不备写情形,审求根实"。甘英的出使,大大推进了汉人对远西地区的知识。

甘英的往返大约经历了两年。他的返程走的是"罽宾、乌弋山离道"。罽宾在今克什米尔一带，汉武帝时就有使者到这里，在《汉书》中也是户多兵众的"大国"。乌弋山离又在罽宾之东部，约今阿富汗西南部的赫拉特一带。甘英从乌弋山离到罽宾，再翻过帕米尔高原，经西域南道回国。

甘英出使的失败也说明，汉代陆路上与大秦的交往困难重重，所以海上交通便成为大秦商人的最佳选择。这就是从红海到印度洋的贸易路线。《后汉书·西域传》提到印度时，就讲"西与大秦通，有大秦珍物"；提到缅甸献的魔术师（幻人）自称是大秦人，推断缅甸"西南通大秦"。《后汉书》还记载，公元166年，有人自称是大秦王安敦（一般认为即罗马皇帝安敦尼，161—180年在位）派的使节来华，使团自日南（今越南中部）进境，所献为象牙、犀牛、玳瑁。由于罗马方面的文献并无出使汉朝的记录，而所献之物又是东南亚地区的物品，并非汉朝人所知的大秦珍异财产，当时汉朝人已经感到蹊跷，现在一般学者也认为此使者很可能是罗马商人假冒的。他们显然是从海道而来。

3. 玄奘之前的"西游记"

甘英之后，汉唐时期的中原政权，再也没有派遣过这种比较有规模，而且留下具体记载的西域外交使团了。两汉之际，佛法初流东土。魏晋北朝时期有两次带有官方性质的行动，都与佛教有关。

十六国时期，前秦大将、氐族人吕光，在淝水之战（383年）前夕，率领大军越流沙三百余里，远征西域。这虽然是苻坚统一全中国的雄心的一部分，可是《高僧传》等书却说成是为了抢夺西域高僧。面对吕光的强大兵团，焉耆等诸国皆降，惟龟兹王帛纯拒之，婴城固守。次年，吕光攻破城池，苻坚任命吕光都督玉门以西诸军事、西域校尉，只是因为道路不通，前秦并没有实施对西域的有效控制，吕光在凉州（甘肃武威）建立了后凉政权。* 作为战利品，龟兹高僧鸠摩罗什被掠到了凉州，吕光死后，鸠摩罗什被后秦主姚兴请到了长安，弘扬佛法，为翻译佛典做出了不可磨灭的贡献。

北魏时期除了太武帝拓跋焘外，历代皇帝都很崇佛。6世纪中叶，北魏胡太后派出宋云使团，曾至北印度，求得佛法而归。

这是两次与佛法东流有关的官方行为，魏晋之后的西巡求法者，主要是佛教信仰者的个人行为。

最早的西行僧人就是三国时期的朱士行。魏甘露五年（260），他自雍州（治今西安）出发，西涉流沙，到达南疆的于阗（今新疆和田），获得"正品梵书胡本经典"九十章，六十余万言，并遣弟子十余人，护送佛经胡本还洛阳。可惜这位历史上首次留下姓名的西行僧人事迹

---

* 《资治通鉴》卷105晋孝武帝太元八年（383）十二月、太元九年七月。

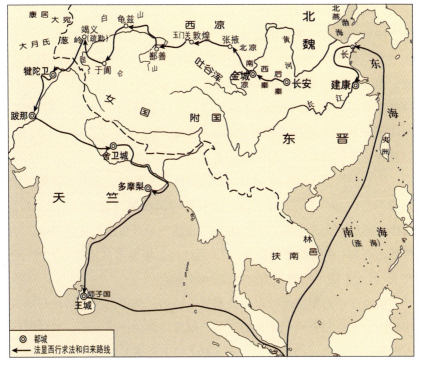

法显西行求法路线示意图

有限,西行仅到达于阗,且以八十高龄终老于彼,因为身体衰迈,没有返回内地。

此后的求法僧中,法显(334—420)、玄奘(602—664)、义净(635—713)是三位功业卓著的大师。正如唐代著名西巡求法高僧义净所说:"观夫自古神州之地,轻生殉法之宾,显法师(法显)则创辟荒途,奘法师(玄奘)乃中开王路。"法显不仅是西行求法的创辟者,而且从陆上丝路"西越紫塞"而往,从海上丝路"南渡沧溟"而归的求法僧中,取得成功的,只有法显。

法显,俗姓龚,平阳武阳(今山西临汾)人。自幼童时代就在山西襄垣仙堂寺为沙弥,父母双亡后,20岁剃度为比丘。三十多岁的时候,法显来到当时的北方佛学中心、后秦统治下的都城长安。在这里,法显的佛学造诣得到了极大的提高。但是他有感于当时佛经不甚完备，戒律多有谬误及残缺，立志要西行佛国天竺求经。

法显西巡求法的动机是要寻访佛教戒律，其背景则是中原内地佛教的发展和僧众的扩大。道安和慧远都曾为了完善戒律做出很大贡献，但是，远远不足以解决僧团生活的建设问题，教俗世界对于佛教戒律都有巨大需求。对此，《法显传》写得很清楚，"法显昔在长安，慨律藏残缺，于是遂以弘始元年（后秦姚兴年号）岁在己亥（399），与慧景、道整、慧应、慧嵬等同契，至天竺寻求戒律"。

法显一行五人从长安出发，经陕西陇县至张掖，遇到智严等几位同道同行。400年秋到达敦煌，作短暂停留和准备之后，经过17个昼夜，越过"上无飞鸟、下无走兽"长达一千五百里的流沙之路。然后到达鄯善（今属新疆吐鲁番市），西北行至塔里木盆地的乌夷国（焉耆），进入于阗（新疆和田），时在401年。

新疆这个时期是佛教东传的重要中转站，佛事甚盛。因此在焉耆和和田，法显都有两三个月的逗留，观摩当地的佛事活动，然后西行入葱岭，南下渡过印度河，次年（402年）到达北印度乌苌国（今巴基斯坦西北边陲）。这是一条前无古人的通道。法显在《佛国记》中自叹"汉之张骞、甘英，皆不至"。他是第一个越过葱岭，走通今日所谓中巴公路的中国人。

法显由此开始了长达六七年的佛教修学之旅。他不仅参观佛迹，还学习梵语，抄写律经。409年渡海来到斯里兰卡，继续搜求佛典，两年后，从斯里兰卡乘坐商船东归，横跨印度洋，航向苏门答腊（耶婆提国），途中遭遇大风，风急浪高，船漏进水，在海上漂泊了100多天，几乎葬身鱼腹。法显在苏门答腊休整了四个多月，又搭乘另外一条商船，准备前往广州，不料南海上的航行也不顺利，遭遇暴风雨，迷失了航向，在海上历尽千辛万苦，航行八十多天，于412年8月22日，在山东崂山登陆。次年法显来到东晋首都建康，潜心翻译所携带来的佛经，并留下了《佛国记》（又称《法显传》）的伟大著作，完整记载了他的这次伟大旅行。420年（一说423年）在荆州圆寂。

在名垂青史的众多西巡求法高僧中，法显创造了许多第一。他首途时 61 岁，是年龄最高的，享年 80 多岁也是最高；他是第一个也是唯一的一位打通海陆丝路、西行求法的高僧。与法显同侪的 9 人中，只有法显与道整到达了印度，其余各人因为各种原因没有完成夙愿。道整出国前就不想再回东土，他发誓说："自今已去至得佛，原不生边地。"故滞留印度未归。只有法显学成归国，回到故土弘扬佛法，"欲令戒律流通汉地"。有人这样说，佛家的戒律有五部，流传中土的有四部，其中三部是法显取经携带回国的。法显翻译的《大般泥洹经》等经典，在推动毗昙学的展开，般若学、涅槃学以及中国佛性论的建立和发展，都具有重要意义。

这里要特别提出《佛国记》的伟大意义。《佛国记》保留了那个时代海上丝绸之路航行的宝贵记录。比如，法显从斯里兰卡搭乘的商船，有 200 多位乘客。又如，法显在苏门答腊岛逗留期间，为了等候汉地的商船。大约四五个月后，法显终于遇见了返回汉地的商船，决定随船出发。这有助于我们了解 5 世纪初叶，南海地区与中国大陆的商旅航行情况及其频度。法显在数段航行中，所遇到的漏水、补船、缺淡水等情况，船员的众多与复杂矛盾，对于了解海路通商实况，都具有重要参考意义。

值得注意的是，法显记载说，他乘坐商船从狮子国（今斯里兰卡）出发，在海上遇到困难的时候，他一心祈念观世音及返归汉地传法的使命："我远行求法，愿威神归流，得到所止。"于是，在 13 天昼夜大风之后，竟然有一个小岛出现在眼前，终于化险为夷。"潮退之后，见船漏处，即补塞之。于是复前。"法显在危难之际祈求观音，正是《普门品》中所述的念观世音经的法力之一。东晋南朝时期，"观世音（又作光世音）灵验记"之类的作品大量出现，此后观音信仰更是迅速传播，观音菩萨也成为中国民间佛教影响最大的神灵之一。所有这些，《佛国记》是在其中发挥过重要作用的。《佛国记》就是关于环南海和印度洋东西方精神与物质文化交流的"西游记"。汤用彤赞誉说，法显是"广游西土，留学天竺"之开创者。

作为开创西游天竺之路的僧人，法显创造了哪些奇迹呢？唐代高僧义净，也是一位伟大的西行者，曾经如此比较法显与玄奘："观夫自古神州之地，轻生殉法之宾，显法师则创辟荒途，玄奘师乃中开王路。"（义净《大唐西域求法高僧传》卷上）意谓法显"创辟荒途"，筚路蓝缕，是西行求法的伟大开创者；玄奘是西行求法的发扬光大者。玄奘于627年去印度取经时，年仅26岁，在法显之后200多年。《大慈恩寺三藏法师传》玄奘自言："昔法显、智严亦一时之士，皆能求法，导利群生，岂使高迹无追，清风绝后？大丈夫会当继之！"玄奘发愿西行其实是受到法显事迹的鼓舞，是继承了法显的精神、效法法显的榜样而西行的。义净是局中人，在他看来，玄奘"中开王路"，事业广大，轰轰烈烈，是将西行弘法第一人——法显的事业发扬光大之举。

今天，玄奘西游的故事经过小说家演绎之后，市井传诵，妇孺皆知。而法显的西行壮举，开创之功，则湮没在浩如烟海的史籍中。其实，法显是第一个走通中巴、中印陆上交通的中国人，今日的"一带一路"规划，让中巴人民憧憬着建设一条连接巴基斯坦瓜达尔港到新疆喀什的铁路，法显则是这条路上的先行者。同时法显还是有历史记载以来，留下具体姓名的印度洋、南海、东海航道的开创者。他记载了从印度洋，跨过南海地区，航行到中国东海这条航线的具体航程和航向。由于法显的航行和记录，早期"海上丝绸之路"的贸易路径，变得清晰可见。法显回国途中，两次所乘商船都有承载200人以上的规模，其中商人居多，船上储存了所有人员生存50—70天的淡水和粮食。这些广州到南亚的航班，显然大体上是定期的航程。所有这些记录，都生动地反映了南海丝路上东西商贸的发达。

法显在佛法弘扬上也是功名卓著。玄奘的求法译经事业家喻户晓，世人称道。与玄奘娴于政治、走"高层道路"的辉煌经历相比，法显的西行，处处体现出冰清玉洁的清辉。家世上，玄奘俗姓陈，河南偃师人，据说是东汉末年名士陈寔之后，父祖也都是仕宦中人，可谓"出身名门"。法显俗姓龚，山西长治人，家境贫寒，自幼父母双亡，三岁就出家为沙弥，在寺庙苦修。没有玄奘那般优渥的环境，法

巴米扬大佛遗址
法显和玄奘先后到过这里,并在《佛国记》《大唐西域记》中对巴米扬大佛作了生动的描述

显对佛学的虔诚却同样十分执着,只因"慨律藏残缺",而发下宏大誓愿"至天竺寻求戒律"并独力践行!法显拓展了汉地僧人西行求法的道路,他用行动向后人证明,从中原可以越过西域流沙,直接到印度求取佛经。

经历上,年轻的玄奘到了高昌国(治今新疆吐鲁番市)后,受到国王高度礼遇,临行时,更是为他备足盘缠,有马匹丁夫随从护送,其西行途中物质条件的优越,实在比《西游记》的描述要好许多。而年过花甲的法显西行求法之途,却秉持着十足的苦行僧精神。与他同行的、途中相遇的同修,不下十人,有的中途死去,有的半路遇险,打了退堂鼓,有的滞留印度不归。只有法显,前后历时15年之久,云游天竺各邦求法抄经,最终携梵本佛经,搭乘印度洋的商船,几经磨难,从南海、东海、返回汉地。事实上,玄奘贞观十五年(641)从印度回国时,本来也可走这条海路,因为到了唐朝,这条海上丝路已经是贸易发达、航线固定、相对安全方便的路线了，只是为了践行多年前对新疆高昌国王重访的承诺，因而放弃了海路。

归国后，二人的机遇也十分不同。玄奘返唐正值贞观清明之世，唐太宗派宰相房玄龄隆重迎接，为其提供优越的译经条件，成就弘扬佛法的伟大事业。法显归国，正当东晋南朝战乱频仍之时，地方官的接待十分有限，他仅仅靠个人之力、信众支持，苦心孤诣地完成了几部重要戒律的翻译工作。法显一生没有获得什么政治荣耀的光环，只有对信仰的默默坚守，对事业的顽强坚持。与玄奘西行经历中广结众缘、交好贵族并获得丰厚支持的做法相比，法显的成就殊为不易。

玄奘西行壮举，无论在佛教史还是中西文化交流史上都是一盏明灯，他的事迹和精神千百年来广为传颂。但同时，我们也应该充满敬意地缅怀像法显这样，不事张扬、埋头苦干的先驱性伟大人物，给予他更高的礼赞、更多的关注！

4. 和氏璧与汗血马

那么,历史上的中国丝绸输出到西方各地,人家拿什么来换咱的丝绸呢?和氏璧与汗血马,可能还有奇异猎犬(包括哈巴狗),其实就是最重要的外来商品。

在大家都熟悉的"完璧归赵"故事中,那位赵惠文王,是"赵氏孤儿"的赵家后人中,一位算很有出息的国君,他的父亲是大名鼎鼎"胡服骑射"的赵武灵王。《史记》卷43《赵世家》记载,公元前283年,有人替齐国写信给这位赵惠文王说,假如秦国封锁了雁门关、常山,"代马、胡犬不东下,昆仑之玉不出,此三宝亦非王有已"。赵王于是改变了与秦联合攻齐的策略。

赵王很在乎的来自西域的"吉祥三宝",乃是代马(北方来的马)、胡犬(西方来的狗)、昆仑之玉。当年,赵国的蔺相如怀揣着和氏璧去见秦王,不辱使命,最后完璧归赵。西边的秦国没有得到这块和田美玉,北边的赵国却有之。大约就是因为昆仑之玉就是来自山西北边的云代(大同、雁门关路线)。在河西走廊没有打通之前,昆仑之玉通过匈奴人从草原之路贩来,更顺当。传说中的周穆王西巡,就是走的这条路。《管子》多次谈到"禺氏之玉"(王国维认为"禺氏"就是"月氏"),也许就是这条路上的"走私品"。商周玉器,并不产自内地,而是通过草原"丝绸之路"(或称玉石之路)从新疆和田运来。

从西域来的胡犬,除了男人打猎用的猎犬之外,唐人图画中有女性玩赏的宠物哈巴狗,大约也属于此类。至于"代马",汉武帝喜欢的汗血马、关云长的赤兔马、唐太宗的"昭陵六骏",大约都属于此类。

北魏时期狩猎纹鎏金银盘
来自波斯的舶来品
山西大同出土

有西方学者早就指出过,李希霍芬的"丝绸之路"只是一种异国想象的历史幻象,欧亚大陆间诸多贸易品,不仅有丝绸,还有玉石、犬、马之类。《史记》中提到的蒙古草原上传来的"吉祥三宝",就是一证。班固对此亦十分认同,他在《汉书·西域传赞》中说,汉武帝"闻天马、蒲陶(马名),则通大宛、安息(皆西域古国名,相当于今日之中亚、西亚)",从此之后,"明珠、文甲、通犀、翠羽之珍,盈于后宫;蒲梢、龙文、鱼目、汗血之马,充于黄门"。前一句讲玉器珍宝,充盈于后宫,这不就是当今时髦的高档坤包、钻戒吗?后一句讲骏马名驹,充盈于皇家禁苑,这不就是当今流行的名牌汽车、SUV吗?一样都是丝绸之路经济带上进口的奢侈品。

丝绸之路上最通常的贸易方式,不外乎贡赐和互市。若再加上战争,便是"吉祥三宝"(名马、胡犬、玉石),传入内地的三个主要渠道:贡品、战利品、边贸货品。

且以骏马为例。汉武帝时代著名的汗血马,又称天马,就是大宛的朝贡品。西晋张华《博物志》卷三有载:"大宛国有汗血马,天马种,汉、魏西域有献者。"唐朝贞观年间,西域给唐太宗进贡良马十匹,酷爱骏马的李世民亲自为这些马命名,号为"十骥":一曰腾霜白,二曰皎雪骢,三曰凝露骢,四曰悬光骢,五曰洪波瑜,六曰飞霞骠,七曰发

萨珊天马盘
5 至 6 世纪，纽约大都会博物馆藏
Plate with youths and winged horses

女人与鹿银盘
7 世纪末 8 世纪初，粟特　圣彼得堡冬宫博物馆藏
Dish with a Depiction of Naked Woman and a Deer

电赤，八曰流星骒（guā），九曰翔麟紫，十曰奔虹赤。当然，进贡也不是白送的，有贡必有赠。献马除了政治利益，更重要的是，这是丝绸之路上官方对官方的贸易形式。中原王朝回赠的物品，主要就是丝绸。

唐朝的名马还有著名的昭陵六骏，分别是：特勒骠、青骓、什伐赤、飒露紫、拳毛䯄、白蹄乌。有学者已经注意到，这些马匹的命名，有西域风格，即毛色置于马名之后。有人说马名的前半部特勒、青（大秦之 cin）、飒露，是职官或者地名，可备一说。什伐赤的"什伐"，大约就是"叱拨"的另一翻译，8 世纪后半叶，有大宛进六匹骏马于唐玄宗，分别叫红叱拨、紫叱拨、青叱拨、黄叱拨、丁香叱拨、桃花叱拨。叱拨是粟特语"四足动物"之意。岑参《玉门关盖将军歌》："枥上昂昂皆骏驹，桃花叱拨价最殊。""叱拨"俨然就是名马的代名词了。

至于拳毛、白蹄，则是与马的外形有关。《史记》卷五《秦本纪》记载秦的先祖造父先生，就因善于养马驾车而获得周穆王信任，所驾八匹骏马，裴骃《集解》引郭璞语曰："八骏皆因其毛色以为名号。"

根据马的外形来命名骏马，也是西域的传统。《丝绸之路：中国—波斯文化交流史》的作者、伊朗裔法国学者阿里·玛扎海里就说，从张骞凿空开通丝绸之路之日起，第一批波斯马，由贵霜王朝或安息王朝送给汉朝。他们在中国获得了"汗血马"的别名。这一奇怪的名称，可能是指其皮毛上红斑，波斯术语谓之为"玫瑰花瓣"。马的毛色深，斑点就很鲜明，有"玫瑰花瓣"状皮毛的马，最受欢迎。他还说，波斯历史上有一位著名民族英雄鲁达斯塔赫姆（120—155），他的坐骑就是这种血与火的颜色。因为传说中认为，马匹毛皮与其性格是一致的。血与火一样的颜色，象征火一般的性格，说明马以彪悍和疾速而出名。这个解释，我觉得比有人说"汗血马"是因为马有寄生虫病更靠谱。

丝绸之路上另外一个换取中国商品的外来品是珠宝。和氏璧是如何来到中原的，争议很大，已不可考。但中古时期，关于大食、波斯贡使以各种真珠、玛瑙、宝石进贡朝廷，以换取丰厚回赐的记载，充斥于唐宋时代的各类书乃至正史之中。

据古代的波斯史家记载，8世纪初，倭马亚王朝许多什叶派穆斯林和阿里后裔，因躲避逊尼派穆斯林的迫害，逃至呼罗珊（伊朗东北部至中亚五国部分地区）。这些人尔后又辗转逃往宽容的唐朝，他们在长安做生意，主要就是经营珠宝。宋人赵汝适《诸蕃志》记载大食国28种主要物产中，有"猫儿睛""真珠""珠子"等宝石类。可以说，珠宝是唐宋时期大食、波斯商人往来于东西方贸易的主要商品。

《太平广记》卷403的一个故事说，唐安史之乱后，有位叫魏生的千万富翁，参加了西域胡人客商的"宝会"（珍宝博览会），"胡客法，每年一度与乡人大会，各阅宝物。宝物多者，戴帽居于座上，其余以次分别"。大家都拿出自己的宝物来展示，"诸胡出宝，上坐者，出明珠四，其大逾径寸，余胡皆起稽首礼拜"。参加这次赛宝大会的大食、波斯胡商竟然有30多人。

胡人经营的宝物众多，且以古代文献中常见的"瑟瑟"为例，略作解说。唐末诗人温庭筠的《瑟瑟钗》："翠染冰轻透露光，堕云孙寿有余香。"可见瑟瑟是妇女常用的头饰。中外学者研究认为，瑟瑟就是波斯语或者阿拉伯语jaza的译音，是出自西域的著名宝石，即天青石，《唐代的外来文明》的作者、美国学者薛爱华说：唐朝人用来指深蓝色宝石的"瑟瑟"这个词，通常就是指"天青石"，但是有时瑟瑟也用来指称蓝色的、类似长石类的"方纳石"，瑟瑟偶尔还用来指"蓝宝石"。后来，"瑟瑟"甚至成了蓝颜色的代称，白居易的名句"半江瑟瑟半江红"，其"瑟瑟"即用宝石的颜色来比喻月色下的江水。

唐朝由西域地区输入的瑟瑟数量很大，公元750年，唐将高仙芝攻破西域小国石国（位于今乌兹别克斯坦的塔什干地区），"大瑟瑟十余石"，此外还有名马、贵金属、宝石等。瑟瑟是上流社会常见的奢侈品。唐玄宗携杨贵妃幸华清宫，"于汤中（唐人谓温泉为汤），垒瑟瑟及丁香为山，以状流州、方丈。"就是说，以天青石材装饰温泉池，真是皇家气派。杨贵妃之姊虢国夫人华宅落成，赏赐给工匠，"以金盏瑟瑟三斗"。

"一带一路"上传入的西域珍宝，在宋元明清，愈演愈烈。明朝皇室、达官贵族，都喜欢收藏珠宝、玉石。大贪官严嵩被抄家后，查出其家藏有"盘紫玉、墨玉、碧玉、黄玉、荒玉、花玉等，名番字玉板一片，千岩竞秀玉山一座，凡玳瑁、犀角、玛瑙、银宝石、琥珀、珊瑚、象牙、水晶玻璃、哥窑、柴窑、嘉峪石等物共二千余件。猫睛三十三颗，晕猫睛一颗，祖母绿二颗"。可见这些珠宝的来源比较复杂，但多数出自"一带一路"，是毋庸置疑的。

今天，贪官也罢，土豪也罢，对于西方奢侈品和珠宝的喜爱，其实，不过是历史的延续罢了。历史时期的"一带一路"上，输出的是中国的手工业品、农产品、丝绸、茶叶、瓷器，换来的却是骏马明珠。走笔至此，抚今追昔，真是令人感慨，历史与现实何其相似乃尔！

5. "花和尚"鸠摩罗什

印度佛教在两汉之际,沿着"一带一路"传入中国内地。佛典翻译是中印文化交流中最重要的一环,其大体经历了三个历史阶段。支娄迦谶(东汉桓灵时代)等是第一个时期,称之为古典翻译时期。鸠摩罗什(344—413)是第二个时期,称为旧译;唐代玄奘则是第三个时期,称为新译。无论旧译、新译,都要超越了佛典古译时期的"硬译""格义"的风格。

鸠摩罗什出身于印度一个名门望族家庭。他父亲鸠摩炎放弃族邦相位,来到今天的新疆地区,娶了龟兹(今新疆库车)国王的妹妹耆婆为妻子。耆婆面上有一颗红痣,据说这是可以生育出智慧之子的吉祥象征。据说,儿童时代的鸠摩罗什确实聪颖异常,半岁能说话,5岁认字,博闻强记。7岁随母亲出家做小沙弥,每日就可以背诵三万二千言的佛典。9岁的罗什被母亲带往罽宾求学,罽宾国位于今阿富汗喀布尔河口中下游之间的河谷平原,是佛学圣地。罗什跟随名师学习,学业日益精进,可以背诵四百万言的佛典。他曾奉旨与外道辩论,赢得赞赏。13岁时,罗什又回到了龟兹。其间在疏勒停留一年,并由研习小乘转变为研习大乘佛教经典。他的佛学造诣已经名震整个西域了。曾有高人预言,如果鸠摩罗什36岁仍保持童男身,将成为第二个佛陀。

回到龟兹之后,鸠摩罗什在20岁接受具足戒。母亲叮嘱他,大乘佛教一定要在中国(指内地)弘扬,这将利益东土众生,却未必对你有益处。鸠摩罗什毅然以佛法流行东土为己任,说只求普度众生,

悉达多太子出家坐骑
大英博物馆藏 2 世纪石灰岩浮雕

后秦鎏金铜佛像，体现了华梵融合的造像风格
甘肃省泾川县出土

即使自己遭受地狱煎熬，也义无反顾。研究者认为，促成母亲与儿子这段信誓旦旦对话的背后，颇有玄机。那就是罗什实际上已经破戒，对象就是龟兹王国的公主。破戒之身，不能成佛，罗什的回答正是以菩萨行道的誓言。

罗什在龟兹生活了二十年，其盛名也传到了汉地。382 年，淝水之战前一年，前秦天王苻坚派大将氐族人吕光远征西域，次年攻灭龟兹，俘得鸠摩罗什。淝水之战苻坚失败，前秦崩溃，吕光遂割据凉州（今甘肃武威市），建立后凉政权，尊鸠摩罗什为国师（政治顾问），罗什在此滞留十六七年。吕光出兵打仗，每每咨询罗什，犹如佛图澄之在后赵一般。当然，这段经历，对于罗什修习汉语言，无疑有极大的帮助。401 年，后秦姚兴灭后凉吕氏政权，又将罗什劫持到长安，从此罗什开始了他在长安的译经事业。

关于罗什是花和尚的事，有如下记载。一是说，吕光灭龟兹国，逼迫罗什与龟兹国公主成其好事，以便留下聪明的子嗣，罗什被迫破戒。二是说，罗什在长安说法，忽然说自己肩上有二小儿在攀爬，思有妇人，于是姚兴送去宫人，罗什由此生得二子。

有文献坚持认为罗什破戒是为吕光所迫，也有文献说是罗什主动思有妇人生子。或为尊者讳，或谓吕光愚。但是，我倒是觉得，十六国时期的西域或内地，佛教戒律未必就十分完备。这也正是此后法显矢志要西巡求取戒律的原因；与法显一起西行的道整，就是因为痛恨中土佛门浑浊，戒律不精，而自愿留在印度。因此，"花和尚"的事件所在多有。罗什讲经，观听者众，他自己说，比如莲花出于污泥，你们就欣赏莲花好了，不要在意污泥。自比污浊的烂泥，但是，说出来的佛法则是清净的。据说他圆寂火化，舌头不烂，印证了他为此发的誓言。

罗什在佛教翻译上的贡献巨大。印度大乘佛教有两大派别，一为中观学派，又称"大乘空宗"；一为瑜伽行派，又称"唯识学派"或"大乘有宗"。鸠摩罗什是在中土弘扬中观学派的第一人，根据般若经类而设立的大乘性空缘起之学，经过他的翻译被系统地介绍过来。他的工作也对隋唐以后中国佛教各宗派的形成有极大促进作用，如他所译《中论》、《百论》和《十二门论》，是三论宗依据的主要经典；所译《阿弥陀经》是净土宗的主要经典；《法华经》是天台宗的主要经典；《成实论》是成实学派的主要经典。印度大乘学派的另一支唯识学派，则在唐代由玄奘介绍入华。

鸠摩罗什在长安十年，所译佛典的数目，据《出三藏记集》卷二记载为三十五部，计二百九十四卷；据《开元释教录》记载则为七十四部，计三百八十四卷，仅次于唐代玄奘。鸠摩罗什的译著不但数量庞大，翻译质量也达到一个新高度。他在译文处理上采取了直译与意译相结合的方法，不但要传达出原文的意蕴，还力求表达出原本的语趣，所以后人认为他的译文在语言优美和内容准确方面，同时达到前所未有的高度，梁启超《饮冰室佛学论集》称赞说："译界有名之元勋，后有玄奘，前则鸠摩罗什。"

6. 刺客聂隐娘：哪里学来的法术？

侯孝贤执导的《刺客聂隐娘》在戛纳摘得桂冠，又进军奥斯卡角逐最佳外语片。一时风头大健，红极影坛。关于这部电影的风格、技巧、情节、布景、对白，两岸影评人或褒或贬，各抒己见。这部片子的情节，是否符合唐人裴铏《传奇》原意，并不重要。文艺作品嘛，编导们各自匠心独运。更何况以聂隐娘为主人公的剑仙小说，自唐代以来屡见不鲜，比如《黑白卫》《女仙外史》《女昆仑》之类。但裴铏毕竟是这类创意的开山之祖。那么，为什么唐人裴铏会造作出"聂隐娘"这样离奇的人物和故事呢？

佛教在大众印象里向来慈悲为怀，怎么是一位出家的"乞食尼"，成为刺客聂隐娘的师父？这位乞食尼教授聂隐娘的，为何大多是道家所善长的剑术呢？为什么聂隐娘的那些法术，很类似于《西游记》中孙行者呢？

所有这些疑问，背后的指向，都要到丝绸之路上的文化交流中去寻找答案。

中国历史有悠久的侠客传统，不过《史记》中的豫让、聂政、荆轲等侠客，都是五尺男儿身。女性侠客在文学作品中最早大约始于魏晋时代。干宝《搜神记》中有一个叫李寄的女子，智杀大蛇，为民除害。《吴越春秋》中的那位越女，熟悉剑术，敢与白猿公比剑，已经是聂隐娘之类唐代侠女形象的先驱了。可是，剑侠也罢，女仙也罢，其手段都还比较平常。即便在神话渊薮《山海经》中，神仙们也不过仅仅是有异人之相，升天之功，长生之术；九天玄女帮助黄帝大败

昆仑奴与卫士
敦煌莫高窟 61 窟

蚩尤,也只是使用战法而已。那些魔术一般神奇炫目、超自然力的剑术、道术、法术,比较少见。真正让侠客们获得令人眼花缭乱、不可思议的法术,是西天诸神入华的结果,是佛教和其他宗教文化沿着丝绸之路传入中国后,文化交流融合的结果。

佛教在两汉之际从中亚地区传入中国,到了东汉末年,随着大批有着雅利安人血统的大月氏人涌入京都洛阳,建立佛寺同时带来了印度的贵霜文化,影响到皇室和贵族们的世俗生活,史称汉灵帝好胡服、胡帐、胡床、胡坐、胡饭、胡箜篌、胡笛、胡舞,京都之贵戚,皆竞相为之。

异域文化的传入,就像姑娘出嫁,带来了娘家的生活印记,也要适应婆家的生活习惯,两相融合,就打开了新局面。印度佛教入华,带来的不仅是信仰,而且还带来了道术、法术,以及各种奇异的功能,给中华传统的侠客、仙人故事,插上了想象的翅膀。形色各异的剑侠、女仙就在这种文化沃土中逐渐生长起来。

右：胡跪供养者
炳灵寺169窟左壁12号

左：持莲花僧
6至7世纪，克孜尔石窟
纽约大都会博物馆藏

　　佛教入华之初，所行的便道是亲近、模仿"道家路线"。翻译佛典，用老庄经典"格义"；造作佛像，老子与释迦牟尼共处，即所谓"仙佛模式"。中土有人造了一部老子化胡经，谓老子出关西行，至于天竺，收释迦牟尼为徒，宣称道与佛为师徒关系。佛教徒也刻意模糊自己与道教的界限，以此作为进入中土的方便法门。因此，汉末三国时期，普通大众所理解的佛教，只是神仙的一种，汉代最早的佛经《四十二章经》中说，"阿罗汉者，能飞行变化，住动天地"。

　　为宣传佛教威力，佛教徒们翻译了许多佛本生故事，也创作了大量的灵验故事。如"观世音灵验记"之类，在唐朝之前已大行其道，传之于口，笔之于书。灵验故事主要是为了证明佛教的法力，讲述一些虔诚信徒逢凶化吉、被超自然力拯救的事件；同时，也大力渲染烘托了那些具有神奇法术力量的得道僧人。比如敦煌文书《佛图澄所化经》，特别记载了一位神奇大士的功力与法术。这部《佛图澄所化经》，名为佛经，内容上则带有更多的道教色彩。这份转帖中，使用"泰山遣鬼兵""急急通读，如律令令"等典型的道教传帖用语，而传教的主角，却是大名鼎鼎的佛教高僧佛图澄。

佛图澄（232—348），西域龟兹国人。310年，西晋永嘉年间来到洛阳，后来为十六国后赵石勒、石虎政权效力，号称"国师"，具有广泛的神通、咒术、预言等灵异能力。他能役使鬼神，能呼风唤雨。大旱之年，用法术令龙王显灵，普降大雨，使方圆数千里，获得大丰收。《西游记》中孙悟空请龙王降雨的本事，就源出于此。

佛图澄能预知将要发生的事，提出警告，予以防备。这与聂隐娘早就知道精精儿、空空儿会来报仇，提前让刘昌裔做准备，异曲同工。不过佛图澄的特异之处是，他以麻油杂胭脂涂于手掌，千里外发生之事，皆能了如指掌。佛图澄还可以口出咒语起死回生。石虎的儿子就是死后两天被他念咒救活的。他的这种特异功能，招徕了许多信徒的追随，向他学道的门徒，常有数百人。聂隐娘是被乞食尼主动窃去传艺的，同门受教的还有另外两位少女，作者这样的处理，比主动追随高僧学道，更显传奇色彩。

到了唐代，佛图澄在民众中仍有广泛的影响力。敦煌初唐洞窟323窟北壁，就是一组描述佛图澄神奇法力的壁画。其中一幅画中，后赵国君石虎坐在胡床上，佛图澄在施法术，手托一团乌云，飘然向前。壁画表现的故事是，有一天，佛图澄陪石虎在襄国（今河北邢台）喝酒，突然说，不好，幽州城起火了。他索要了一杯酒，向幽州城方向泼去。稍后，他笑着说，火已被扑灭了。大家将信将疑。不久幽州果然派使者来报，某日某时，幽州城突然起火，恰好从西南方向飘来黑云，降大雨灭火，雨中还能闻到酒味。这种法术，从《西游记》孙悟空的手段中，也能略见一二。

传说佛图澄身上有一大孔，可看到内脏，平时用帛塞住，晚上读经时，将帛取掉，光照一室。斋日，他来到河边，将肠掏出，用水清洗后再放回腹中。是为"佛图澄河边洗肠"。聂隐娘的师父乞食尼在放她回家前，对她说：我为你打开后脑勺，把匕首藏进去，要用就抽出来。这是不是很类似佛图澄的手段啊!

可以说,聂隐娘及其师父的道术,多多少少受到了佛图澄故事的影响。而佛图澄的形象也确实与乞食尼有很多相似之处。他们都是佛门中人,却都迹近道家;道术诡谲,仿佛是孙悟空的先驱。聂隐娘的身份经历与佛图澄类似,都是在与官府打交道,为官家服务。佛图澄闻铃解义,预言事变,能算出石勒某年某月当死。因为他长期同皇室成员来往,对宫廷争斗有所预测,被附会成先知先觉。聂隐娘与节度使关系密切。为了保护刘昌裔,聂隐娘大战精精儿和空空儿。

聂隐娘战精精儿,是一红一白二幡在打斗。精精儿战败,被用药水化为乌有。聂隐娘战空空儿,就不一样了。空空儿本事高强,聂隐娘没有必胜之把握。她让刘昌裔拥衾在床,用"于阗玉"(这也是丝绸之路上传来的)护持着,而聂隐娘本人怎么办?她说,我会变成一只小蚊虫,潜入你腹中等待时机。刘昌裔按她所说的办法做了。到了三更,刘昌裔闭着眼睛,却没睡着,听到脖子上"砰"的一声,声音很大。隐娘从刘昌裔口中跳出。这些情节,多么像齐天大圣的作为啊!

先秦以降,剑侠的形象一般注重忠诚、侠义的精神,以男性为主。但从晋唐以来,就逐渐以神妙的法术、奇谲的修为示人,由于故事的重心从复仇的力量与道义,逐渐转化为神妙的道术和机变,女性侠客的形象逐渐在这一时期的文学作品中盛行起来。到了宋代以后,剑侠已经被定格为"非常人",具有"腾空顷刻已千里,手决风云惊鬼神"的神秘能量。后世的《西游记》《封神演义》等作品,把这类法术的故事渲染得神乎其神,引人入胜。但从根源上说,这些神佛故事的渊源,都与西天诸神佛入华、与本土文化交光互影、融合发展,密切相关。

中国人的宗教信仰的特点是,多元、宽容。不同的宗教文化共同生存,兼容并蓄。佛教的中国化,是在与儒教和道教融合中完成的。吸收佛教的营养,儒学得到更化,才有了宋代理学。佛道交融,促进了中国女仙、剑侠文化的发展,为作家塑造"聂隐娘"高超法术的艺术形象提供了文化元素。

第三章
飞天的文化意象

　　汉唐之间，中国处在由政治混乱走向政治分裂的时代，西域胡商和西土佛教大举入华。佛教作为苦难时代的福音，崇拜的君王比比皆是。西亚和南亚的文化艺术，也经过长途跋涉来到中国，风尘仆仆。这一路风尘使它带有中介地区的文化特征。这不仅体现在佛教经典的翻译上，更表现在世俗的艺术中。

1. "胡人"都是什么人

汉唐时代，国力强盛，战争的、商业的、留学的来华移民，熙熙攘攘。构成了"一带一路"上中外文化交流的一道独特风景线。

战争是人类历史上最残酷的事件之一。战败的俘虏被强制内地迁徙，构成移民。汉唐时代，与匈奴和突厥的战争，此类事情，所在多有。由于中国当时的经济文化水平，确实高出周边地区一大截，因而也有人出于各种原因，向风慕义也罢，皇恩浩荡也罢，成为融入华夏社会的优秀分子。这方面最突出的例子，是汉代的匈奴人金日䃅（jīn mì dī）、唐代的突厥人阿史那忠。

金日䃅（前134—前86）是匈奴休屠王之子，驻扎在今甘肃武威，公元前121年的汉匈战争中，汉骠骑将军霍去病大获全胜，获得匈奴祭天的金人。在随后投降的匈奴俘虏中，就有14岁的金日䃅和他的母亲阏氏、弟弟（父亲休屠王被同降的浑邪王所杀）。汉武帝安排金日䃅在宫中养马。一次汉武帝检阅马匹的过程中，身材魁伟、目不斜视的金日䃅，牵着高大健壮的骏马走台时，获得皇帝的好感。当武帝得知这个英俊的青年，乃匈奴休屠王之子，当即任命他为马监，相当于皇家养马总管。金日䃅后来在汉武帝身边做到光禄大夫之职，曾经英勇地阻止了一次暗杀汉武帝的行动，深得武帝信任，封为秺（dù）侯，是刘彻临终时的托孤大臣之一。

金日䃅的后裔，终西汉之世，都有人在宫中侍卫，西汉末年才散落到南方各地，其中有一支，据说去了朝鲜半岛。《新唐书·新罗传》记，新罗国"王姓金，贵人姓朴，民无氏有名"。在那里发现的《新

胡商　5至6世纪
圣彼得堡冬宫博物馆藏 merchant.Png

北周彩绘陶载物骆驼
骆驼背上所载物品，反映了丝绸之路上的货物交通实际情形
宁夏固原李贤墓出土

罗文武王陵之碑》（该碑建于唐高宗时期，682年），碑主是新罗国第30任君王金法敏（661—681年在位），其残留碑文称："载生英异，秺侯祭天之胤，传七叶以□□焉。"意谓新罗王室，乃金日䃅的后人。有韩国学者颇认同这一说法，并且解释说，在王莽被杀后两年，东汉刘秀建国之际，金氏家族成员担心与王莽的密近关系，被刘秀追杀，故而逃到朝鲜半岛，成为朝鲜金氏家族的鼻祖。大约在唐朝，辰韩六部有姓氏，即李、崔、孙、郑、裴、薛。而朝鲜半岛最重要的姓氏之一金姓，则出自金日䃅之后。

后来，金日䃅成了在华做出突出贡献的外侨代称。如唐太宗、高宗时期在华任职的突厥贵族阿史那忠，在贞观四年（632）、大约20岁的时候，归附唐朝。宿卫多年，屡出征战，"无纤隙"，唐高宗的诏书表彰他"匪躬之操，在暮齿而弥隆；奉上之诚，历岁寒而逾劭"（《全唐文补遗》第一册《阿史那贞公墓志铭》）。"时人比之金日䃅"（《旧唐书·阿史那忠传》）。

胡人像
敦煌莫高窟 12 窟

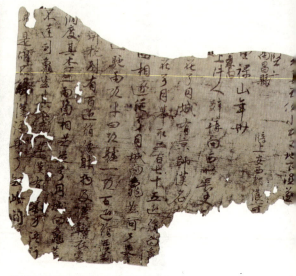

唐代西州粟特商人曹禄山与长安来的商人李绍谨
关于商业纠纷的诉讼文书
新疆吐鲁番出土

  经商侨民，以中古时代粟特商团最为典型。《旧唐书·西戎传》记述康国人善经商，"争分铢之利"，男子年二十，即外出旁国经商，"来适中夏，利之所在，无所不到"。粟特人经商，一般以商团出行。据《周书·吐谷浑传》记载，553年，有一支青海吐谷浑政权出使北齐的使团，在返回时有粟特商团同行，其中胡商二百四十人，带有驼、骡六百头，杂彩、丝绢以万计。可见这种粟特商队规模是相当大的。有些人长期在华经商，携家带口，逐渐落户中土，最后终老长安。近年发现的北周史君墓、安伽墓、康业墓、隋代虞弘墓，都是中亚和西亚商人家族在华移民的重要佐证。

  例如，2003年西安市未央区发掘的北周史君墓，是"昭武九姓"（今乌兹别克斯坦）"史国"的粟特移民墓葬。该墓在放置棺椁的石室南壁有一幅壁画，画中有夫妇带小孩的场面，还有讲经场面。在石室北壁的壁画中，是粟特商队野外露宿和从事贸易的场景。有男子盘腿坐在帐篷内，头戴宝冠，身穿翻领窄袖长袍，腰带装束，脚穿长靴。

帐篷外两位长者，对坐饮酒，3位侍者在侧服务。帐篷门前有一卧犬。帐篷的下方是4个男子率领的商队，其中两位男子正在交谈，驮着货物的两匹骆驼跪卧于地，旁边还有两匹马和一头驴，都作歇息状。这些内容应该是墓主生前生活与经历的写照。

北壁另一幅画面为男女主人在家中宴饮的场面。穹隆顶建筑，为砖砌木结构，带有回廊，屋正中端坐着男女主人，周围有4个伎乐，或弹奏箜篌，或弹奏琵琶，或吹奏筚篥。室内有几个侍者。外面台阶下歌舞演员，有的手拍腰鼓，有的击节鼓掌，有的翩然起舞。这是墓主在华家庭生活的实录。

又比如，1999年在山西太原发现的隋朝虞弘墓，墓主虞弘大约是有着雅利安人血统的波斯人。在他的墓葬中，保留着完整的祆教信仰的记录。虞弘墓石椁底座的祭坛上有圣火在熊熊燃烧，这个画面也曾出现在西安北周安伽墓、史君墓中，对圣火的崇拜是祆教的最重要标志。祆教把圣火作为最高神阿胡拉·马兹达的象征。有两个祭司戴着口罩主持拜火仪式。这一古代祆教祭司拜火戴口罩的传统，依然保持在现代祆教徒中。

总之，这些来自中亚粟特和波斯的经商侨民，虽然在华生活多年，甚至后来还担任了一官半职，却依然比较完整地保留着自己的民族习惯和宗教文化。当然，也接受了部分中华的生活习俗。比如用棺椁来下葬，就背离了祆教的传统，属于中土的生活习俗。

经商移民中还有西亚的阿拉伯人、波斯人。唐朝的胡商或者商胡就是这些人。有阿拉伯文献说，唐朝末年在广州的阿拉伯商人多达10万。宋朝在东南沿海地区设置了"蕃坊"，就是这些人的聚居地。大约就如同我们提到的北魏洛阳地区胡人聚落那样，"附化之民，万有余家。门巷填列，青槐荫陌，绿树垂庭，天下难得之货，咸悉在焉"（前引《洛阳伽蓝记》）。

留学生移民，以唐代日本和新罗的留学生最知名。尽管有学者能罗列出日本留学生、学问僧、请益生等细微的身份区别，但实际上，他们都属于来华学习的僧俗人物。2004年10月公布的西安市东郊出

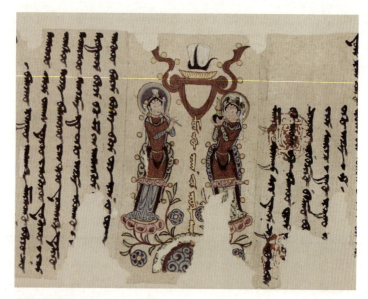

唐代粟特文摩尼教徒书信 （局部）
新疆吐鲁番出土

土的日本留学生墓志，墓主井真成（699—734）就是717年（唐玄宗开元五年）与著名的阿倍仲麻吕（698—770）、吉备真备一道来华留学的日本学生。其时井真成19岁，阿倍仲麻吕20岁，吉备真备22岁。

他们到达唐朝首都长安后，进入国子监中的"太学"学习。唐朝政府优待外国留学生，其助学金和生活费全部由唐政府提供，学习重点是经史之学，毕业后参加科举考试。唐朝对外国学生特设了"宾贡科"，这大约相当于我们现在对于外国学生的"汉语水平"考试。可是，科举考试还是要比汉语水平的测试要复杂得多。诗赋就是其中的一项。阿倍仲麻吕中文名字叫晁衡，与王维、李白、储光羲是好友，有诗文唱和。晁衡归国，据说中途遇难，李白深情赋诗："日本晁卿辞帝都，征帆一片绕蓬壶。明月不归沉碧海，白云愁色满苍梧。"阿倍仲麻吕大难不死，返回长安，作《望乡》诗感念李白："卅年长安住，归不到蓬壶。一片望乡情，尽付水天处。魂兮归来了，感君痛苦吾。我更为君哭，不得长安住。"此外，王维的送行诗《送秘书晁监还日该国》，储光羲也有《洛中贻朝校书衡，朝即日本人也》的诗作传世。阿倍仲麻吕在唐朝从校书郎做到秘书监、左散骑常侍兼安南都护的官职。安史之乱期间，还曾追随唐玄宗一起避难四川。

日本之外，新罗的留学生也很多。崔致远（857—？）是在华新罗文人的代表。他年方12岁离家入唐求学，6年后，即874年获得宾贡科进士学位，年仅18岁。直到884年离华，侨居中国长达16年之久。崔致远曾任唐溧水县尉，入淮南节度使高骈幕府任掌书记。曾为高骈写《檄黄巢书》，名动天下。所著《桂苑笔耕集》，为文林所推重。留学生作为专门学习中华文化而来的侨民，在中外文化交流中意义更为不同凡响。

总之，外国和外族在华侨民，不仅学习和接受了中华文明，无疑也带来了异域的文化，丰富了中土社会与文化元素。这些侨民在华的活动，凸显了中国文化具有宽广的包容性。异族人士可以在唐朝求学、做官，不同的宗教都可以在中土设寺传教。不仅佛教成为中国文化的一部分，祆教在华传教也影响深远，宋元时代被称为明教，朱元璋所建明朝之"明"，即源自于此。任何文化的传播都是由人来完成的，人类文明都是可以相互借鉴相互融合的，战争难民也好，商业移民也好，学生侨民也好，正是因为这些移民的存在，才使丝绸之路成为一条灵动的文明交流的纽带。

2. 佛教东来三部曲

佛教产生于公元前6至前5世纪的古印度，是在印度古代婆罗门教和耆那教的基础上发展而来，受到古代印度哲学的重大影响。在悉达多·乔达摩（Siddhartha Gautama，约公元前566—前486）初创之后，经过很长时间的发展过程才逐渐成熟和完善，并开始向外传播。

印度佛教向外传播与孔雀王朝政治势力的扩张有密切关系。阿育王时期，孔雀王朝的势力已从恒河流域扩展到印度河流域，在喜马拉雅山、迈索尔、阿姆河及兴都库什山之间的广大区域内建起一个庞大的帝国，而阿育王皈依佛教之后曾多次派僧侣去四方传播佛教，因而佛教的影响极有可能在公元前3世纪后半叶就达至中亚及西域一带。公元1世纪末至2世纪，迦腻色伽治下的贵霜帝国之势力范围与影响达于喀什噶尔、叶尔羌和于阗一带，促使佛教在这一带传播。有两条传播路线，一条从贵霜中心巴克特利亚到喀什噶尔和更东面，另一条从西北印度和克什米尔到于阗（和田）与塔里木盆地南部诸绿洲。传入北部绿洲库车和吐鲁番的时间没有明确记载，但一般认为在公元初。汉文史料表明，公元300年龟兹（库车）有一千所佛教寺院和神庙，4世纪龟兹已成为重要的佛教教育中心，达成如此规模需要经过长期发展。

佛教在中原地区的初传时间有西汉说和东汉说，目前学术界多认同东汉初年是佛教正式传入中原之始。西汉说见《三国志》卷30裴松之注引《魏略·西戎传》："汉哀帝元寿元年（公元前2年），博士弟子景卢受大月氏王使伊存口受《浮屠经》。"现在一般认为，这

唐代人面纹青铜壶
壶身上的人面有很强的天竺（印度）特征
陕西临潼出土

焉耆文《弥勒会见记》剧本残片
唐　新疆焉耆锡克沁佛寺遗址出土

时期的大月氏（贵霜）并不信佛教，不可能派使者来汉朝传授佛经，同时《魏略》已佚，裴松之注释所引缺乏足够证据。东汉说来自《后汉书·西域传》，并被《高僧传》和《历代佛祖统纪》等佛教典籍广泛采用，称东汉明帝永平七年（64），明帝夜梦金人，飞行殿中，次晨问于群臣，太史傅毅告诉明帝说，西方有神，其名曰佛，恐怕梦中之金人就是佛。于是明帝派遣中郎蔡愔、羽林郎秦景、博士弟子王遵等18人去西域，访求佛道。永平十年，蔡愔等于大月氏国遇沙门迦叶摄摩腾和竺法兰等人，又在西域抄回佛经四十二章以及佛像等，用白马驮还洛阳，明帝特为他们在洛阳城西雍门首建寺院，这就是洛阳白马寺。这一说法虽带有些神秘色彩，但根据与其他文献材料的对比研究，基本可信，是目前关于佛教传入中国之时间的公认说法。不过这个时间应当理解为佛教在中国政府许可下正式进入中原的时间，实际上佛教或有关佛教的信息在民间的流传应该更早，傅毅知晓西方有佛，这就说明佛教当时已被人所知。

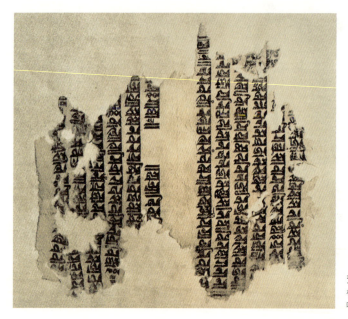

梵文文书残片
柏孜克里克石窟
吐鲁番博物馆藏

借助老庄

佛教传入中国之初,贵族和帝王之家多把它看作是神仙方术的一个支派,因为佛教的主静尚虚与黄老的清静无为颇为相似。人们总是习惯于用自己熟悉的东西去理解那些新鲜而陌生的事物。自秦始皇时代以来,社会上刮起一种寻求长生不老之术的风气,汉代此风愈演愈烈,一时间,各种方技异术泛滥。在此背景下,佛被看成是法力无边的大神。而且至东汉桓帝以前,虽然已有佛僧东来传教,但译事未兴,多由口传,中国人仅粗知其戒律禅法和释迦行事大略,以为与神仙方术和黄老学说相似。加上佛与神在许多地方能力相近,更使信仰者把佛徒视作方士一类,把佛经看作谶纬,把佛陀同于黄帝、老子。例如汉桓帝在宫中同时供奉黄金铸成的浮屠和老子像,设华盖之座,用郊祀之乐。东汉楚王刘英(明帝异母弟)晚年也是既喜黄老又学浮屠。

佛教作为一种外来宗教,为了能在神仙方术大行其道的环境中生

弥勒说法图中的听法天人
克孜尔石窟第 38 号窟主室前壁上方
约公元 4 世纪

存,也有意与之协调,特别是与长生不老之术。早期东来的佛教传播者往往采取一些神异灵验的手段或看病占卜的方法来吸引信徒,虽然这些做法与佛教教义有所出入,也有某些僧团反对"诵咒行术""半自然火"等异道行为,但仍不能阻止这种趋势的发展。著名僧侣如安世高、支娄迦谶、佛图澄、昙无谶等,都同时以巫术见长。

汉魏南北朝是佛教大发展的时代,也是佛教与中国传统社会文化碰撞和磨合的时代。晋宋时期,早期的佛典翻译家已经注意通过节选、增删与改动的办法,使佛典的译文尽量与中国伦理社会的价值观相一致。如关于男女关系,汉译佛典有意删削了印度佛典中关于男女性交的论述,避开了"接吻""拥抱"一类词语。如《华严经》把"拥抱"译成"阿梨宜",接吻译成"阿众鞞"。敦煌写本佛经中有一篇叙述莲花色尼的出家因缘,但其中删去了莲花色尼出嫁的关键一节,即她因屡次出嫁,因而与所生的子女也彼此互不相识,后来竟然与自己所生的女儿共嫁给了自己所生的儿子。莲花色尼发觉后,因极度羞恶后削发为尼。这样的论述与中国传统伦理道德相去太远，所以被略去不译。此外，关于夫妻关系、父子关系、君臣关系方面也都注意符合儒家的纲常名教，如流传最广的《无量寿经》就凭空加上了忠、孝、礼、义、信等类用语。所以，印度佛教伦理在流传中国时，一开始就偏离了它的原本内容。翻译佛典虽然尽量调和适应儒家的伦理道德，但并不能完全避免与儒家思想的冲突。儒家的最高理想人格是成为圣人、贤人，因此重人生、重人事、重现实。而佛教的人生理想在于解脱。因此要通过痛苦的反思、修持，通过超脱世俗世界来进入涅槃境界。随着佛教愈益普及，僧众愈益增多，矛盾、冲突与调和也就不断地发生。魏晋南北朝时期儒佛的冲突可归结为三大问题：一是沙门不敬王者问题；二是沙门袒服的问题；三是神不灭的问题。

儒佛冲突

东晋时，庾冰、桓玄一再提出，沙门应该向王者跪拜而不只是合掌致敬。慧远作文五篇，专门阐发沙门不敬王者的立场。他强调在家信佛者应当忠君孝亲，遵守礼法名教，恪守王制。而出家修道的沙门认为人身是人生痛苦的根本，沙门既不重视生命，也就不必顺从自然，遵守礼法，从而委婉地否认了君臣父子伦理观念。但是，他又说一旦沙门全得成佛，那就救济了父母兄弟等六亲，救济了整个天下。慧远用折中的办法兼顾了儒佛两方面的特点和尊严，是中国佛教领袖公开提倡儒佛结合的开始，对后来佛教的中国化产生了深远影响。

关于沙门穿袈裟，偏袒右肩，东晋何无忌作《难袒服论》，对此提出异议。慧远针锋相对作《沙门袒服论》和《答何镇南书》（何无忌官镇南将军），指出沙门与世人不同，印度与中国异俗，坚持了沙门袒服的立场。

关于神不灭论，在南朝更是引起了一场轩然大波。慧远作《三报论》《明报应论》，把印度佛教业报轮回思想和中国有关传统迷信结合起来，将神不灭论与因果报应论结合起来。慧远代表大乘有宗一派，其观点在佛门内部也引起大乘空宗的批评。而中国儒家的无神论派更是与之展开了辩论。典型的是范缜《神灭论》，阐明形体是精神所从属的实体，而精神则是形体所具有的作用。

东晋南朝时代，佛学一方面与中国传统观念发生冲突，另一方面也对中国传统思想有所补充。例如佛学对当时的玄学就有一个从依傍到补充的历史过程。

所谓依傍玄学是指佛教徒在阐释佛教教义主要是般若学类经典时，用老庄哲学的名词、概念和范畴去加以比附，以便易于为当时人所理解。这叫作"格义"。东晋佛教领袖释道安称之为"因风易行"，即"以斯邦（中国）人老庄教行，与《方等》经兼忘相似"。他的弟子慧远讲经时也常常借用老庄的词语解释。一次，有人就佛经的"实相"一词提出疑问，慧远引《庄子》加以说明，于是"惑者晓然"（《高僧传·慧远传》）。后赵佛图澄的弟子竺法雅讲经时，也常"以经中事数（佛教中的事项、教义等），拟配外书（比附佛典之外的僧道作品），为生解之"（《高僧传·竺法雅传》）。如把"性空""真如"解释为"本无""道"；把"五戒"解释为"五常"等等。这样，佛教的格义，便成为会通印度佛教和中国传统文化的一种形式。

印度大乘般若学流派在中国的发展过程中又有所谓六家七宗的说法。这是指魏晋般若学崇尚精通简要，不执着经文的字句，而提倡思想的自由发挥，结果形成了不同的流派。这些流派区别大体与魏晋玄学的分歧相呼应，它们所争论的问题、思辨的方法和论证的路数等也都受到玄学的影响。这实际上是按照魏晋玄学的思想和范畴去比附般若学说的思想和范畴的一种逻辑结果。魏晋玄学家们谈论有无、本末的问题，般若学的理论中心也是有无、本末问题。

般若学派因依傍玄学各派而失去了其独立性，僧肇《不真空论》总结性地批判了般若学各派的观点，对有无（体用）问题做出新的说明。僧肇认为不能将"有"与"无"两者对立起来。他运用中观学的相对主义方法，来论证世界的空无，也就是既不只讲有，也不只讲无。而是讲非有非无，亦有亦无，有无双遣，有无并存，合有无以

洛阳龙门石窟卢舍那大佛

构成空义。这种有无统一,不落两边的观点,是为"中观"。僧肇在《不真空论》中说:"欲言其有,有非真生;欲言其无,事现既形。象形不即无,非真非实有。然则不真空义,于兹显矣。"这段话的意思是说:如果说事物是有,有并不真正存在;如果说事物是无,它的现象却已出现。既已出现,就不是物,只是不实有罢了。这就是"不真空"的本义。僧肇的佛学思想深刻地受到老庄的相对主义思想影响,同时又以佛学的中观理论补充与丰富了魏晋玄学,使之达到了一个新的发展阶段。

总之,佛教与中国本土文化的对话,经历了三种方式,一是翻译和解释佛典之时采用"格义"的方法与中国传统思想接轨。二是用论战的方法(如关于袒服问题、不拜君亲问题、神不灭问题等)与中国的社会政治习俗沟通。三是用伪造佛经的方式与中国伦理意识通融。

佛教传入中国的最初三百年,士大夫们反对寺院生活方式及其蕴含的一切,这可能就是4世纪初之前佛教在这个阶层中传播缓慢的主要原

游方僧　敦煌
圣彼得堡冬宫博物馆藏 Wandering Monk

因。进入 4 世纪，出现了杰出的中国法师后，佛教才真正开始渗入士大夫的生活和思想，由于佛教阶层的领袖已是中国知识分子，所以能采用与中国传统观念相糅合的、可被普遍理解和接受的观点护教和弘法。这样一来也加快了佛教中国化的进程。到隋唐时期，儒家反佛时居然大量应用佛教的观点作为立论依据。人们进表上疏排佛，表疏中却随处可见对佛经教义的阐释。如佛因心成，不可外求，以此反对搜刮民财，营寺造像。用佛教的教义来证明佛教荒谬，不能简单地看成只是逻辑论证方式的问题，它反映出佛教其时已经深入人心的现实。

佛儒融合

佛教传入以后，采用种种方式来迎合中国的封建伦理。从上述已可看出，佛教反驳士人的攻击时，尽量不去针锋相对，而是站在儒士的问题立场上阐发自身对于该问题的正面意义。此种迎合之道还有更加正面的表现。首先，佛教通过对自身教义的调整，以对佛典的删改、比附、衍生、补益等多种方式，来追寻与儒学伦理思想的契合。在翻译佛经时，佛教通过删改不适合的内容来保持和儒家伦理的一致性，特别是在家庭伦理和社会伦理方面。在比附方面，较为典型的是佛教天台宗创始人智𫖮将佛教的"五戒"与儒家的"五常"视为同一，还认为"五戒"与儒家的"五经"可以相互对应，《摩诃止观》卷六上称"五经似五戒：《礼》明撙节，此防饮酒；《乐》和心，防淫；《诗》讽刺，防杀；《尚书》明义让，防盗；《易》测阴阳，防妄语"。

由于"孝"这一伦理范畴在封建宗法伦理中是一个核心的观念，佛教费了很大的力气来发展佛学的孝亲观，为佛教的生存开辟道路。在早期的汉译佛典中，《尸迦罗越六方礼经》、《善生子经》、《华严经》、《那先比丘经》和《游行经》等，因为包含对家庭伦理关系特别是对事奉父母等伦理道德的论说而受到重视。有些人则通过对固有经典的重新注释来体现佛教的孝亲观，如宗密撰《盂兰盆经注疏》二卷，以《盂兰盆经》视为佛教的"孝经"，将孝道提升至宇宙性真理的高度，指出对佛教而言，"戒虽万行，以孝为宗"（《大正藏》卷39）。不仅如此，佛教还伪造一些经典，即所谓"疑伪经"来说明佛学基本伦理规范与儒家的一致性，此类经典以唐初的伪经《父母恩重经》最为重要。佛教孝亲观的成熟，使佛教终于在与儒家的争论中站稳了脚跟。

3. 杨贵妃与安禄山能有什么关系?

稗官野史都喜欢收录名人的绯闻逸事,一如今日之狗仔队,追逐明星。在大唐天宝盛世,最有名的女人非杨贵妃莫属;最有名的男人之一,当属节制三镇、拥兵15万的安禄山了。于是,关于杨贵妃与安禄山的绯闻也就不胫而走。连《资治通鉴》这样严肃的著作也说,安禄山经常往杨贵妃宫中跑,外面的人都叽叽喳喳地议论。

安禄山与杨贵妃能有什么关系?

《资治通鉴》卷216,天宝十载(751)条记,这年正月二十日,是安禄山的生日。唐明皇与杨贵妃给安禄山送了很多生日礼物。为了笼络安禄山,唐明皇收安禄山为养子,于是,杨贵妃自然就成了养母(司马光"考异"引有"禄山诒约杨妃,誓为子母"的史料)。民间有生子第三日,给孩子洗澡的风俗,谓之"洗三朝礼"。洗过之后,要给婴儿穿上新衣服。

于是,安禄山生日过后的第三天,禄山应召入宫,"贵妃以锦绣为大襁褓,裹禄山,使宫人以彩舆舁之(宫人用彩轿抬着禄山)"。唐明皇发现后宫中欢声笑语不断,问是什么情况,"左右以贵妃三日洗禄儿对",身边的人回答说,贵妃娘娘在给儿子安禄山"洗三朝"呢。皇上亲自前往观看,也觉得非常开心,赐给贵妃洗儿金银钱,又厚赐安禄山,"尽欢而罢"。大家都叫安禄山为"禄儿"。除此之外,司马光还综合了许多史料,说"自是禄山出入宫掖不禁,或与贵妃对食,或通宵不出,颇有丑声闻于外,上亦不疑也"。这不就是绯闻了吗?连给《资治通鉴》作注的元朝人胡三省也都在这里说,玄宗如

胡人舞者瓶　北齐
纽约大都会博物馆藏 Pilgrim's Flask with Central Asian Dancers

此对待安禄山,连老婆与人家不清不白的关系都不怀疑,如此昏庸,"殆天夺之魄也",是上天夺了皇上的魂魄了。

杨贵妃与安禄山有没有关系?当然有关系!问题是你说的是哪一层关系!母子关系,那是唐明皇笼络安禄山的手段,他当然不疑。我的猜测是,两人之间也许有一种师徒关系。安禄山很可能是杨玉环的舞蹈"教练",至少,安禄山也许向杨玉环传授过舞蹈技艺什么的!

我们知道,杨玉环之所以得宠于玄宗,一个很重要的原因是,双方有着共同的音乐歌舞方面的爱好。早在开元二年(714),玄宗全面掌权不久,他就设置了左右教坊,教授民间俗乐,同时又调选了数百名年轻歌舞演员,"自教法曲于梨园,谓之皇帝梨园弟子"。今日我们称戏剧演员为梨园子弟,出典即在于此。当时,有人上谏,说皇上春秋鼎盛,不可沉迷于郑卫之音。明皇赞许其谏言,也没有把心思都用在音乐爱好上。但是50岁之后,特别是有了杨贵妃这个音乐知己之后,玄宗的艺术热情就被激发出来了。他们合作的一部歌舞剧叫作《霓裳羽衣舞》。

史书记载,该曲是河西节度使杨敬述所献《婆罗门曲》,然唐代著名诗人刘禹锡有诗云:"开元天子万事足,惟惜当时光景促。三乡驿上望仙山,归作霓裳羽衣曲。"可见,该曲原本是唐玄宗依据自己观察仙山(道家"羽衣"大约与此有关)的灵感创作出来的。大约起初只有一个乐曲的大概,后来吸收丝绸之路东传的《婆罗门曲》改编

胡人乐舞纹玉带板　唐
纽约大都会博物馆藏 Set of Ten Belt Plaques

而成。所谓"婆罗门曲",可能是中亚地区的舞曲,也就是说,霓裳羽衣曲是丝绸之路上中西文化交流的产物。

杨贵妃是霓裳羽衣歌舞的主演。舞蹈的最后,杨贵妃出场,以快速旋转的优美舞姿,把剧情推向高潮。

唐代盛行的中亚舞曲是什么呢?最有名的是胡旋舞!白居易有《胡旋女》诗为证:"胡旋女,胡旋女。心应弦,手应鼓。弦鼓一声双袖举,回雪飘摇转蓬舞。左旋右旋不知疲,千匝万周无已时。人间物类无可比,奔车轮缓旋风迟。曲终再拜谢天子,天子为之微启齿。"白居易说,胡旋舞来自西域,可是中原也有人早就会啦。

"胡旋女,出康居,徒劳东来万里余。中原自有胡旋者,斗妙争能尔不如。天宝季年时欲变,臣妾人人学圜转。中有太真外禄山,二人最道能胡旋。梨花园中册作妃,金鸡障下养为儿。禄山胡旋迷君眼,兵过黄河疑未反。贵妃胡旋惑君心,死弃马嵬念更深。从兹地轴天维转,五十年来制不禁。胡旋女,莫空舞,数唱此歌悟明主。"白居易诗中的政治讽喻先不谈,且看其中的"中有太真外禄山,二人最道能胡旋"一句,明确指出贵妃与禄山都是胡旋舞的高手。

安禄山本出自西域,史书上说他是突厥人,后来其母亲嫁给了粟特胡人安延偃,因而姓安。最初他在幽州边境任"互市牙郎",就是边境丝路贸易的掮客。《旧唐书》卷200《安禄山传》记载,安禄山晚年身体肥壮,腹垂过膝,重三百三十斤,行步不太方便,但是却很善于跳胡旋舞，他曾经在玄宗面前作胡旋舞，"疾如风焉"。为什么安禄山会胡旋舞呢？因为胡旋舞本来就出自他的故乡西域。粟特人的城邦国家如康国、安国、石国的商人们，沿着丝绸之路东行，甚至大量迁居中国内地。安禄山家族就是其中一员。盛唐边塞诗人岑参有诗咏叹道："美人舞如莲花旋，世人有眼应未见。""此曲胡人传入汉，诸客见之惊且叹。""忽作出塞入塞声，白草胡沙寒飒飒。翻身入破如有神，前见后见回回新。始知诸曲不可比，采莲落梅徒聒耳。世人学舞只是舞，姿态岂能得如此。"中原地区的歌舞，似乎不能与胡旋舞姿比美啊（"始知诸曲不可比"），如果杨贵妃要学舞的话，肯定是要学这种高级的歌舞了。

史籍中并没有杨贵妃善胡旋舞的记载，陈寅恪《元白诗笺证稿》认为，"此舞为唐代宫中及贵戚所爱好"，因而推断说："太真既善歌舞，而胡旋舞复为当时所尚，则太真长于此舞，自亦可能。乐天之言，或不尽出于诗才之想象也"。陈寅恪也认为杨贵妃是擅长胡旋舞的。我觉得寅恪先生的这个推断很有道理。白居易是唐朝人，他的记载比《旧唐书》的成书时间还要早百年。他说贵妃擅长胡旋舞，其可信度丝毫不比《旧唐书》说安禄山善跳此舞为低。

我要进一步推测的是，杨贵妃对于大腹便便的安禄山未必会有兴趣，但可以肯定，胡旋舞高手安禄山的舞技，杨贵妃一定是很感兴趣的。美女对于善于歌舞的男子感兴趣，有一个旁证。《旧唐书·外戚传》记载，中宗安乐公主的驸马武崇训，有一个堂弟叫武延秀，"久在蕃中，解突厥语，常于主第，延秀唱突厥歌，作胡旋舞，有姿媚，主甚喜之"。后来武崇训被杀，安乐公主就主动要求嫁给武延秀。

安禄山是亲自在唐玄宗面前表演胡旋舞，并且得到了玄宗高度赞赏的。因此，与唐玄宗一起编导《霓裳羽衣舞》的杨贵妃，向安禄山学胡旋舞是很自然的事。唐代丝绸之路上传来的西域舞蹈，有胡旋舞、胡腾舞、柘枝舞。其中胡旋舞的表演者多是女演员。与之不同的是，胡腾舞则多是男演员。至于柘枝舞，原是女子独舞，后来变成是女性双人舞。正如前引文所述，美男武延秀在突厥中生活很久，也善于表演胡旋舞，并引起安乐公主爱慕。则安禄山生父突厥养父粟特，其善于多为女性演

左：唐彩绘陶胡商俑，身穿翻领短袍，肩背丝卷，左手提波斯式壶
河南洛阳出土

右：唐三彩釉陶胡人武官俑
西安博物院藏

出的胡旋舞，是不奇怪的。男子指导女子舞蹈，特别是做快速旋转的动作之时，难免有肢体接触。大约因为这个缘故，就有了"或与贵妃对食，或通宵不出，颇有丑声闻于外"，这许多真真假假的流言蜚语。

"渔阳鼙鼓动地来，惊破霓裳羽衣曲。"杨、安因为丝绸之路上的"胡旋舞"而结缘，但不能像白诗那样把乱离的责任推给"胡旋舞"。关键是，唐明皇沉湎于歌舞升平，荒废朝政，而胡旋舞高手安禄山却从未停止攫取权力的脚步。猝不及防的安史之乱，令陶醉于歌舞享乐的唐王朝元气大伤。玄宗仓皇逃蜀，贵妃丧命马嵬坡。帝后之间的爱情故事终以悲剧结束，霓裳羽衣曲跳珠撼玉的辉煌、胡旋舞翩若游龙的舞姿也随之失传。今天，我们只能从文人墨客的吟哦中，去追想盛唐气象的恢宏，发掘宫廷逸事的隐微。

4. 飞天：中印文化的混血儿

中西文明交往的历史，像是一条流动的长河，文化艺术是河水激荡中跳跃的浪花。敦煌壁画中美丽灵动的飞天形象，就是丝绸之路上，印度佛教文明与中国道教文化，乃至希腊文化元素，交互碰撞所激起的一朵绚丽的浪花。

金庸著名小说《天龙八部》，这是一个佛教化的书名。八部"天龙"之中，就有"飞天"。只是她原本的名字叫"天人"。佛陀诞生，前来祝贺的"来宾"中就有"天人"。她的真名叫作"乾达婆"和"紧那罗"，是音乐之神，在空中歌赞、烧香、散花、散水。傣族的泼水节，就源自佛诞节。"天人"在空中飞行，被国人称为"飞天"。"飞天"原本指在空中飞行时的神，是神在空中散花、奏乐、歌舞时的一种状态。后来动词变成了名词，乾达婆和紧那罗相混合，男女不分，职能不分，合为一体，变为飞天。

敦煌飞天的形象从印度传入，与中国本土的道教羽化升天等意象相结合，慢慢通过提炼、融合，最终发展为中国式飞天。像所有的文化交流一样，它经历了引入、吸收、创新的阶段。

西域风格的引入：北魏以前，莫高窟早期西域风格的飞天，都是上身半裸，双手合十或散花。下身着长裙，露出赤脚，飘带宽短，缺少飘逸感。在印度、伊朗早期佛教艺术中，作为天人的乾达婆，体肥身短，是典型的印度舞蹈"三道弯"式的造型，衣服也很朴素，几乎没有飞动的体态。印度马图拉早期佛教雕刻中，佛光两侧，各有一位表现出飞行状的天人，身体直立，一手托花，一手散花。

带翅膀的天人
斯坦因所获新疆壁画
大英博物馆藏

中原风格的掺入：北魏晚期，飞天身体和飘带都加长，身体比例夸张，飘带迎风飞扬，已经显露出中原风格的明显影响。有的洞窟的飞天，脸形已非丰圆而是修长清秀，鼻挺嘴小，面目标致。在佛教传入中国之前，讲究羽化升天的道教，有"飞仙"的形象，如王子晋乘着仙鹤，羽化升天。受到道教"飞仙"文化的影响，佛教"飞天"（飞翔的天人）向体态轻盈的方向转化。敦煌石窟中还绘制了飞天与道教飞仙共存的现象。在中原"秀骨清像"的画风影响下，创造出了千姿百态的飞天新形象：有的悠闲遨游，有的跃起向上，有的双手合十，有的俯冲下方。飞天造型，也是身材渐渐变长，动态飘逸轻盈。飞天所飞过的地方，香花散落，大有仙境之意。北魏后期的飞天，受到汉晋画风影响，开始向女性化发展，五官匀称，眼睛秀丽，鼻唇娇小，眉毛平直，腿型修长，腿部长度甚或两倍于上身。飞天身上的飘带数量多达四五条，有的飘带末端形成一个尖角，向上自然飘动，营

敦煌壁画飞天

造出飞动升空的视觉效果。

西域风格与中原风格的融合：隋文帝崇佛，佛教大发展，飞天也大为流行。隋代飞天，身体弯曲幅度较大，脸型丰富，身体比例适中，灵活多姿，融合了"西域式"和"中原式"的艺术特征，形成了较成熟的艺术风格。唐代飞天艺术发展到了顶峰，外形塑造和内在精神表达，都本土化了。飞天的动作轻盈舒展、神情悠闲自得。盛唐飞天进入净土变，出现了双飞天，环绕宝盖，追逐嬉戏，飘带彩云形成了旋绕的圆圈，表现出"极乐世界"的美妙气象。飞天造型趋于写实，身材婀娜，发髻高耸，面容姣好，姿态妙曼。从艺术风格上说，唐代飞天，应当受到了吴道子"吴带当风"画风的影响，也显示出顾恺之铁线描画的余韵，使敦煌飞天展现出秀丽飘逸与雄浑豪放的和谐统一，将中国优秀传统画法与印度题材高度融合。

这里还要提到中原地区流传的"嫦娥奔月"的故事。嫦娥飞向浩渺的月空，不靠双翼，单凭动势飞翔的衣襟裙裾。这位美丽的仙人，

唐代联珠对羊对鸟纹锦织残幡
联珠纹本是波斯萨珊王朝样式，
通过青海丝绸之路，
影响到吐蕃和内地
青海都兰出土

与西来佛教中会飞的天人，在"飞"的造型上产生了共鸣。这种交互感应而形成的文化创造，是最美丽的一种交融。敦煌飞天史见证了外来文化和本土文化从融合到发展创新的历程。

　　类似的例子，在丝绸之路的中外文化交流史上，可以说不胜枚举。比如，中古时期西域传入中原的动物形装饰图案，以对鸟图案、对兽图案和有翼兽图案最典型，这类图案一般与菱形纹或联珠纹结合而对称出现，在联珠纹中最常见。马王堆汉墓出土的对鸟文绮，就是一件中原风格与西域风格完美融合的艺术品。它以极为自由的宽边

梁武帝萧衍墓前的石天禄
身上有双翼及翎羽
江苏丹阳南朝陵墓石刻

菱形图样,作为四方连续的构架,菱形边线内织以中国传统的回纹图案,整个图案以对舞的双鸟和两两相对的两组卷草图案呈条形间隔展开,双鸟对舞,舞姿十分优美,采用了西域艺术中常见的绕首回望式样,鸟首并有卷草组成的飘绶,与鸟身并行。楼兰出土的汉代菱格忍冬纹文绮中,也有对鸟图案,楼兰鄯善还出土过对羊纹锦和对鸟对兽纹锦,吐鲁番发现的织锦中出现了联珠对雁纹、联珠对孔雀纹等。对兽图案常见的则有对羊、对马、对狮等图案,吐鲁番、楼兰出土的丝织物和敦煌壁画中多有反映。唐代的内地丝织物也常采用这类图案,称为"陵阳公样",据说是由唐初四川地方长官窦师伦(封陵阳公)所创。但从吐鲁番出土丝织物来看,这种纹样早在公元 6 世纪就已流行西域,窦师伦最可能的角色是将其收集、整理和定为程式,而这也说明中国工匠在接受异域图案艺术的基础上表现出一定的创造性。

又如,首见于亚述帝国的有翼兽图案,也见于汉代中原丝织物、壁画,最常见的是出现在石雕艺术中。四川雅安东汉末年益州太守高颐墓前的石狮,是中原地区最早的此类造型,石狮四足奔腾,尾部高耸,胸旁各有肥短的飞翼。南北朝时期,有翼兽动物造型已成为流行

有罗马风格的有翼人像
这种艺术主题在丝路上易于传播
新疆若羌县米兰寺院遗址出土，3—4 世纪
印度新德里国立博物馆藏品

的镇墓兽像，充分体现出本土化程度。现存六朝陵墓石刻中，南京宋武帝刘裕陵前的石麒麟，陈文帝陈蒨陵前的石麒麟、石天禄，丹阳梁武帝萧衍陵前的石天禄，南京南梁萧秀（萧衍弟）墓前的石狮子等，肋下均有飞翼。这些飞翼形态不一，或呈波形，或呈浮云状，或呈鱼鳞状构型，都与纯粹西亚式的飞翼不同，显是已经融入中国手法。唐代帝王陵墓中，这种有翼神兽的石刻也多有表现。

更有意思的是，笔者曾参观过福建泉州的海外交通史博物馆，在那里发现了一些很有趣的石刻雕像。阿拉伯商人的墓地，雕刻着佛陀面容的神祇，佛陀身上挂着天主教的十字架，佛陀腰身两侧，带着希腊神话中天使般的翅膀。这是 12 世纪的作品。在那个时代，欧洲正在对西亚发动血腥的十字军东征。为了讨伐异质宗教，基督文明与伊斯兰文明，在历史上产生过许多次激烈冲突。可是在中国，这些宗教文化却彼此相容无碍，共同繁荣，互相影响，相得益彰。开封的犹太人，与来华的阿拉伯人和基督徒，都能够在中国和睦相处。我们不能不礼赞中国文化的博大襟怀和宽厚的包容精神。也许，这正是为什么中华文明，即使经历多少腥风血雨的磨难，也依然生生不息的原因吧！

5. 箜篌·胡笳·琵琶：汉唐丝路上的胡乐入华

丝绸之路上流动的不仅是物质财富，还有精神财富。科学、艺术、宗教，交流是双向的。尽管由于史料的湮没，我们已经很难重现当日的盛况。可是，蛛丝马迹，仍然保存着当年的辉煌。

我们这里且说说汉唐时代传入中原内地的胡人乐器，比如箜篌、琵琶、觱篥、胡角、胡笳、胡笛等等。

箜篌原为西亚两河流域的苏美尔人在公元前3000年创制，以后传入中亚和印度，并从三弦竖箜篌逐渐发展为11—15根弦的弓形卧箜篌。汉武帝征服南越后，箜篌自南亚传入中国。东汉《释名》解释"箜篌"之名时，称这种乐器是印度西南部的一个小国空国的贵族所常用，所以又叫"空侯"，这正说明了此乐器来到中国的直接途径。中国乐师将箜篌稍加改进，成为一种类似瑟的小型弦乐器，风行一时。它在西汉时已经和钟、磬等中国传统乐器相并列，东汉的中国乐师还专门创作《箜篌引》乐曲。箜篌至隋唐已成为传统燕乐调中常用的弦乐器。

琵琶也是汉代自西方传入，最早起源于美索不达米亚地区，而"琵琶"一词大概来自波斯语中的 Barbāt，汉代一度译称"批把""枇杷"，晋以后改"琵琶"。传入中国的四弦琵琶直接来自龟兹，所以又称龟兹琵琶。龟兹改进西亚两弦琵琶，成五弦曲颈，不过传入中原后又被改为四弦，据宋代《乐书》称，是以法四时天地。四弦曲颈琵琶在汉代已流行于北方黄河流域，东汉灵帝时进入宫廷乐队。秦汉时期陕西地区还有一种称为"秦琵琶"或"秦汉子"的三弦琵琶，也是原

左上：唐代彩绘陶骑马击腰鼓女俑
左下：唐代彩绘陶骑马敲钹女俑
右上：唐代彩绘陶骑马弹箜篌女俑
均为陕西西安市金乡县主墓出土

产西亚，后经汉人改造的乐器。公元前2世纪末，汉公主嫁于乌孙昆弥时，所带嫁妆即有此种琵琶，俨然已作为中国特产。

  传入中原的簧管乐器有多种。觱篥（bì lì），又称"必栗""筚篥"等，唐中期以后固定为"觱篥"。这是一种簧管乐器，也称竖笛。由西亚或印度传入中亚，汉代传入中国，东汉已被民间普遍使用，隋唐时期更频繁用于隋九部乐、唐十部乐。

胡笳，似觱篥而无孔，有大小之分，传说是张骞自西域带回。东汉时还有《胡笳调》《胡笳录》各一卷，专门编集胡笳曲。最著名的是据传为蔡文姬创作的《胡笳十八拍》，流传至今。

蔡文姬是东汉末年著名学者蔡邕的女儿，是个饱读诗书的才女。遭战争不幸，流落到匈奴，嫁给了匈奴左贤王，生下两个儿子。《胡笳十八拍》（郭沫若说，十八拍即胡语十八首之意）描写了蔡文姬在胡地的生活，以及曹操派人把蔡文姬赎回汉地时，她与儿子生离死别的场景。唐代著名诗人李颀有《听董大弹胡笳》诗云："蔡女昔造胡笳声，一弹一十有八拍。胡人落泪沾边草，汉使断肠对客归。"这里的董大，就是唐代著名音乐家董庭兰。

又有吹鞭，也属于笳之类，状如鞭。原是匈奴、楼烦牧马之号，长期作为军乐的主要乐器。另说吹鞭即胡笳，胡角，又名"横吹"，亦是来自西域的乐器，与鼓一起组成另一类军乐，是横吹乐的主乐器。其强大的声响被认为有惊退敌军的作用。西汉音乐家李延年等人，曾据胡角原曲改编出配乐"鼓角横吹"。隋唐时期的高昌乐中，胡角成了牛角形的铜角，宋代改用皮革、竹木制成，在民间则逐渐演变成鼓吹乐中的大喇叭，又称号筒。有种说法称"横吹"即为横笛。

汉唐时期西域音乐能够大规模传入中原，同西方乐人大批入华密不可分。北魏以后的文献中，就有西域乐人来到中原的大量记载，并以"好歌舞于道"的昭武九姓粟特人最多。唐代粟特乐人仅见于段安节（著名诗人温庭筠之女婿）《乐府杂录》者就有十几人。其中许多人都得到唐代诗人的赞咏。粟特艺人大多技艺精湛，并好在市中较量技艺；胡姬当垆卖酒，伴随着适当的歌舞表演，也是长安等大都市的一道风景线。盛唐大诗人李白《少年行》之二有句云，"落花踏尽游何处，笑入胡姬酒肆中"。不独唐代，汉代就有这样的胡姬，汉代诗人辛延年《羽林郎》诗："依倚将军势，调笑酒家胡。胡姬年十五，春日独当垆。长裾连理带，广袖合欢襦。头上蓝田玉，耳后大秦珠。两鬟何窈窕，一世良所无。一鬟五百万，两鬟千万余。不意金吾子，娉婷过我庐。银鞍何煜爚，翠盖空踟蹰。就我求清酒，丝绳提玉壶。"

敦煌壁画中弹琵琶的飞天

这位胡姬满身的穿戴都是西域来的珍宝。此后，胡姬成为一种文化意象，比如宋周邦彦《迎春乐》词之二："解春衣，贳酒城南陌。频醉卧、胡姬侧。"明李攀龙《送卢生还吴》诗："辗然一笑别我去，春花落尽胡姬楼。"汉唐以后的这些诗词，多是文化意象的传承，未必是事实的记录。

　　胡人乐器的传入，自然导致"胡乐"的流行。从东汉覆灭到隋朝建立之前，北方政权更替频仍，少数民族内迁，汉族流徙南方，宫廷雅乐也随着乐工散亡、器法湮灭、典章失落而亡失垂尽。雅乐散失，加上北方统治者多具少数民族血统，遂使胡乐的影响日趋普遍，并逐渐渗入宫廷音乐。唐初订的"十部乐"，统称为燕（宴）乐或俗乐，包括了相对雅乐而言的全部乐舞百戏，是兼有礼仪性、艺术性与娱乐性的音乐，而歌舞音乐在其中最为重要。诸如龟兹乐、疏勒乐、安国乐等都是胡乐。此后，胡乐已同中原固有音乐相互融合，彼此的区别逐渐泯灭，玄宗时期便取消了十部乐的名称，代之以"坐部伎"与"立部伎"两类，这标志着胡族音乐已经融入华乐。李隆基开元二年

唐代鎏金舞马衔杯纹银壶
舞马是唐玄宗时皇家娱乐活动
陕西西安何家村出土

（713）设立的"梨园"和教坊，所教俗乐歌舞，大都有西域的背景。即使是作为政治象征的雅乐，在唐代也渗入了胡乐成分。所谓"陈、梁旧乐杂用吴、楚之音，周、齐旧乐多涉胡戎之伎"，朝廷的音乐官员只好"斟酌南北，考以古音，作大唐雅乐"。《旧唐书·舆服志》则载，开元以来，甚至"太常乐尚胡曲"。可见，唐代无论雅乐还是俗乐，都受到了胡乐的普遍影响。

6. 景教与丝绸之路的那些故事

丝绸之路上有汗血马，有和氏璧，一样样商品，就是一串串故事。而故事的主角，始终是那些伴随着驼铃骏马的长途跋涉者、经营跨国贸易的冒险者。前几年，香港大学召开了一次"景教学术讨论"，是很小众的学术会议，可这"景教"却与丝绸之路上的那些人和事密切相关。

什么是"景教"？为什么叫"景教"？

景教，是基督宗教的一支，以前常被叫作聂斯托里派，这种叫法现在似乎有那么一点问题。大体说来，中文"景"字当来自Christ（基督徒），是叙利亚文"基督徒"（首个字母是K）的汉译。

景教在唐朝又称波斯经教，唐玄宗后来特别下敕，改名叫"大秦教"。景教之所以引起中外教俗世界的极大关注，与名震遐迩的《大秦景教流行中国碑》（简称《景教碑》）的发现关系密切。此碑公认为"世界考古史上四大名碑"之一。

《景教碑》出土于明朝天启年间（约1623），地点在西安（一说在不远的周至县）。目前矗立在西安碑林博物馆第二陈列室，碑高279厘米，额上三角处有莲花座，上刻十字架，左右配以云纹花草纹饰。石碑的形制，包括螭首、碑身、龟趺三部分。螭首刻有"大秦景教流行中国碑"九个大字，碑身正面刻有碑文并颂，共1780个汉字。

碑文的作者景净，其父伊斯，是郭子仪手下的重要将领，一位基督徒。景净本人应该是景教在华的头面人物，其叙利亚文题衔是"省主教兼中国总监督亚当司铎"。碑文的书写者叫吕秀岩，许多人认为

大秦景教流行中国碑（拓片）
西安碑林博物馆藏

他就是大名鼎鼎的"八仙"之一吕洞宾。立碑时间在唐德宗建中二年（781），距今已有1230多年了。

《大秦景教流行中国碑》中的所谓"大秦"，指东罗马帝国，因为建都于拜占庭（古称君士坦丁堡，现伊斯坦布尔），又叫拜占庭帝国。"流行中国"，即流行于中原内地之意。根据吕洞宾书写的碑文，据说唐太宗贞观九年（635），一个叫阿罗本的古波斯传教士，沿着古丝绸之路，经过塔里木盆地南侧的西域古国于阗，经过玉门关，穿过河西走廊，进入中国内地，来到京师长安，唐朝宰相房玄龄等奉命亲自去西郊迎接（十年后，也是房玄龄在同一地点迎接印度取经归来的高僧唐玄奘），他拜谒了大唐天子李世民，并获准在内地传教。

碑文运用中国人熟悉的文化与语言，即用大量儒道佛经典（如《易经》《诗经》等）来讲述景教教义，包括讲述撒旦诱惑、人性堕落；弥撒亚化为人身、降临人间；童真女玛利亚，孕子救世之类事迹。碑额有十字形浮雕，内容有所谓"印持十字，融四照以合无拘"的文句。在华耶稣会士及其影响下的中国教徒，很快感受到其中的基督教意蕴。获知"景教碑"出土的消息，西方传教士在第一时间赶到现场。杭州隐居的李之藻，是明朝末年著名的受洗基督徒，得到消息后，十分兴奋。他仔细研究了该碑的拓片，后来由传教士曾德昭将碑文译文和考察情况，写入他的著作《大中国志》，向欧洲人详细、全面地报告了此事。罗马的神学教授、德国学者基尔谢（Athanasius Kircher）《中国图志》（China Illustrata，1670年出版）第一次把中文、叙利亚文和拉丁文碑文，收入其中，成为西方出版物中首次印刷中文的著作，进一步引发了欧洲各国宗教人士和人文学者对中国的强烈兴趣。

《景教碑》说："宗周德丧，青驾西升。巨唐道光，景风东扇。"意思说：周朝（宗周）沦丧，老子西巡；大唐盛世，基督（景教）东来。这口气大得惊人啊！难道是老子去了西方天国，才换来基督前来东土大唐不成！

"景教"东来干什么呢？是传教吗？似乎不全是。唐朝是不允许汉人

唐代《大秦景教宣元至本经》石经幢
其行文完全模仿佛教,反映了
基督教传教借助了佛教的方式
河南洛阳出土

信仰"三夷教"(景教、祆教、摩尼教)的,那么景教东来告诉我们什么?其实,景教也是丝绸之路上送来的舶来品。景教徒,就是丝绸之路上的送货人!他们是丝绸之路上的商人,把自己的信仰也带入了内地。

景教是波斯地区的基督教。西亚诞生的基督教西传罗马,在5世纪时成为罗马的国教,便与西亚本土的基督教发生了差异。这一方面是因为教义理解的分歧,另一方面是解释权、主导权的争夺。尽管有教会中人士从中弥缝,但是,波斯教会的独立性一直存在。4—5世纪,萨珊波斯与东罗马帝国战争不断,背后暗藏着谁控制通往中国的海陆丝绸之路的利益诉求。

早在汉代,大秦王为得到东方的丝绸等物品,"常欲通使于汉,而安息(波斯古国名)欲以汉缯彩与之交市,故遮不得自达"。罗马想与中国直接贸易,波斯却从中作梗。大家熟知的故事是,东汉和帝永元九年(公元97年),西域都护班超(班固之弟)派麾下的甘英出使大秦时,临西海(波斯湾或地中海)欲渡,因为安息人阻止恐吓而止。

东汉末年之后,中国大乱,5世纪北魏统一后,中国和波斯往来

蚕种西渐传说图
新疆策勒县丹丹乌里克遗址出土，6—8世纪
英国伦敦大英博物馆藏品

增多。波斯萨珊王朝遣使中国10次，中国使者亦曾通过于阗、疏勒踏上波斯的国土。波斯王常遣使献珍物，通过于阗向北魏朝廷进贡。目的不仅是为了丝绸贸易，甚至想获得养蚕技术。养蚕业就是这个时候传到波斯，进而传到东罗马的。

美国著名学者劳费尔《中国伊朗编》推测说，养蚕业传到波斯，发生于萨珊王朝的后期（226—640）。先由一位中国公主在419年所介绍，于阗人懂得了养蚕，促进了这个新手工业的向西发展。渐渐传播到叶尔羌、拔汗那和波斯。

也有人把时间定在公元420或440年左右。劳费尔的观点出自玄奘的《大唐西域记》。说东国公主将蚕种秘密藏在帽内，携带到于阗，从此开始了种桑养蚕并纺织丝绸。

玄奘的记述是这么说的：王城东南五六里，有一个伽蓝庙，是此国先王妃所立。昔者，此国未知桑蚕，闻东国有之，命使以求，但是东国国君秘而不赐，并且严令边关，无令桑蚕种出境也。瞿萨旦那（国名）国王乃卑辞厚礼，求婚东国，东国国君有怀柔远人之志，遂允其求婚之请。瞿萨旦那国王命使者迎娶东国媳妇，并且让人告知新媳妇说，我国素无丝绵桑蚕之种，可以带些来，以便在这里也可以穿蚕丝衣裳。公主闻其言，密求蚕种，放在帽絮的夹层中。出边关之时，守关人员检查随行物品，唯公主头上戴的女帽不敢拆验。进入瞿萨旦那国，以桑蚕种留于今日伽蓝庙这个地方。阳春告始，乃植其桑，蚕月既临，复事采养。初至也，尚以杂叶饲之，后来就桑树连荫了。

这个新媳妇把蚕种偷带出境的故事中，玄奘并没有给出具体的时间，东国也无特定指称。我宁愿相信这个故事是"综合新闻"，很难坐实。

查士丁尼大帝是东罗马最有成就的皇帝之一。根据6世纪上半叶的拜占庭文献，如《哥特人的战争》记载，查士丁尼（483—565）急于打破波斯对生丝贸易的垄断，有修士来到君士坦丁堡献计，知道查士丁尼是如何迫切希望拜占庭人不再向波斯人采购丝绸。查士丁尼询问他们，怎样在拜占庭生产丝绸。修士们许诺将蚕种带到拜占庭，因为他们在一个叫赛林达（即赛里斯）的地方生活过多年，知道如何饲养蚕。查士丁尼向他们保证，如果他们成功地实现自己的计划，他将重赏他们。还有文献记载，将蚕种带到拜占庭的，是一位生活在赛里斯的波斯人。这个赛里斯就是中国，有时特指中国新疆地区。有研究者认为，这些修士（或波斯人）其实就是景教徒。所以，他们会向着东罗马。

对于拜占庭的努力，波斯人自然是极力阻止。572年，中国的北朝末年，为了断绝拜占庭从海上取得通往中国丝绸的道路，波斯占领了今天的也门。拜占庭则与西突厥远交近攻，联合发动对波斯的长期战争。于是，景教徒在波斯国家与罗马教会之间有些左右为难。大约就是在这一背景下，一部分景教徒远来中华。另一背景是，7世纪中叶，阿拉伯人崛起，并且于651年灭亡了萨珊波斯，无论出于政治的原因，或者是由于宗教迫害，都迫使许多波斯教徒（景教徒）纷纷离开故土，东来大唐。唐高宗时代，唐朝政府一度用行动支持萨珊波斯复国。虽然没有成功，可是景教徒却在大唐找到了自己的乐土。

第四章

香瓷之路

北宋推动王安石变法的宋神宗曾经说,"东南利国之大,商舶亦居其一焉"。(《续资治通鉴长编》卷5)南宋国计民生更是依赖于海外贸易。据中国史书记载,辽宋时期与西部阿拉伯世界的使节往来见于记载的不下54次。阿拉伯使节使辽都走陆路,而使宋绝大部分走海路。当时南海地区航行的巨舶大艘,以中国商船为主要,这一点与唐宋以前的中国人西行求法多乘坐波斯等外国商船大为不同。这个变化一是得益于中国航海技术的提高,二是有赖于造船业的发展。

1. 宋元时代南海香瓷之路

自汉唐而宋元,由中古到近古,"一带一路"上的贸易活动,逐渐在发生变化。变化之一,陆上丝路贸易,因中亚地缘政治格局的变化而递减,海上丝路活动因航海技术的提升,逐渐活跃起来。变化之二,出口商品除丝绸外,瓷器的比重在增加。变化之三,进口商品中,珠宝的比重在减少,香料的比重在增加,终至超过了珠宝。这三点变化简约而言,出口瓷器,进口香料,而且是由海路进行,因此,宋元时代的南海丝路又称"香瓷之路"。

唐宋以后兴起的香料贸易,
源自中国内地的巨大需求

唐宋以来,士大夫熏香的风气,香料之用于医药,都与佛教的兴起密切相关。北宋末年宰相蔡京会客时,熏香从帘后发出,云雾蒙蒙,客人们回家后,衣服上的芳馥数日不歇。南宋诗人陆游说,贵妇乘车驰过,香烟外逸,数里不绝,连尘土也带香气。香料和药材合称,谓之香药。《神农本草经》中就有香料入药,《海药本草》中记载了外来香药50多种,其绝大部分用来治病。

宋代香药不仅治病,还上了餐桌,是盛会中很上档次的配置品。苏东坡《与章质夫帖》说,"会公宴,香药别桌为盛礼,私家亦用之。"宋徽宗宴请枢密院长官,侍姬捧炉,焚白笃耨香,这种香每两价值高达20万钱。南宋大将军张俊,以丰盛的香药宴席招待宋高宗。民间因而仿效。孟元老《东京梦华录》记载，汴梁有"香药果子"；吴自牧《梦粱录》记载，南宋临安有"丁香馄饨"，都是以香料佐餐，其档次当然有很大差别。

宋代常用的香药，如乳香、龙脑、没药、安息香、青木香、阿魏、荜拨、肉豆蔻、零陵香、丁香、胡椒、甲香、降真香、瓶香、蜜香等等，在唐代已有进口。但香药在宋代的进口，其数量和价值，远远超过了唐代。赵汝适《诸蕃志》记载了47种外国物产，注明产自西亚与非洲的22种，其中，绝大部分是香料，如乳香、金颜香、苏合香油、安息香、沉香、笺香、丁香、木香、龙涎香、蔷薇水、栀子花等等。宋代香药进口，约占全部海外进口品数量的三分之一以上。根据《宋会要辑稿》，在与宋朝有朝贡关系的32个国家中，香药朝贡达213次。

举个例子，主要辖境在今印度尼西亚、马来西亚的三佛齐国，在1018年的朝贡中，进贡的香药有龙涎香（抹香鲸的肠内分泌物）36斤、乳香81680斤、苏合香油278斤、木香117斤、丁香30斤、肉豆蔻2674斤、檀香19935斤、笺香（沉香的一种）364斤等等。宋代设有"内香药库"，作为朝廷专设的香药储藏机构，"每岁沉檀来远裔，累朝珠玉实皇居"。（宋真宗诗句）

香药的来源地，在唐代有"五源"：大秦、波斯、天竺、昆仑、中亚。宋代则为"三地"：阿拉伯、天竺、南海。宋代香药输入路线，与中国和阿拉伯的贸易路线一致，从阿拉伯、印度到广州的主要航程中，南海（今东南亚地区）最为关键。

宋元时代靠什么换取这么多名贵的香药？
丝绸之外，最重要的是瓷器

中国瓷器外销，始于唐朝。唐末五代，特别到了宋朝，随着航海业的发展，瓷器外销愈加繁荣，因为瓷器适合于船舶水运，不适合于驼峰马背运输。朝廷在沿海重要口岸，如广州、宁波（明州）、杭州、

唐代阿拉伯贸易商船上的青釉褐绿彩瓷碗
反映了唐朝与"黑衣大食"即阿拔斯王朝的交往
出自印尼海域打捞的"黑石号"沉船

泉州（刺桐）等地设立专门贸易机构"市舶司"，管理对外贸易。大批外销瓷从这些港口启运，经南海水路，运到西亚北非。

宋元时代外销瓷器主要有越窑的青瓷精品、景德镇的青白瓷（青花瓷）。越窑之名，始见于唐代，与唐代的饮茶风气密切相关。五代时，为吴越钱氏政权烧制秘色瓷。宋代兴起的浙江龙泉窑青瓷，其外销从11世纪的北宋开始，经过元代，迄于15世纪的明朝永乐、宣德年间，四百年畅销不衰。

次于龙泉青瓷的外销瓷，还有江西景德镇及闽粤名窑生产的青白瓷、白瓷。中国的瓷器在亚非各国受到普遍欢迎。近数十年来，考古工作者在波斯湾头的巴士拉，在红海南端的亚丁港，在东非海岸，在地中海地区都曾发现不少宋瓷残片。

元代外销瓷主要是青花瓷，又称白地青花瓷，常简称青花，是一种以钴矿为原料制作的釉下彩瓷器。所谓"釉下彩"，是指在陶瓷坯体上描绘纹饰，并罩上一层透明釉，经高温还原而一次烧成。原始青花瓷早在唐代已有零星生产，用于出口。成熟的青花瓷，则出现在元代，主要产地是景德镇。这种瓷器含有氧化钴的钴料，烧成后呈蓝色，着色鲜艳，色性稳定。而"钴"需要大量进口，这就使得青花瓷

左：南宋德化窑青白釉喇叭口印花瓶
主要销往东南亚地区
"南海一号"出土

右：明代德化窑白釉双螭壶
上海博物馆藏品

的贸易，成为一个双向的商品和文化交流过程。

距今伊拉克首都巴格达以北 120 多公里，靠近底格里斯河东岸，有一个古老的城市叫萨迈拉（Samarra），9 世纪中叶，曾经是阿拔斯王朝的首都，先后有 7 位哈里发在这里统治着阿拉伯帝国。这个波斯湾上最重要的贸易城市之一富有钴矿，正是宋元以来青花瓷器所使用的进口釉下青料——"苏麻离青"或"苏勃泥青"的重要原产地。"苏麻离青"或"苏勃泥青"，这个汉语译名，发音与萨迈拉及当时通用的叙利亚语该地名发音"Sumra"也是相通的。

伊斯兰地区不仅向中国出口"苏麻离青"优质钴料，这可以叫"来料加工"；甚至还有"来样加工"，即提供青花瓷纹饰图案。这时期的元代青花瓷，在装饰和造型上有明显的伊斯兰风格，包括富于浓烈的伊斯兰风格的器皿造型，如大罐、大瓶、大盘、大碗之类饮食器皿，适应了伊斯兰地区穆斯林家庭席地而坐、一起吃饭的风俗习惯。有不少青花瓷摹写《古兰经》、梵经和波斯铭文等装饰，伊斯坦布尔收藏的元青花瓷堪称世界之冠。还有些小型器皿，如小罐、小瓶、小壶，则多销往菲律宾等东南亚地区，是为满足东南亚人当作陪葬物而制作的外销瓷器。

泉州发现的宋代沉船

在瓷器西去，香药东来的过程中，
处于海上丝路贸易中心的东南亚，位置尤其重要

东南亚地区在中国古代称"南海""南洋"，明代又称"东西洋"（意为东西水路交通枢纽），是促成上述香瓷贸易的中心枢纽。

宋元时代，东南亚诸国的经济中心是三佛齐，即今日马六甲航道两边的印度尼西亚和马来西亚地区。宋人赵汝适《诸蕃志》卷下"乳香"条说，乳香又名熏陆香，出大食国"深山穷谷中"，"以象辇之至于大食，大食以舟载易他货于三佛齐，故香常聚于三佛齐"。又在"金颜香"条说，正品出自真腊（今柬埔寨），大食次之。又说，所谓三佛齐有此香者，都是从大食（阿拉伯）贩运来的，"而商人又自三佛齐转贩入中国耳"。

南宋周去非《岭外代答》，记有三佛齐等南海诸国（今东南亚）以及麻嘉国（今沙特的麦加）、白达国（今伊拉克的巴格达）、勿斯离国（今埃及）、木兰皮国（马格里布，即今北非一带）等国家和地区的情况，说到三佛齐："在南海之中，诸蕃水道之要冲也。"东自中南半岛（指东南亚，含越南、老挝、柬埔寨等国所处的半岛），西到西亚大食诸国，"无不由其境而入中国者"。

三佛齐有个地方叫凌牙门，位置即今日之新加坡，尤其是东西交通枢纽,是通往印度及阿拉伯、非洲的必经之地。赵汝适说,从泉州登船,冬月顺风一个多月的航程可达。元人马端临说,若海上风顺,从凌牙门20多天可达广州。三佛齐利用这样的地理位置,成为中国与西亚北非贸易的中转站。

三佛齐本身虽然也产香药和青料,但品质都非上乘。不仅沉香较之中南半岛诸国(如柬埔寨)为差,连其最盛产的檀香也比不上印度。乳香的极品则出自北非和南阿拉伯半岛,龙涎香更不产于兹。那么,为什么大食等国的优质香药,却都齐聚三佛齐呢?因为三佛齐聚集了大量的中国瓷器。就这样,香药和瓷器,成为东西贸易中的主要商品,成就了"香瓷之路"的佳话。

2. 造纸术西传：背后的故事

恒罗斯古城，曾经的古战场，坐落在今哈萨克斯坦与吉尔吉斯斯坦交界，一个名叫塔拉斯河（Talas River）的左岸。就是在这里，唐玄宗天宝十年（751），高仙芝率领的大唐军队与大食（阿拉伯帝国）军队遭遇，发生了一场激战，唐军先胜后败。

大战之后，唐与阿拉伯的关系依然在发展。在这次战争中被大食抓获的唐朝战俘中，有各种能工巧匠，也包括造纸工匠。他们把造纸术带到了阿拉伯世界，进而传入西方，开启了西方学术文化发展的一片新天地。我们今天讲讲这背后的故事。

众所周知，中国人最早用竹木、龟甲作为文字的载体，绢帛也曾是名贵的书写工具之一。纸张的应用，要追溯到东汉的蔡伦（？—121）改进了造纸技术。美国著名学者麦克·哈特的名著，《影响人类历史进程的100名人排行榜》，蔡伦排在第7位。《时代》周刊公布的"有史以来的最佳发明家"中，蔡伦也榜上有名。殊不知，蔡伦只是扩大了造纸原料和改进了造纸工艺，早在蔡伦之前，纸张在两汉时期随屯田部队和往来客商，已经传入西域。

1933年，考古学家黄文弼在罗布泊汉代烽燧遗址考察时，发现一片属于公元前1世纪中叶的西汉古纸，质地较为粗糙。20世纪初，瑞典探险家斯文赫定（Sven Hedin）在罗布泊发现许多质地不同的古纸，多为公、私商业信件，其中记有年代的，分布在3世纪中后期。还有一件用汉隶书写的《战国策》残卷，大约写于东汉末年。1914年，英人斯坦因在罗布泊北端也发现了一些3世纪末期的汉文纸写残卷。

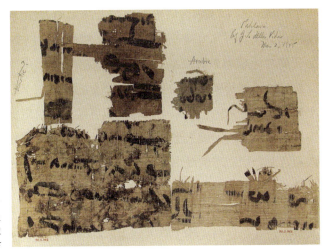

中亚古信札残片
618—629 年,埃及
纽约大都会博物馆藏
Pahlavi Letter

　　西域(今新疆地区)自然不是纸张西传的终点,而只是中转站。传到这里的纸张,随着中外使节和商旅的活动继续西进。1907 年,斯坦因在敦煌附近一座汉代长城烽燧遗址中发现八封粟特文纸本信函,即著名的"粟特文古信札"。目前学术界基本认定,这些信札写于西晋末年(约当 312—313 年),出自往来中国和中亚的粟特商人之手,信札原本是要发往撒马尔罕的,却因故未发。"粟特文古信札"说明纸张已传入粟特人居住的中亚河中地区,而且极有可能传至更远之地。粟特地区出土的穆格山文书,写于怛罗斯之役前(约 722 年以前),有 17 件纸文书。吐鲁番地区出土的西晋至隋朝的古纸中,写有波斯文、粟特文、希腊文、吐火罗文、叙利亚文、梵文等各民族的文字,纸张在这时已传入上述地区,并且为西域各国人们所使用,可谓证据凿凿。

　　过去一般认为,12 世纪纸张才由伊斯兰教徒带到南亚的印度,然而实际情况并不尽然。既然蔡伦造纸术改革之后不久,纸张就大量传入西域、中亚,采用纸张书写的也不限于汉人,那么东汉至南北朝时期,因传播佛教而频繁活动于此地的印度人,或与印度有关之中亚民族,必会接触和使用纸张,因为纸张远比当地传统书写工具树皮、树叶优越。在印控克什米尔地区,发现了不晚于 6 世纪的写有梵文的古纸。唐玄奘645年自印度归国时,并未提到印度有纸,但另一位唐代僧人义净于671年赴印度取经,发现印度已开始使用纸张,比如印度各地普遍于绢、纸上印佛像以随处供养,印度人还使用厕纸。义净编的《梵语千字文》字典,有梵文的"纸"字。可见,中国的纸至晚在7世纪末期已传到中印度,但可供书写的高质量纸张,在当时想必依然稀少。印度人仍以树皮和树叶作常见书写材料,唐代中国僧人到南亚去取回来的经书和南亚僧人带到中原的经书,都是写在这类材料上。

至于中国纸何时传入欧洲,虽然文献仍不足征,但大体可以推测,两汉时期既然已与大秦(拜占庭东罗马帝国)建立联系,就不能排除当时从中国输入纸张的可能。欧洲现存最早的纸文书,出自1109年的一道法令,是西西里伯爵罗杰一世(Roger I)用阿拉伯文和拉丁文颁发的,这已是中国造纸术传入阿拉伯世界很久之后的事情。

汉唐时期,中国纸张逐渐传入中亚和南亚、西亚,可以说是证据确凿。但是,造纸术西传,究竟在何时?文献记载扑朔迷离。甚至可以说,目前在文献中还找不到任何直接的证据和线索,我们只知道,中国造纸术西传比中国纸张西传,要晚得多。

有材料证明,新疆地区大约在6世纪开始有了当地自己造的纸。吐鲁番阿斯塔那墓葬群中,曾经出土一件断为620年的文书,上有"纸师隗显奴"字样;另一件出土文书上则有"配纸坊驱使"的字样。"纸师""纸坊"确凿无疑地表明,当时吐鲁番地区已经拥有专门的造纸作坊。

造纸术向中亚及更西地区的传播契机,目前公认的就是本文开头提到的751年怛罗斯战役。阿拉伯方面的史料说,此次战役使两万唐军成为俘虏,而其中有一些造纸工匠,阿拉伯人利用他们在撒马尔罕建立了伊斯兰世界第一座造纸工场。唐代著名诗人杜甫的同族、历史学家杜佑的族侄杜环,是怛罗斯战役的见证人。他作为文职军官被俘后,在12年的异国生涯中,先是在康国(今撒马尔罕),再到阿拔斯王朝首都亚俱罗(Akula,今伊拉克南部古城库法),后来又到了非洲。

他经历的这些地方都是阿拉伯人的世界。杜环历经磨难回国后，撰有《经行记》记其游历，其大概内容仍保留在唐人史学巨著杜佑的《通典》一书中。杜佑撰写《通典》的时候，仕宦尚未发达，比较容易与地位比较低、经历却足以在杜氏家族中家喻户晓的杜环接触，并将他的游记内容收入《通典》。

杜环记载了流落在中亚的唐朝各种工匠，金银匠、画匠、纺织技工，他没有提到造纸匠。但是，怛罗斯战役结束后不久，撒马尔罕就出现了造纸工场，绝非偶然巧合。撒马尔罕盛产可用于造纸的大麻和亚麻，"撒马尔罕纸"以其精美适用的优点，闻名于大食统治下的亚洲各地。794年，在呼罗珊（今伊朗东北部）总督的建议下，当时阿拔斯王朝的哈里发哈仑·拉西德，按照撒马尔罕的模式，在巴格达开办了西亚第一家造纸工场。此后，大食帝国境内的也门、大马士革、的黎波里（北非利比亚首都）、哈马（叙利亚西部城市）、太巴列（以色列东北部城市）等地，陆续建立了按中国工艺生产纸张的工场。在长达数百年的时间里，距离欧洲最近的叙利亚大马士革，成为欧洲用纸的主要产地，以致"大马色纸"长期以来是欧洲人对纸的另一称呼。

杜环的《经行记》还记载了他在北非的经历。不过，造纸术传播到北非，则是借助阿拉伯人之力，于9世纪初传入埃及、摩洛哥、利

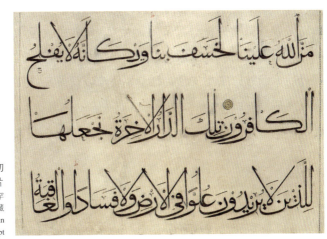

14世纪末15世纪初
手札残片
撒马尔罕
纽约大都会博物馆藏
Section from a Qur'an Manuscript

比亚等地，并在10世纪取代纸草，成为埃及的主要书写工具。11世纪时，纸张在埃及的用途已扩大到日常生活领域。1040年，有位波斯游客来到开罗，他惊奇地发现，卖菜和卖香料的小贩都用纸张包裹所售之物。由于纸张在埃及被普遍使用，用来造纸的破布，也从一文不值变为身价百倍，竟至市面破布缺货。于是有人不惜搜掘古墓，以盗取木乃伊的裹尸布，卖给造纸工厂获利。10世纪以后，摩洛哥首府非斯成为造纸中心，并以此为基地，在12世纪中叶，将造纸术传入伊比利亚半岛，继而传至欧洲各地。直到18世纪以前，欧洲各国造纸工场中采用的技术和设备，依然都是中国的传统方法，不过工艺和质量还远不及中国宋代的水平。

中国造纸术传入南亚，很可能与文成公主入藏有关。也就是说，造纸术传入印度是以西藏为中介的，时间上远早于怛罗斯战役。吐蕃国王松赞干布于650年向唐高宗请求输送蚕种并派遣造酒、碾硙、纸墨之匠到吐蕃，获得批准。这说明西藏在7世纪后半叶，已经可以借助内地的造纸工匠生产纸张。其时印度与吐蕃关系密切，很有可能通过吐蕃掌握造纸术，未必需要等几百年后，阿拉伯人征服印度时，才将造纸术带到南亚去。

总之，汉唐之际，中国的纸张已经传到西域乃至更西的地区，但是造纸工艺的西传，则在怛罗斯战役之后。唐人杜环《经行记》记录了中国工匠在中亚、西亚的活动，巴格达城始建之年（756—763），中国工匠就贡献过力量与智慧。此时节，阿拉伯文献中恰好提到撒马尔罕和巴格达先后出现的造纸工场，无疑是从中国传过去的。从这个时候开始，西方国家用皮革、纸草、树皮以及羊皮纸作为书写材料的历史逐渐结束，造纸术的西传推动了世界文明的进步发展，厥功甚伟。

3. 出口转内销：指南针的反思

大海航行靠舵手，舵手辨识方向，要靠指南针。于是，依据罗盘上的刻度，指引航海路线的就叫"(海道)针经"。比如，明人张燮《东西洋考》有《西洋针路》，现藏英国博物馆的明人《两种海道针经》，就包括《顺风相送》《指南正法》二书。

上世纪70年代末，在海南发现了四本叫《更路簿》的手抄小册子，俗称"航海针经"，记载了海南文昌和琼海，前往西沙、南沙群岛，以及南海各岛礁之间航海针位（方向）和更数（里程，一更为十海里）。依照这本"航海针经"所标识的航向和航程，为三百余万平方公里的南海绘制一张航海图，其中包括西沙群岛常用的传统地名33处，南沙群岛常用的传统地名72处，其精准程度，几乎不亚于用现代测绘技术制作的航海图。

但是，用指南针导航，追溯起来，最先并不在海路，而是在陆路。《鬼谷子》（此书年代有异议）中的《谋篇》记载："郑人取玉也，载司南之车，为其不惑也。"这个意思是说，郑国人从陆上丝绸之路去获取宝玉，也需要"司南之车"——指南针，帮助辨别方向。战国时代关于"司南"之类的记载，见诸篇什者甚多。宋代以沈括《梦溪笔谈》为代表的文献，前前后后提到此类记载的，更为诸家所称道。

沈括有一段关于指南针的细致记载，大意是：内行的人，以磁石磨针锋，则能指南；然针锋常略微偏东，不全指南也。浮在水面多荡摇。指甲及碗边也可放置磁针，运转尤其快速，但坚滑易坠，不如用丝线悬挂最佳。其法：取单根新蚕丝，用些许蜡粘丝线于针腰，于无风处悬挂起来，则针常指南。亦有磁石磨后针指北者。我家指南、指北的磁针皆有之。磁石之指南，犹柏树树枝之指西，莫可推究其原理。

从战国到宋代，其间有一千年，指南针是否曾用于航海？无从推知。我们知道的是，中国南海航线上，南朝以来，一直是忙碌的。比如，公元785年，距今1230年前，大唐皇帝派遣的外交使节杨良瑶（736—806），率领大唐代表团，出使大食国（阿拔斯王朝，史书称黑衣大食）。这是一次比大明朝郑和下西洋的首航（1405年），还要早620年的海上丝路之旅。

我们不知道杨良瑶的船队究竟有多大，但是他的出行路线，却因为同僚、时任鸿胪卿（负责唐朝外交接待事务）的贾耽（730—805）的记载，而得以比较准确地推知。

杨良瑶的船队，从广州出发，驶出珠海口，绕过海南岛，沿着今越南东海岸南行，过军突弄山（今越南南端的昆仑山岛），南行经过海硖（今新加坡海峡，海硖北岸为逻越（即暹罗，今泰国），南岸为佛逝国（今印度尼西亚苏门答腊岛巨港），路过天竺（今印度、巴基斯坦等国一带）、师子国（今斯里兰卡），最后到达大食国的弗剌利河（今幼发拉底河），换乘小船北行至末罗国（今伊拉克重镇巴士拉），再向西北陆行千里，便可到达茂门王（穆罕默德）所在的都城——缚达城（今伊拉克首都巴格达）。

这是一次海上丝绸之路的完美记录，是中国官方船队第一次远航到西亚的阿拉伯世界。

杨良瑶的海上出使路线，获得了同期稍后的波斯地理学家的印证。《道里邦国志》的作者伊本·胡尔达兹比赫（820—912）有从波斯湾到广州口岸的反向道路的记载。书中他描述了当时中国的几个港口（都属于唐代安南都护府管辖范围）：占婆（栓府，又称占城，今越南东南部）至中国的第一个港口安南（鲁金，即今越南河内），陆路、海路皆为一百波斯"里"（长度等于陆地马行一小时，水行顺风船行一小时）。在安南，有中国石头、中国的优质丝绸，并且出产稻米。

广州时称汉府，从安南到汉府海路4日，陆路20日。他说汉府

唐故杨府君（良瑶）神道之碑拓片

是中国最大的港口，有各种水果、蔬菜、麦类、稻米、甘蔗。从汉府至汉久（当为福建某地）为 8 日程，物产与汉府同。从汉久至刚突（江都郡）为 20 日程，物产与汉府、汉久也相同。

由此来看，当时阿拉伯商船来往于波斯湾与中国之间很普遍，他们对东南沿海主要港口十分熟悉，广州更成为当时海路贸易的中心。唐人李肇《唐国史补》卷下说："南海舶，外国船也，每岁至安南、广州。"日本僧人所撰《唐大和上东征传》，记载鉴真第五次东渡失败，流落到海南、广州，说珠江口"有婆罗门、波斯、昆仑等舶，不知其数，并载香药、珠宝，积载如山"。阿拉伯商人《中国印度见闻录》（915 年编订），称唐末广州的大食人、波斯人、犹太人和拜火教徒外侨有十几万人，尽管这数字容有夸大，但却反映了经由海路来华、聚集广州之胡商盛况。

那么在这种情况下，究竟是中国人首先使用指南针于航海，还是阿拉伯水手首先使用指南针于航海（海外学者有不同意见），已经不太重要，因为针师、水手都是可以互相雇佣的。只是，从中国人首先发现磁针的指向性而言，中国人包括杨良瑶那次出使，在官方船队使用先进的导航工具是完全有可能的。我们今天要追问的是，为什么中国人发明的这项技术，从此之后，就没有什么长进。

据考古资料显示，宋代瓷俑手持的旱罗盘，就是用轴支承的结构；对这种结构原理的了解，甚至见之于汉代的考古资料。可是旱罗盘却没有在中国应用，后人使用旱罗盘却是从国外传入的。明代隆庆年间苏州人李豫亨，著有医书《推篷寤语》，他观察到："近年吴越闽广，屡遭倭变，倭船之尾，率用旱针盘以辨海道，获之仿其制，吴下人始多旱针盘。"清代乾嘉时闽人王大海著《海岛逸志》，详细记录所见爪哇及其周围海岛地区的交通物产、风土人情，以及荷兰统治者和华侨状况，也提到指南针："和兰（荷兰）行船，指南车不用针，以铁一片，两头尖而中阔，形如梭。当心一小凹，下立一锐以承之，或如雨伞而旋转。面书和兰字，用十六方向。"

我们需要反躬自问，为什么中国人最早发现了磁石的特性，甚至最早发明了指南针,可是,最好、最便用的罗盘,却要引进学习人家,从东边的倭寇,到西边的荷兰。

我想至少有两点原因值得提出。第一,国人不注意把经验的观察,升华成理论的讨论。从12世纪使用指南针以后,磁针指向何处,成为欧洲人关心的问题。有人认为磁针指向北极星,磁力磁性源于北极星;也有人认为磁针指向地球北极或南北两极的磁山,因为磁石及其磁力产自磁矿山。中世纪法国学者皮格林(Peregrinus)曾参加十字军远征,他1269年写的《论磁体的信》,提出第三种看法,认为磁石指向天球的南北两极。他还探讨了如何辨认磁石,如何确定磁极,如何区别磁极与子午线地极,磁石如何相互感应,如何使铁磁化等问题。此外,皮格林还十分强调实验的重要性,通过天然磁石做实验,验证和修正理论观点。从这些细致的讨论,可以看出他与沈括的差别。到了16世纪以后,欧洲关于磁性的讨论已经进入现代科学的视野。现代社会,技术的纵向进步(不是横向模仿),一定是以科学的进步为基础的。这方面恰恰是我们至今仍存在的短板。

第二,国人对于产品和工具缺乏精益求精的精神,一切以节约成本为导向。由于人力成本的过度低廉,使得改进技艺的任何投入都不合算,提升产品技术含量缺少动力。有一次与联想总裁杨元庆谈到国人的低成本"劣势",即工资过度低廉,企业家不愿意投入研发。他除了赞同我的看法之外,还提到知识产权得不到保护,使企业研发热情不高,也是重要原因。就此点而言,中国古代也是有问题的。一旦别人有新的更好的产品和工具出现,相形见绌,便纷纷模仿和引进。比如,前举皮格林谈到改进了的指南针,罩在玻璃圆盒内,磁针安在金属枢轴上,转动的磁针,配以带有准线和360度的刻盘,小巧玲珑,便于携带。经过不断改进,被欧洲水手广泛采用。于是,指南针虽是中国发明的,旱罗盘却在西方开花,明清时期作为舶来品进入中国。

指南针事件,只是历史时期丝路上中西技术与物品交流的一个缩影。在中国的发明与发现中,这是非常普遍的现象,火药是如此,印刷术是如此,甚至丝绸、瓷器的生产也是如此。今日中国出口的茶叶、中药材,乃至稀土、粗钢,也都是如此,原料出去,精致的高技术含量的产品从海外引进来!多大程度上能够改变这一状况,将成为观察新的"一带一路"倡议能否成功的一扇窗口。

4. 成吉思汗的铁骑究竟打到了哪里？

夕阳残照，凉风习习，成吉思汗陵（简称成陵），静静地矗立在内蒙古自治区鄂尔多斯市伊金霍洛旗的草原上。这是蒙古帝国的杰出创建者成吉思汗的衣冠冢，全国重点文物保护单位，1954 年从青海省的塔尔寺迁回故地。导游这样告诉我。

成吉思汗在全世界声名显赫的程度，一点不亚于他在中国的声望。这是成吉思汗完成蒙古部族的统一之后，与其子孙连续发动三次大规模西征造成持续影响的结果。

蒙古人的西征究竟打到了哪里？

第一次西征在 1218—1223 年间，成吉思汗亲自指挥，结果把蒙古的领土扩大到中亚。

第二次在 1235—1242 年间，由成吉思汗长子术赤之子拔都统率各支宗王长子出征钦察、俄罗斯诸地，灭亡了也的里河（伏尔加河）流域的不里阿耳和钦察，攻入俄罗斯并击破其境内各个公国，继而兵分两路侵入东欧，一支兵临摩拉维亚（今捷克境内）和匈牙利，另一支冲进奥地利，整个欧洲为之震惊。1242 年，拔都闻窝阔台死讯而率军东返至伏尔加河下游，西欧才幸免于难。

第三次西征发生在 1252—1260 年，蒙·哥汗派遣其弟旭烈兀为统帅，目标在征服西亚，结果灭亡了阿拉伯帝国并占领叙利亚，将蒙古帝国的疆域扩展至西亚。

蒙古军队的西征在历史上产生双重影响：一方面是野蛮残酷的征服，对所经地区的社会经济造成极大破坏；另一方面，蒙古帝国的统治因西征而扩张到黑海南北和波斯湾地区，使中国和中亚、西亚、欧洲连接起来，在这些交通线上亦建立起完善的传驿制度，从而使蒙元时代的中西陆路交通再次达到高潮。

蒙古军队西征过程中，为了大军行进的需要，带去大批汉族技术人员劈山开路、修筑桥梁，使道路状况大为改善，李志常《长春真人西游记》记载："始凿石理道，刊木为四十八桥，桥可并车。"耶律楚材亦有《过阴山和人韵》诗描述此景，内有"古来天险阻西域，人烟不与中原通……四十八桥横雁行，胜游奇观真非常"之句。从某种意义上说，蒙古军队的西征过程也就是中西交通路线的建设过程，开辟了一条从漠北和林（今蒙古国额尔德尼召寺以南）北穿南俄，南贯波斯，东经中亚、西亚，西到欧洲的通道，而在蒙古人的"军队过去之后，他们就把这条道路开放给商人和传教士，使西方和东方在经济上和精神上进行交流成为可能"（道森著，吕浦译：《出使蒙古记》）。

驿站传讯系统是蒙古帝国为保证帝国内部的交通畅通和信息传递快捷而建立，被认为是维持庞大帝国统治的强有力手段。从第一次西征建立钦察汗国到忽必烈时期，建立起连通漠北高原的蒙古本部和察合台汗国、钦察汗国的驿道，在中国境内沿太和岭（山西雁门）至别失八里（今新疆吉木萨尔）一线设置了30个新驿，以连通察合台汗国和元朝的政治中心。稍后，伊利汗国境内推行忽必烈时期的中国驿站制度——全汗国各主要道路上每三段（约18公里）置一站，每站备健马15匹。如此，蒙元帝国统治区域，都铺上了高效快速的驿道网络。元朝政府和各汗国政府还特别在交通大道上设置护路卫士，颁布保护来往商人的法令，以维护路途的安全。

蒙古西征也带来东西方人员和生产技术相互流动。历次西征的军队中除有大量征发来的女真人、契丹人和西夏人之外，还有不少中原汉人，他们随军来到西域后，逐渐在当地定居下来。据《长春真人西游记》记载，丘处机沿天山北道西行时，在别失八里看到从事音乐技艺的都是"中州人"，在轮台还遇到一位来自中原的书生。此后，元宪宗蒙哥（1209—1259）派使者常德出使旭烈兀（1217—1265）统治的伊利汗国（以伊朗为中心）时，在别失八里和阿里麻里城（今新疆霍城附近）也看到不少汉人居民，有关记载见元代刘郁的《西使记》。

忽必烈灭南宋以后，又将降服的大量汉军、新附军和中原的农民、工匠征发到西北，让他们在别失八里、哈迷里（今新疆哈密）等地屯田并冶炼农具兵器。汉人被迁往西域和中亚的同时，大批西域人、中亚人、波斯人、阿拉伯人等，或由于蒙古军队的征服，或由于入华经商，也迁往中原地区，甚至分布于广西、云南等地。其中一些人以伊斯兰教的宗教信仰和日常生活习俗为纽带，逐渐组合为一新兴民族回族，另外一些人则深受中国文化习染，或接受儒家教育，或转信佛、道，逐渐与汉民族融合。

东西方人员的双向流动自然会带来生产技术的交流。西迁的汉人把当时中原先进的生产技术带到西域，如汲水器具、雕版印刷技术，以至《长春真人西游记》载阿里麻里人赞叹："桃花石诸事皆巧。"桃花石指的是中国内地。

中国内地也从西域接受了一些生产技术，尤其是棉花种植技术。棉花通过陆、海两道传入中国，并在宋、元时期开始在中原推广，元代迅速发展，而陆上一途就来自元代西域。元代《农桑辑要》卷二"论苎麻木棉"条载，木棉（即棉花）产于西域，入元以来种于陕右，兹繁茂盛，与本土无异。这一时期西域畏兀儿人，对于在关陕地区推广植棉起到重要作用。《西乡宣差燕立帖木儿遗爱碑》记载，陕西西乡县人原先"不知种棉之利"，畏兀儿人燕立帖木儿"自兴元求籽给社户，且教以种之法"。

5. 横跨欧亚：那些著名的东方游记

"成吉思汗"在蒙古语中，是"拥有海洋四方"的意思，典雅的说法大概叫"横扫六合"吧。成吉思汗（1162—1227）及其子孙三次西征，建立了大蒙古帝国，横跨欧亚，东到太平洋，西达黑海，南到南海，北到北冰洋，说"横扫六合"，也算名副其实。

从1206年铁木真（成吉思汗）被推举为可汗，到1259年，其嫡孙蒙哥汗（1209—1259）去世，大蒙古帝国存续的时间不长。帝国的遗产就是分裂后的元朝及察合台汗国、钦察汗国、伊儿汗国和窝阔台汗国（四大汗国主要在今新疆、中亚、西亚及俄罗斯部分地区）。元朝与四大汗国之间交通畅达，传驿制度完善，物品与人员的交流，盛况空前。中国的雕版印刷术和火药的发明，就是此时经过阿拉伯人传到西方的。许多西方人来到远东，出使、经商或者旅行，并且留下了许多知名的游记。他们把中国内地叫大契丹（原南宋地区叫蛮子省）。Cathay成为西方对中国的称谓。

蒙古人第二次西征（1235—1242），继征服了斡罗思各公国（今俄罗斯、乌克兰等地）之后，蒙古铁骑又在里格尼茨（今波兰境内）击溃了波兰和普鲁士联军，踏进匈牙利境内，甚至乘筏渡过了奥得河（Oder），兵锋直逼德国边境，别部且挺进到维也纳附近。罗马教廷和欧洲各国君主惊慌失措，莫知应对。西方人所谓"黄祸"一词，最早就是指从天而降的蒙古骑兵。

1245年，新即位仅两年的教宗英诺森四世，召集全欧主教在法国里昂开会，商讨对策。有前线传来信息说，蒙古贵族及其追随者中

柏朗嘉宾受教宗英诺森四世派遣出使蒙古

有许多人信仰基督。于是,教皇决定派遣教士出使蒙古,打探其宗教信仰状况,最好能让他们信仰基督。法国教士、意大利人柏朗嘉宾(1182—1252)荣膺其选,1245年复活节那天(4月16号)首途之日,他已年届63岁高龄。

柏朗嘉宾1246年8月到达上都和林(又称哈拉和林,今蒙古国前杭爱省境内),见到贵由汗,次年11月回到欧洲,呈上一份旅行报告——著名的《柏朗嘉宾蒙古行纪》。这是西方世界第一份关于远东地区完整的文字记载。读读全书的标题,你就知道他们想打听什么:他们"所在的方位、资源和气候条件"、他们的"服装、住宅、财产和婚姻"、他们"崇拜的神,他们认为是罪恶的事,占卜术、涤除罪恶和殡葬礼仪"、他们的"性格、风俗习惯和食物等"、"鞑靼帝国及其诸王的起源,皇帝与王公们的权力"、"关于战争,他们军队的结构和武器,他们在作战中的计谋,对待战俘的残酷,他们攻夺城堡的方法和对降敌的背信弃义"、他们"怎么媾和,他们所征服地区的名字和他们实行的暴政,曾经勇敢抵抗他们的地区"、"怎样同他们作战,他们的意图是什么?他们的武器和部队组织,如何在交战中防范他们的计谋,要塞和城市的防御设施,怎样对待鞑靼人俘虏"、"鞑靼人的省份以及我们所经过的那些地区,我们遇见的证人,鞑靼

此图来自 Corpus Christi College, Cambridge, MS 66A, f. 67r。画面上部描绘威廉修士（鲁布鲁克）和他的同伴接受国王路易九世的派遣，下部为旅途中的两位修士

皇帝和诸王的宫廷"。

显而易见，柏朗嘉宾力图摸清蒙古人的战争实力、作战特点、武器装备，其出使的军事意图远大于传教目的。关于中国内地的情况，在第五章的介绍中提到"大契丹"，涉及蒙古与金朝的战争，说蒙古人"尚未征服契丹的另外半壁江山（南宋），因为它在海上"。

在柏朗嘉宾回来不久，法国国王路易九世于1249年又派遣使者前往汗八里（源自突厥语，意为帝京，即今北京市）拜见蒙哥大汗。使者报道了蒙古王公改宗基督教，即"也里可温派"（元代对基督教各教派的统称）的情况。其想象的成分居多。

辽金时期，也里可温教在蒙古乃蛮、克烈、汪古等部中颇为盛行，这似乎坐实了欧洲流传的东方有约翰长老的故事。蒙古人的第三次西征（1252—1260），摧毁了巴格达和叙利亚，在基督教世界赢得一片喝彩声，刺激了欧洲教俗世界要联络蒙古人制裁伊斯兰教的幻想。因此，法王于1253年派遣方济各派教士鲁布鲁克出使蒙古汗廷。如果上次出使是探听军情，这次出使就是试图传播福音。

鲁布鲁克1255年8月回到的黎波里（今利比亚首都），留下的报告即《鲁布鲁克东行纪》，有38章，他列专章介绍也里可温教徒及其

元朝时来中国的传教士鄂多立克

寺庙（第24章）、介绍佛教僧人的寺庙和偶像（第25章）、介绍他参加宗教论战的情况（第33章）。当时英国著名哲学家罗吉斯·培根（1214—1294）在巴黎会见鲁布鲁克时，曾谈到东方见闻。1266年培根在自己的书中转述了鲁布鲁克的观察，说契丹是一个国家的名字，契丹人居住在东部临海的地方。他们可能就是古代的赛里斯人。他们生产最好的丝绸，由于一座城市得到丝人之名的。有人告诉我说，大契丹的这座城市，城墙是银子筑成，城楼是金子。契丹还有许多省没有臣服于蒙古人。契丹人身材矮小，说话带强鼻音，有着东方人普遍都有的小眼睛。这些契丹人都是优秀的工匠，学有各种各样的手艺。他们的医师很熟悉草药的性能，熟练地按脉诊断……他们有很多人在哈拉和林做工，子承父业。他们要给蒙古人交纳巨额赋税，约有一万五千马克（重的银锭），这还不算交纳的丝绸和粮食及其他劳役。鲁布鲁克首次准确地把契丹人和"古代的丝人"联系在一起，还提到了中医和中草药，对汉人形体的描述和蒙古人奴役内地掠来的工匠的介绍也很具体，很可能他在和林亲眼见到过汉人。

与以教宗或法王的使者身份出使蒙古帝国不同，另外一位东行的西方传教士鄂多立克，是自己旅行来到中国的。1322—1328年他在中国旅行，这已经是蒙古帝国崩溃之后的元朝了。其游记即传世的《鄂多立克东游录》三分之一说的是中国，即契丹和蛮子省。

鄂多立克的兴趣不在宗教，也不在军事，他对中国的描述偏重于政治方面。他不厌其详地叙述朝廷的集会，朝参的秩序，觐见皇帝的场面，军队和狩猎，驿站的快捷等。介绍帝国的行政区划为12个省，蛮子省有2000座城市，这还不包括5000个岛屿在内。说到宫廷建筑壮丽辉煌，城市的宏伟、美丽与众多，均赞不绝口。他对其他任何地区都没有像对中国那样频繁地有时甚至是比较琐细地介绍城市。他介绍民俗与特产时，以猎奇心态居多。

鄂多立克高度肯定契丹和蛮子省的所见所闻，从风光景色，到城市和财富。他赞扬中国男人"英俊"，女人之美貌为"世界之最"。他称赞建筑物的外表和装潢，很少评价其建筑技术和风格。作者的比较判断，有时直接把东方和西方联系起来，但最多的比较只是度量数据的不同；有时他也用家乡的城市来比较远东的城市。他赞叹广州有如此众多的船只，"整个意大利的船只都没有这一城市的船只多"；赞叹杭州城是世界上最大的城市，"确实大到我不敢谈它，若不是我在威尼斯遇见很多曾经到过那里的人"；他还说南京城里竟然有三百六十座石桥，"比全世界的都要好"。总之，在比较中，鄂多立克强调的是东方文化与自身文化的相似性，有时前者甚至还有优越的地方。

这是利玛窦明末来华之前，曾在远东旅行的几个著名基督教人士。虽然行色匆匆，可是都留下了游记。后来就有传教士常驻远东传教了，如1292年到达北京的传教士孟特科维诺，在北京设立了主教区。他们多有商人陪同。早在1224年，热那亚就建立了印度贸易促进协会（东方贸易促进会），反映了当时东西商贸关系的发展。孟特科维诺自称他在北京的教堂用地，是一个西方商人购得的。泉州主教安德烈 1326 年的信中提到他的教区的热那亚商人，还有人提到泉州热那亚商人的海外货栈，鄂多立克说到广州的许多商行。但是除马可·波罗外，很少有商人留下他们在东方活动的报告。

虽然马可·波罗并不是第一个向西方报道中国的欧洲人，却是在华有过较长生活经历的欧洲商人中，最早报道亲身见闻的人。那么，马可·波罗到过中国吗？这种怀疑不绝于耳！他的报道又有什么特点呢？

6.《马可·波罗游记》：从发现契丹到发现世界

香港国泰航空（Cathay Pacific Airways）英文第一个单词Cathay，原意为契丹，现在都译成中国。原来西方是通过发现契丹，而发现了中国。

契丹——中国东北地区的一个古老部族，曾建立中国历史上的辽朝（907—1125），金灭辽，辽朝贵族耶律大石率领其中的一部到西部建立了西辽（1124—1218），疆域横跨中国新疆与中亚地区。西辽曾击败突厥人在中亚和西亚建国的塞尔柱伊斯兰帝国，强盛一时，名震欧洲，被突厥语和西方史籍称之为喀喇契丹（Qara-Khitay，按Khitay即Cathay），1218年亡于成吉思汗东征。契丹（英文Cathay）一名却不胫而走，被西方当作中国本土的代称。

大蒙古国时期，率先东行的法国教士柏朗嘉宾、鲁布鲁克在游记中都提到契丹（北方中国），还推测契丹就是古代的赛里斯人（丝人）。但是，真正在契丹生活、游历，并留下令人眼花缭乱记录的是威尼斯人马可·波罗。

马可·波罗（1254—1324），出身于威尼斯商人家庭。1271年，17岁的马可·波罗随父亲与叔父来中国经商。本来想从霍尔木兹（今伊朗南部霍尔木兹甘省）坐船直接到达中国，后来改从中亚陆路，途经新疆、敦煌，1275年来到大都北京。在中国生活了16年之后，1291年初，马可·波罗从泉州出发，离开中国（此处离华年代的考证，采用业师杨志玖先生意见）。1295年回到威尼斯后，马可·波罗参加了威尼斯与热那亚的战争，被俘后，在监狱里留下了一部伟大的《马可·

6 《马可·波罗游记》：从发现契丹到发现世界

马可·波罗故居，位于威尼斯圣乔瓦尼·克里索斯托莫

《马可·波罗游记》最早抄本
15世纪初，兽皮纸上墨水书写
意大利威尼斯科雷尔博物馆藏

1271年，尼科洛、马菲奥和马可·波罗在威尼斯城门告别家人
《马可·波罗游记》法文插图抄本
15世纪，兽皮纸彩绘
法国巴黎国家图书馆藏

波罗游记》。

《马可·波罗游记》重点记述了他在忽必烈统治时期的元朝见到和听闻的各地风土人情，也包括日本、东南亚、印度等地区。作为商人，马可·波罗的主要兴趣集中在经济、商业、道路走向和地形上。他记载了大都城（汗八里）棋盘般的整齐街道、宵禁制度、钟鼓楼。他提到市场上南来北往的商人，印度和中亚的贾客，他关注金银、宝石、珍珠、盐、稻米、谷物、大黄、姜、糖、香料，当然也有中国最主要的贸易商品——丝绸和瓷器。他说世界上任何珍稀的物品都能在大都市场上获得，仅每天驮运生丝进城的车就不下千辆。他诧异地说，"大汗用树皮所造之纸币通行全国"，当金银一样充军饷。元朝对于交通运输、关津道路、驿站以及物价的管理，以及蛮子（原南宋

蒙元帝国设立驿站制度，专职信使将火漆封印信件送至大汗手中
《马可·波罗游记》法文插图抄本，
15世纪，兽皮纸彩绘
法国巴黎国家图书馆藏

地区）居民的工艺和经商才能，宏大而美丽的城市与港口，有着舟楫之利的广阔的水域交通系统，都令马可·波罗赞叹不已。虽然该书中有关个人在华经历，不乏吹嘘之词，比如，襄阳献炮，在扬州为总管三年之类，但是，他关于"契丹"风貌的记载，是翔实而具体的。

《马可·波罗游记》在西方产生过巨大影响，被称为世界第一奇书。然而该书面世700多年间，不断有人质疑马可·波罗是否到过中国。有的说，马可·波罗最远不过到了他们家族在黑海或者君士坦丁堡的货栈。这么说来，马可·波罗的资料凭空捏造不成？在马可·波罗之前，欧洲完全没有关于远东地区的可靠信息！那么，他会从哪里得到资讯呢？有人说，他关于契丹（中国）的资讯可能出自中东（波斯文或阿拉伯文）导游手册或旅行指南，因为他没有提到茶叶、筷子、长城、汉字。这种臆测真是毫无道理。天知道是否有过这样的导游小册子！假如《游记》内容真的出自波斯或者阿拉伯人的"导游手册"的话，资讯应该十分"周全"，决不会遗漏像筷子、汉字、女人缠脚这类标志性的中国事物。相反，正因为马可·波罗不写汉字，不喝茶，不用筷子，没有见到"契丹概述"之类的文献，全凭个人直观感觉，才不会提到这些"导游手册"应该提及的内容。至于长城，则因秦长城已废弃，今人熟知的明长城当时尚未修筑，马可·波罗当然无从谈起。相反，马可·波罗所记载的有些事件，比如，1291年初，他们一家从泉州（时称刺桐）启程回国时，与元朝派出的三位使者同行，三位使臣是护送阔阔真公主去伊尔汗与阿鲁浑大王成亲的。这些事件"导游册子"绝不会记载，只有亲历者才得以传闻。

马可·波罗经海上丝绸之路回欧洲的途中，在东南亚地区有数月的逗留，他说，南中国海地区有7448座岛屿，大部分岛屿都有人居住，苏门答腊及其附近的岛屿是珍贵的香料产地，还介绍了这里出产黄金、药材和宝石。马可·波罗回到欧洲的时候，恰逢家乡威尼斯与热那亚之间爆发战争，他参战被俘，在狱中口述东方见闻，受到特殊关照，因为热那亚人关心他提供的商业信息，尤其是丝路那边的信息，最后同室难友传奇作家鲁思蒂谦诺，根据马可·波罗的口述及其后来补充的相关笔记，笔之于书，1298年完稿。

马可·波罗不仅发现了契丹，而且他的游记成为激励西方努力去发现新世界的契机之一。

此前西方世界对于远东的知识，基本依据古典时代欧洲最著名的地理学家托勒密（Ptolemy）所著《地理学指南》。认为只有取道陆路才能到达丝国（中国），而马可·波罗则表明，亚洲大陆的东部并非封闭的水域，而是海岸的边缘。马可·波罗记载的"行在"（即杭州）城，距离海洋仅25里，"在一名澉浦城之附近"，可以乘船从海路到达。有西方史家评价说："马可·波罗对亚洲东海岸的描述，对于排除前往远东海路上的许多困难，有巨大价值。"哥伦布就是手握《马可·波罗游记》寻找前往契丹的海洋之路的。可以说，地理大发现的伟大壮举滥觞于

14世纪。

马可·波罗生前及死后一个时期，其《游记》的影响十分有限，因为其传奇内容被视为不经之谈。但是，14世纪初一些前往东方的传教士获得该书后，逐渐将其传播开来。14世纪50年代，有一部欧洲的编年史著作，记录了马可·波罗对远东的观察，1375年《加泰罗尼亚地图》（加泰罗尼亚今属西班牙）出版，也参考了马可·波罗对亚洲的记录。于是，《游记》臻于信史行列，并不断发酵，指引人们去发现新世界。《马可·波罗游记》的忠实读者中，除哥伦布（1451—1506，热那亚人）外，还有地理学及地图学家托斯堪内里（1397—1482，佛罗伦萨人）、为新大陆命名的亚美利哥（1454—1512，佛罗伦萨人）、领导首次环球航行的麦哲伦（1480—1521，西班牙人）、绕过好望角的达·伽马（1460—1524，葡萄牙人）。

哥伦布经常阅读的，是一本1485年印行的拉丁文版《马可·波罗游记》，他做了264处边注，共475行。托斯堪内里根据马可·波罗的记载，坚信亚洲大陆比托勒密设想的更加向东延伸，提出了西行寻找东方的许多具体设想。他与哥伦布多次通信，回答询问，还把自己新绘制的世界地图提供给哥伦布，他的意见和地图，促使哥伦布下定决心西航。1492年首航时，哥伦布不仅带着一部《马可·波罗游记》，还带着西班牙国王一封正式致蒙古大汗的国书和两份空白的备用国书。他抵达美洲东海岸后，就去按图索骥寻找"行在"（杭州），以为古巴就是马可·波罗所提到的"吉潘各"（Cipango），即日本国。

1498年达·伽马率领葡萄牙船队绕过好望角，来到印度洋。达·伽马是《马可·波罗游记》的忠实粉丝。在他率领船队出发之前，重要的准备工作之一，便是再次仔细地通读了《游记》，然后确认准备就绪，可以启航。

马可·波罗一家得以横跨欧亚在华旅行，发现契丹，得益于"蒙古和平"（Mogole Peace）营造的环境，此时期中国对于丝绸的销售，不加限制；《马可·波罗游记》得以传播，引领地理大发现，则是因为其时地中海地区的商业革命（12—14世纪）带来的对于东方香料和中国丝绸的渴望。同时，亚洲中部和西部地缘政治的变化，帖木儿汗国（1370—1507）控制了中亚，奥斯曼帝国（1299—1922）统治了西亚，欧洲人不满意丝绸之路被伊斯兰世界所垄断，挟航海技术进步的优势，要直接走到远东贸易的前台，《马可·波罗游记》给他们指明了航行的方向——中国和印度！

著名的《加泰罗尼亚地图》（加泰罗尼亚当时属于阿拉贡王国，今西班牙东北部，首府巴塞罗那），被誉为中世纪最好的世界地图，正式名称是《1375年加泰罗尼亚地图》（现藏法国国家图书馆，地图绘制在6张羊皮纸上，后来因为对折次数多了，在对折的地方折断，变成了12张羊皮纸）。其中关于东亚部分，主要知识来自《马可·波罗游记》和鄂多立克等人的东方游记。该图关于中国的部分，有文字写道：北方是契丹，有大汗及其都城汗八里（北京）；南方是蛮子省（指原南宋地区），这里有著名城市刺桐（泉州）和行在（杭州）。还提到从汗八里到蛮子省的运河（参见本书第24页地图）。

《加泰罗尼亚地图》的作者并没有到过中国。因此，契丹被坐实为现实的中国，还要到《加泰罗尼亚地图》出版两百年之后。1575年，曾到过福建沿海的西班牙人拉达报告说，"我们通常称之为中国（China）的国家，曾被威尼斯人马可·波罗称为契丹（Cathay）。"1601年意大利传教士利玛窦来到北京，根据他的生活经验以及对于经纬度的实测，确凿无疑地告诉欧洲朋友说，北京即马可·波罗说的汗八里，契丹（Cathay）和中国，都是指他所在的大明王朝。

从发现契丹到发现世界，经历了两百年。而这，正是欧亚大陆平衡被打破，西方超越东方处于山雨欲来风满楼之前夜的两百年。

第五章

何处红毛番

明朝（1368—1640）的中国重建了汉族皇权统治，这270多年，西方正处在文艺复兴到工业革命的前夜。明朝初年，三宝太监郑和下西洋是传统海上丝路贸易的绝响；同时期葡萄牙王子亨利二世的航海事业，却构成了西方大航海时代的关键起点。

1. 三保太监 vs 航海王子

三宝太监郑和（1371—1433）七下西洋，首航于1405年，距今整整613年。

郑和的船队，人员超过27000人，随行的船舰达200余艘，最大航程1500海里。如此庞大的海军队伍，要做到组织有序，保证安全，不辱使命，在在都考验着郑和的组织领导能力，也反映了明初国家力量所达到的高度。

郑和船队组织严密。27000多人的队伍，据《郑和家谱》"随使官军员名"记载，领导管理团队中，有"钦差正使太监七员"，首席钦差正使自然是郑和，《明史》卷304《郑和传》说："永乐三年六月，命和及其侪王景弘等通使西洋。"这里的"其侪王景弘等"，应该就是太监7人中的其余6人。此外，还有副使监丞10员，少监10员，内监53员。这是一个80人的领导团队，分为四个层级，其中正使、副使（监丞）、少监等27人构成核心领导层，内监53人是执行领导层。

专业执行团队中，有负责对外交涉采办的官吏，有鸿胪寺班序2员，以及买办、通事等；负责内部财务管理、文书账簿的有户部郎中、舍人，负责医疗治理的有医官、医士等。

各条船只有负责海航和船务工作的专业团队，有火长（船长）、舵工（操舵手）、班碇手（起落船锚）、民艄（升降帆篷）、水手（划桨）等。阴阳官、阴阳生则负责观察和预报天文气象工作。护航军事工作的有都指挥2员、指挥93员、千户104员、百户103员。其余则是多达2万人的旗校、勇士、力士、军士等。

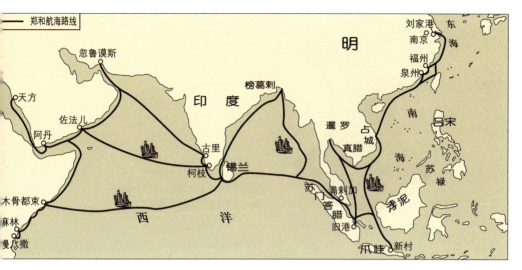

郑和下西洋路线示意图

    郑和船队的 7 次航行，前 3 次最远到达的是印度卡利卡特（即中国史书上的古里），后面 4 次则远至波斯湾、红海，最远到了非洲东部海岸。我们从《郑和航海图》中可以发现，许多我们今天熟悉的地方，却被冠以不熟悉的古老名字。比如他们去过旧港（Balenbang），今天印尼苏门答腊南部城市；去过淡马锡（Temasek），这是新加坡的古称；去过官屿，即马尔代夫首都马累；去过忽鲁谟斯，即霍乐木兹（Hormuz）。此外还有满剌加（马六甲海峡）、苏门答腊（马六甲海峡西侧）、锡兰山（斯里兰卡）、柯枝（即今印度西南部的柯钦Cochin，古称盘盘国）、古里（即今印度南部喀拉拉邦的第三大城市卡利卡特，郑和在此逝世）、撒地港（孟加拉国吉大港）。到过非洲东岸的地区，则有木骨都束（索马里的摩加迪沙一带）、慢八撒（肯尼亚第二大城市蒙巴萨）、孙剌（莫桑比克索拉法河口）、比剌（今莫桑比克港）。这些地区大多见于《明史·外国传》，该书卷 326《外国七》记载往来各国时说，"又有国曰比剌，曰孙剌。郑和亦尝赍敕往赐。以去中华绝远，二国贡使竟不至"。说明郑和船队远到莫桑比克海峡，东非莫桑比克索拉法省及其河口，大约是郑和航行最远之地

金锭,郑和下西洋时贸易品
铭文:永乐十七年四月 日西洋等处
买到八成色金壹锭伍拾两重

了。再往前进一步,就是南非海岸了。

与郑和船队在东非海岸探索的同时,他有一个欧洲的对手——葡萄牙王子亨利(唐·恩里克,1394—1460),一位比郑和年轻20岁的"航海王子",也在非洲西岸从事伟大的航海事业。

同样是航海家,郑和更像一个政治外交家,葡萄牙的这位亨利王子,则是一个技术专家。同样是皇家资助的航海事业,郑和是在完成天子的政治外交使命,亨利王子则于宗教狂热、经济利益追求之外,还痴迷于航海科学、技术和知识的探求,后者甚至是他热衷于航海探险事业的重要原因。

亨利王子终身未婚,一生中绝大部分时间远离首都里斯本的尘嚣,在葡萄牙西南海角的边陲小镇萨格里什(Sagres)度过。在这里,他创建了地理研究院、航海学院、天文台,以及收藏地图和手稿的图书档案馆。他不仅广泛收集了地理、造船、航海等各种文献资料,而且极其包容地网罗了具有不同信仰的学者,这些学者都是地理、天文、制图、数学方面的专家。亨利自任航海学院的校长,学校开设地理、天文和航海方面的课程。他们孜孜以求地探讨,能够沿非洲海岸向南航行到香料群岛吗?人类能在赤道地区居住吗?地球究竟有多大?为此,亨利王子组织了一次次西非海岸的航海探险,不断收集航

明代金镶玉帽顶,其中的金玉珠宝有来自西洋的进口品
湖北钟祥市梁庄王墓出土

海资料,改进造船、制图和航海技术。有西方史家把亨利王子对航海事业的热情,称为一种"前科学的好奇"。把对航海科学和海洋知识的探求本身当作目的,这是郑和的航海活动所不具备的。

亨利王子要求派出的探险队,把新发现地区的地理概况和资源情况详加记录。比如有关海潮、风向、鱼和海鸟运动的报告,他们把这些资料收集在一起,加以比较研究。1434年,他的探险队成功地越过博哈多尔角(Cape Bojador,过去人们认为人到此就会变黑),了解到北大西洋的风向和洋流规律,发现只要离开西非海岸向西北航行,就会遇到能把他们带回葡萄牙的西风。这一经验大大地鼓励了葡萄牙人穿过赤道、绕过非洲南端的航行勇气。哥伦布的西行,也得益于这种关于大西洋风向和洋流的知识。

亨利王子的探险队沿西非海岸向南航行的同时,就在绘制关于非洲海岸的航海图。亨利王子的哥哥佩德罗1428年从威尼斯带回一张世界地图和一本《马可·波罗游记》,对亨利王子的航海制图起了积极作用。亨利王子制作的航海地图,以弗拉·莫罗的《世界地图》最为知名。该图的非洲部分,就是在亨利王子的著名探险队长卡达莫斯托的帮助下画出来的。葡萄牙人把对航线的探索,变成航海科技;郑和的海航记录只是马欢、费信、巩珍等随笔式的文人游记。

郑和的航海结束了,明朝中国的航海事业就结束了。但是,亨利

葡萄牙航海王子恩里克（亨利二世）

王子去世后，亨利王子开创的葡萄牙航海事业，却依然发扬光大。萨格里什的航海学院，西非海岸的探险实践，都培养和训练了一大批富有经验的水手和海员，其中包括迪亚士等著名航海家。通往印度和美洲的蓝图，也是在这里酝酿形成的。15世纪每一个由陆路或海路从事地理发现的人，多少都受惠于亨利王子的航海研究事业。

就航行船队的规模、航行里程的长度而言，郑和七下西洋可谓世界上空前的壮举。其成就突出地显示了"举国体制"的宏伟、高效、壮观。亨利王子的航海活动，则包含着精明的算计、科学的热情和经济的追求。郑和下西洋以政治目标为准，基本上不是为了贸易经营。《明实录》记载明成祖登位不久，在给南洋诸国发布的诏书中是这么说的：太祖高皇帝之时，诸番国来朝，我大明王朝都待之以诚，"其以土物来市易者，悉听其便"；或有不知避忌，误有干犯宪条之事，也皆予以宽宥。诸番国前来"市易"，是朝廷对于诸番国的恩惠，是巩固政治互信的手段。

郑和在南海的行动，总体上是和平使者，每次出行，都撒出大笔的钱，引导南海各国向风慕义，朝觐大国，不搞殖民地，不做人贩子。郑和曾经帮助途中的国家稳定其统治秩序,对于在南洋的华人,则尽力要求其返回中国。亨利王子派遣的葡萄牙船舰,却是殖民行为,1419 年占领马德拉维,宣布为殖民地;1427 年发现亚速尔群岛,并于 5 年后宣布为殖民地;1441 年,葡萄牙船长贡萨尔斯,从布朗角上岸,带走 10 个黑奴;1445 年,迪亚斯(约 1450—1500)在塞内加尔河口掳掠 235 名黑人,并带回葡萄牙,进行拍卖。此后,葡萄牙经常派一些人去西非海岸,掠夺黑人为奴。有统计称,整个 15 世纪下半叶,平均每年从非洲掠走的黑奴,有 500—1000 人。亨利是航海王子,同时也是贩卖非洲黑奴的先驱。1460 年亨利王子逝世时,葡萄牙把从直布罗陀到几内亚的 3500 公里西非海岸,纳入自己的版图。

　　这就是历史的悖论。虔诚地追求航海科技,同时也理直气壮地从事黑奴贸易和殖民事业,他们声称,不信仰上帝的异教徒,其土地和财产,都应该由上帝信徒去占领。这就是西方的兴起!而以举国之力,花无数的钱财,去宣传国威,换来的却是大明王朝的表面荣光和最终的衰落。同样的航海,不一样的结局。思考其间的许多道理,无论是对西方看东方,还是东方看世界,都是深有裨益的。

2. 葡萄牙人是如何来到澳门的？

葡萄牙是西欧的小国，在欧洲的历史上从来不曾辉煌过，为什么在大航海时代，却拔得头筹，率先征服了亚洲？事情的原委，要从葡萄牙在远东的"保教权"谈起。

所谓"保教权"是天主教传教事业上的一种优惠特权。天主教会在发展的初期，因召集信徒帮助修建各种宗教设施，而赐予他们各种特权作为回报。到中世纪晚期，这种特权在欧洲本土已经衰落，但随着葡萄牙航海探险开始，它又在海外复兴，成为欧洲国家瓜分世界的"理由"和"根据"。

海外"保教权"能够确立的前提是，基督教国家普遍认可，他们有权把野蛮人和异教徒的土地占为己有，而无须顾及土著民族的感受。或者说，你不信仰基督，你就不配占有这个世界的土地和财产，甚至不配享有平等地生存的权利。你说这是什么逻辑？这就是上帝的逻辑。上帝无法管人间的事情，于是天主教国家的国王们都承认，罗马教宗有权分配这些地区的世俗统治权。

葡萄牙是一个穷国，却在反对阿拉伯占领的斗争中，最早建立集权制的民族国家，这就使它有了扩张的动能。葡萄牙要推销国内的葡萄酒、橄榄油等商品，改变它在西欧国际贸易中的不利地位，最迫切需要的是黄金。欧洲的金矿很少，黄金供应严重依赖非洲，当时主要靠从西非穿过撒哈拉沙漠的商队运来。要取得撒哈拉以南某个地方的黄金，要么夺取北非的一些贸易中心，要么直接与撒哈拉以南的黄金产地建立联系。在这方面，葡萄牙有天然的地理优势。

葡萄牙人在非洲的殖民活动,持续了很长时间。1416年占领非洲北岸重镇——摩洛哥的休达,控制了直布罗陀海峡,控制了通往地中海与大西洋间的海上咽喉要道。这就有力地保护了葡萄牙的商船队和渔船,保证了葡萄牙的南下探险活动,葡萄牙的年度探险活动,也以此为基地而逐渐展开。

这些殖民探险活动,需要寻求保护和合法性授权。罗马教廷在宗教改革后号召力衰弱,但是葡萄牙人在西非的进展,燃起了教宗扩大海外传教的希望。于是,教宗与葡萄牙王室各取所需。葡萄牙人对撒拉逊人(北非的阿拉伯人)的持续打击,使教宗相信亨利王子有这个能力,借助葡萄牙人发现全世界的计划,教廷要在全世界实现其宗教使命,葡萄牙因而率先获得了海外"保教权",即征服他们所"发现"的东方国家土地和财富的权力。两个使命激励着葡萄牙人,一个是物质的刺激,黄金的需求;一个是宗教的狂热,对穆斯林作战的神圣感。

15世纪后半叶,教宗颁发一系列训谕维护葡萄牙的海外特权,比如,1455年教皇训谕,确定已发现的"从博哈多尔角和纳奥角,经过整个几内亚,并从几内亚到南方的地方"永远属于葡萄牙王室,"将来终要获得的海外省、岛屿、港口、地方和海洋作为永久产业赐给阿丰索国王和他的继承人",甚至以革除教籍相威胁,禁止他人在没有葡萄牙特许的情况下染指上述地方。

1492年哥伦布在伊莎贝尔女王(1474—1504年在位)支持下到达美洲,使西班牙具有了要求发现权利的资本,在教皇的同意下,双方经过艰苦的谈判,1494年签署了著名的《托尔德西拉斯条约》,规定西班牙可以征服西半球,包括哥伦布在大洋的西方、朝向印度的方向所发现的陆地和岛屿,以及其他在这个方向的尚未被发现的陆地和海岛。与西班牙人极力掩盖哥伦布的新发现不同,葡萄牙人则极力掩盖迪亚斯实际上已经于1488年发现好望角的事实。

双方都是为了寻求到达盛产香料的印度和垄断同东方的贸易。西班牙人对印度的概念受哥伦布影响,葡萄牙国王长期以来坚信绕过非洲可以到达印度,在谈判时着意营造仅仅是捍卫非洲以西陆地的拥有

葡萄牙1511年在马六甲所建堡垒遗址

权的印象,至于通过好望角到达印度是获取香料最快最实际的一条航线,这一信息被长期保密和精心封锁。《条约》规定以经线或其他方式,在佛得角群岛西面370里格处,画出一条从南极到北极的直线,线以东所有找到的和将来找到的一切都属于葡萄牙,线以西则属于西班牙。通过《托尔德西拉斯条约》,葡萄牙保留了通往印度的真正航道,还争得了今日巴西的一大部分地区。

虽然几十年后,双方在马鲁古群岛的权利上又有一些新的修订,但葡萄牙和西班牙瓜分世界的这种格局有效地持续了一百多年,而此后发生的中国与欧洲的一切交往正是在这样的基础上逐渐展开的。

自葡萄牙于1418年占领北非休达城,到达·伽马1498年绕过好望角抵达印度洋卡利卡特,再到1510年建立果阿行政中心,管理东方的殖民地,次年控制马六甲海峡。葡萄牙在教宗训谕和《托尔德西拉斯条约》庇护下,实施征服东方的计划,逐步成为现实。

葡萄牙人在南亚和东南亚的成功,刺激了其进一步向远东扩张。心态之一,宗教上的正义性,代表上帝来征服异教徒的土地和财富。心态之二,实实在在的物质财富的诱惑,从黄金到香料,以及其他的货物转输贸易利益,使其欲壑难填。

葡萄牙人在东方的统治可分为几种形式:1. 葡萄牙人在内拥有绝对主权的真正的殖民地,有果阿、莫桑比克、马六甲和第乌(Diu)

西方最早印刷的澳门专图,约绘于1598年,1607年法兰克福出版

等;2. 主权属于当地土著人国王,他们是葡王的盟友或纳贡人获得保护,葡萄牙人修建要塞或居民点、普通商站或官署,波斯湾到印度海岸一带的多数地区属于这种情况;3. 完全从属于当地所在国统治者意志而主权彻底独立于葡萄牙王权之外的殖民地,这就包括葡萄牙人1557年建立的定居点,广州附近的澳门。

葡萄牙人初来广州挑衅,被明朝官兵击败,声名狼藉。明朝严加防范,为什么他们就有机可乘了呢?《明史·佛郎机传》透露了其中一个奥秘。原来广东省文武官的"月俸(薪俸)多以番货代",广东地方官收入的相当一部分是用外贸物品的"抽分"(按比例向进口货物征税)来获取的。"至是货至者寡,有议复许佛郎机通市者。"严厉的海禁政策,"番舶几绝",使得进口断绝,财路也就断绝了。

1529年,两广巡抚林富(1475—1540)奏请准许佛郎机(葡萄牙)在广州贸易,原因是,"粤中公私诸费,多资商税,番舶不至,则公私皆窘"。他提出准许佛郎机互市有四利：第一，诸番常贡之外，原有抽分之法，稍取其余，足供御用；第二，两粤近年岁用兵，库藏耗竭，借以充军饷，以备不虞之需；第三，粤西素仰给粤东，小有征发，即措办不前，若番舶流通，则上下交济；第四，有利于解决百姓生计，小民持一钱之货，即得辗转贩易，赖此足其衣食；第四，助国裕民，两有所赖，此因民之利而利之，非开利孔为民梯祸也。林富以政绩优良、抗倭护疆著称，他的奏疏说的是实情。可见，葡萄牙之得以在澳门从事经贸活动，明朝广东地方官的支持，是重要原因。

也有人提出把在澳门经商的葡人迁往外海，对此，1614年两广总督张鸣冈（1535—1616）的意见具有代表性。他说：壕镜（澳门）在香山内地，官军环海而守，彼日食所需，咸依赖于我，若怀异志，我即可制其死命。倘若移之外洋，则巨海茫茫，如何监管？如何制约？他的意思是，在澳门，我们尚可掌控，迁移到外海，则难以控制了。这个意见获得了朝廷的同意。

总之，海外保教权使"征服"合法化，赤裸裸的物质利益和神圣的宗教使命变得难以区分，葡萄牙人因此进入西非、南亚、东南亚，但是，明朝中国依然难以侵犯，葡萄牙人被严格拒之于外岛。通过多方博弈与折冲，连蒙骗带利诱才租借了澳门小岛。

葡萄牙人入居澳门后，很快便形成以澳门为中心的海上贸易网络。这是当时最长的国际贸易航线。葡萄牙远东商业利益依赖于这条航线，它也是运送传教士、欧洲传教经费和欧洲珍奇物品，以及联系中国传教区与欧洲的通道。利玛窦等传教士无不是从这里进入中国内地的。

3. "佛郎机"在哪里？

《明史·外国传》有《佛郎机传》，佛郎机大体是指今日之欧洲。明朝官员从16世纪初就开始接触葡萄牙人、西班牙人及荷兰人，稍后还接触到以意大利人为主的耶稣会士，但似乎罕有人愿意费心追问，这些闻所未闻的国家究竟位处何方，只要知道它们"去中华极远"似乎就够了。不少人喜欢把这些国家在亚洲的殖民地视作该国本体，而且每当能够确认某个自称相隔万里的国家，原来就在东海或南海之中时，总会为很多人带来释然之感。

欧洲人万里扬帆来到中国，按理首先会直接冲击中国人的天下观、地理观，但事实上却并非如此。中国人的天下观中，于华夏之外，还有殊域远方，但是，多半在"化外之地"这种体认前就止步了。

葡萄牙在晚明被称为"佛郎机"（又写作"佛朗机""佛狼机"），这个名称从何而来，在中文记载中从无说明。不过，《利玛窦中国札记》等文献对此曾有一个解释，当葡萄牙人首次抵达广东沿海的小岛后，岛上居民叫他们为佛郎机人，这是回教徒给所有欧洲人的名字。这个词本来是 Frank，但由于中国话没有"r"音，就被念成 Fulanci（佛郎机）。

利玛窦这段话中提供的最有价值的信息是，这个称呼来自回教徒（想必是海上丝路传来的名字），由此可以把这个词同西亚地方称呼希腊—罗马—欧洲的一个名词 Farang（元代文献中译称富浪、佛郎，明代的"珐琅"亦来自该词）联系起来。只不过利玛窦把 Farang 误会为欧洲语言中的现成词汇 Frank（法兰克）。19世纪来华新教教士艾约瑟提供了另外一种猜测，即波斯人最早用"拂菻"（Fū lín）一词称呼欧洲人，后被阿拉伯人与 Franks 混淆起来。但他没有说明波斯人使用的 Fū lin 来源于哪个词语。

佛郎机在哪里呢？明朝人在著述中提到佛郎机的不下四十人，可是提到佛郎机地理位置的仅寥寥数人，还各有分歧。有人含糊地称其来自"西海"，或更笼统地称为"海夷"。曾任广东提刑按察使的汪鋐，是第一次击退葡萄牙人进犯的功臣，他在《题为重边防以苏民命事》中，称其为"西北极边强番"，定位是佛郎机在满剌加附近或爪哇附近。嘉靖年间（1522—1566），严从简则更进一步将它对应为喃勃利国，即郑和下西洋曾经过的位于苏门答腊西北的南巫里国。更有人推测"佛郎机亦大食之邻境也"，因为第一，历代史传并无佛郎机国之名，只有拂林国，佛郎机或即拂林；第二，史载大食国来贡马时不拜有司，佛郎机人来京，对礼部官员也不跪拜，两处远夷脾气这么像，可见相去不远。

显然，从明朝人的记录中完全无法知晓葡萄牙人来自哪里。嘉靖末年，中国人已经听说了葡萄牙的正确译名"蒲都丽家"，当时葡萄牙人以此名要求通贡，这说明葡萄牙人在努力让中国人对自己有正确认识，试图甩脱"佛郎机"这一对他们而言颇为莫名其妙的名称。谨慎的中国官员正确地判断，"蒲都丽家"就是佛郎机，拒绝其贡市要求，但他们对葡萄牙的认识并未由于这个新名称有任何改变。

葡萄牙人的外观不同于华人，也不同于东南亚诸国，明人记录中在这方面表现出较强的好奇心。明朝人笔下的葡萄牙人外貌比较一致，身长七尺，高鼻深目，猫睛鹰嘴，面貌白皙，卷发赤须。有人注意到他们以白布缠头，如回回打扮，这完全符合中世纪晚期到大航海时代葡萄牙人的服饰特点。

明人反复记载佛郎机人烹食小儿的恶俗。正德、嘉靖之间（1506—1566）的东莞人王希文，视此为佛郎机人入贡不成又擅留广东后的诸多恶行之一。严从简《殊域周咨录》是记载明代交往各国和民族地区状况的著作，对佛郎机人在广东如何以一百文金钱购买一名小儿和活烹小儿的惨烈过程加以详细描述。万历状元、著名学者焦竑还把"买食"改为"掠食"。严从简另外列举两个有食人习俗的海外国家,古之狼徐鬼国及爪哇之先鬼,而佛郎机就在爪哇对面,所以食人也算不得怪事,甚至在佛郎机人那里,食小儿还是王室特权。比较例外的是,万历年间(1573—1619)的张燮《东西洋考》对此类记载提出过疑义,"然今在吕宋者却不闻食小儿之事"。总之,中国人传统的蛮夷观念,再加上葡萄牙人在南洋四处征讨逐利的恶行,经海外华商和贡使传至中国,叠加而构成了"佛郎机"的野蛮形象。

茅瑞征《皇明象胥录·佛郎机》记载佛郎机人衣着和日常习俗,较为真实,如地位低者见地位高者需脱帽致敬,饮食不用匙箸(用刀叉),婚娶时女方需支付大笔嫁妆,在佛(天主)和僧(神父)面前举行婚礼,入殓时无棺椁(截至17世纪,普通欧洲人仍习惯用布匹缠裹后下葬,棺材仅供运送遗体),见面问候时弯臂至肩部。

佛郎机风物,以火铳最为知名。葡萄牙人首次出使不成,赖在东莞,那时人们就知道他们有一种厉害的火铳,每发铳,声如雷。自嘉靖初年守备广东的汪鋐,命人求取制作之法并成功仿制以来,它更成为晚明军队的主角和文人笔下的爱物,提到佛郎机铳的文字不可胜数。

西班牙人在明朝,也被归为"佛郎机",西班牙人在吕宋(今菲律宾)的作为更强化了明朝人从葡萄牙人那里形成的"佛郎机"印象。《明史·外国传》:"时佛郎机已并满剌加,益以吕宋,势愈强,横行海外,遂据广东香山澳,筑城以居,与民互市,而患复中于粤矣。"

明人没有"西班牙人"的概念,只知道他们是一群同吕宋互市,并逐吕宋国主取而代之的佛郎机人;知道现在的吕宋与从前的吕宋,地虽相同,国已不同。佛郎机人以诡计占据吕宋,初与吕宋互市,以黄金为礼,向吕宋国王请求一块牛皮可覆盖的地方以供盖屋,吕宋王许之。孰料佛郎机人把一块牛皮剪成细条,连成长条,圈围出一块非常大的地盘。吕宋王知道中计,却也不便反悔,只好应允。起初,佛郎机人每月缴地租。但随着他们在定居地筑起堡垒置妥城防,便开始围攻吕宋,杀其王而夺其地,于是吕宋成为佛郎机属国。佛郎机国王派大酋镇守此地，数岁一易。这个故事与古代腓尼基人在迦太基求地定居的故事一模一样，但不知在吕宋是否当真发生过此事。

因为明朝人把西班牙人也视为佛郎机，所以在介绍吕宋这群占领者的外貌与风俗时，基本重复有关佛郎机人的内容，比如身长七尺，猫睛鹰嘴，须密卷如乌纱，发近赤，面如白灰；性贪婪好利，为行商靡国不至，至则谋袭人；婚姻由僧人（神父）决定；死后盛入布囊下葬，遗产半入僧室。不过，也提供了一些新信息。如张燮在《东西洋考·吕宋》篇提到，人死后葬于寺中，并强调其国僧人权重，凡遇大事，酋就僧为谋，凡有人被判死罪，僧人诵经劝之首肯，然后行刑。次一级刑罚是拘足（强行使腿弯曲），中罪用拘，轻拘一足，重则拘两足。张燮还提到该国僧侣借妇人来忏悔之际肆意轻薄，这是明末很多人对天主教僧侣的一种普遍印象。何乔远《名山藏》对佛郎机的宗教终于提供了切近的信息，"其人敬天，称天曰寥氏"。专家研究表明，"寥氏"乃西班牙文天主 Dios 一词的闽南语对音。

明朝人很明确地把占据满剌加（15 世纪在马六甲所建的王国）、遣使中国又强留广东的佛郎机，同占据吕宋的佛郎机视为来自同一个国家的同一群人。除毫无例外地将占据吕宋之人称为佛郎机、称吕宋为佛郎机属国之外，又如张燮谈吕宋佛郎机时称其在中国香山盘踞已久，《明史·外国传·吕宋》除谈及此点，还称佛郎机先后灭满剌加、巴西、吕宋三国，称霸海上。那么，明人为何将葡萄牙人和西班牙人视为同一群呢？除了直观所见长相习俗几乎一样之外，恐怕还是因为"佛郎机"是回教徒对欧洲人的通称，而明朝人有关这些欧洲人的信息最初皆来自大多信奉伊斯兰教的东南亚诸岛。

事实上，随着明朝开始与葡萄牙和西班牙直接接触，人们已经听说了这两个国家更准确的名称。葡萄牙人在嘉靖末年以"蒲都丽家"之名与明朝官府接触，"蒲都丽家"就是 Portugal 的有偏差的译音。而万历年间的张燮与何乔远提到吕宋佛郎机人属"于系腊国"，尤其是张燮引述的西班牙代理总督致福建巡抚书信，其中自称奉于系腊国王之命（或写作"干丝腊"和"乾丝腊"，而"于系腊"的"于"，恐是

"干"字之误)。可见,"干系腊"/"干丝腊"是西班牙对中国人的自称,而这个词正是 Castilla(卡斯蒂利亚)之闽南语译音。已经建立起一个横跨大半地球之 Hispania 帝国的西班牙人,对外仍喜自称卡斯蒂利亚国,以卡斯蒂利亚王国作为正统所在。但是这两则国名信息,并没有对明朝人产生任何影响,明末时人及《明史》编修者固执己见,认为他们属于一个国家"佛郎机"。至于为什么一个自称"蒲都丽家",一个自称"干系腊",《明史》编者认为是佛郎机人为遮掩自己的恶劣形象而故意改名,因此依然故我地一概名之为"佛郎机"。

需要补充一点,明朝人把葡萄牙人和西班牙人混为一谈,同西班牙一度吞并葡萄牙关系不大。首先,吞并发生在 1580 年,而西班牙人入侵吕宋在 1571 年,明人甚至记载了西班牙人先期占领菲律宾群岛的宿务(中文史料写为朔雾)小岛一事,此事发生在 1565 年,从 1542 年到 1580 年,两国在东南亚的敌对姿态十分明显。其次,即使 1580—1640 年被吞并期间,心不甘情不愿的葡萄牙人也在努力突出自己的独立地位,尤其是在远东地区。

总之,由于葡萄牙人和西班牙人在外观与行为上有种种相似性,同时又被与中国人接触较多的东南亚回教徒赋予同一名称,明朝人便无心再对他们详细区分。这表明,"佛郎机"在明朝人心目中既是一个地域名词和人群名词,更是一个形象名词,它除了包含"长身鹰嘴、猫睛白肤"这种含义之外,更突出的含义是贪婪、狡诈、残暴、好斗——亦即一种样貌较新鲜但品质照旧的蛮夷。至于他们的国家在哪里,如何来到中国,这一切对明朝人几乎没有意义,明朝人不只是满足于其对"蛮夷"的意象再次得到印证,也是让自己陶醉在文明华夏的幻境中。

4. 何处红毛番

红毛番是明朝人对荷兰人的称呼,因为他们须发皆赤,所以称为红毛,也称红毛夷,后来更简称红夷。明朝人通常认为红毛番与佛郎机接壤,自古不通中国,自称"和兰"(偶有人将"和兰"写作"利兰")。

既然明人多认为佛郎机在爪哇附近,那么与佛郎机接壤的和兰究竟在哪里呢?

能关心这一点的人寥寥无几。崇祯时任兵部尚书的万历进士熊明遇(1579—1649),曾模模糊糊地称其负西海而居,地方数千里。但他所理解的"西海"又是哪里却并不清楚。熊明遇还引述了几种其他意见,分别将红毛番对应为东汉末年赤眉(农民起义军,被刘秀所灭)的一支,又说属于唐太宗贞观年间曾出现的赤发绿睛之属,还有说倭属岛外所称之毛人国的。

万历朝曾出任首辅大臣的叶向高(1559—1627),有过指挥平定倭寇和驱逐荷兰人(红毛夷)的经历,他在《中丞二太南公平红夷碑》中,叙述南公(名居益)平红夷经过时,较为难得地提到,和兰国去中华数万里。清初流亡日本的朱舜水(1600—1682)在明朝末年就指出,和兰在中国之西北,是比汉代匈奴、大宛更西的西北,而且要经海路交通。从大的地理范围来讲,这种说法倒不算错。但是他将和兰与红毛视为两国,外加南蛮,以为三国在中国以西的海上鼎足而居。

《明史》本着惯用的调和之法,先说和兰地近佛郎机(《明史》坚持佛郎机近满剌加),而郑和七下西洋也未遇到过一个"和兰国",又说其本国在西洋，去中国绝远，华人未尝至。这似乎透露出在清初，《明史》编修者知道，万里之外的和兰在满剌加附近有个属国（殖民地）。不过，清朝初期的官员们多数认为荷兰国就在东南亚。

曾在康熙南书房行走的著名文士王士禛（1634—1711），就明白无误地说过，台湾海域向南可到荷兰。每一次荷兰使团都是由巴达维亚殖民当局与荷兰东印度公司共同组建，而荷兰使臣会明确声称，自己究竟是巴达维亚总督派来的，还是荷兰本土派来的。康熙在1667年接见时曾问过荷使：荷兰与巴达维亚相距多远？你们是谁派遣的使节？荷兰人坦率地回答说，使节是为荷兰国王效命的巴达维亚总督所派遣，以总督名义写的荷兰表文中也注明自己是印度地区的统领。

今日印度尼西亚首都雅加达，历史上称巴达维亚（Batavia，荷兰的罗马名），就是荷兰人起的名字，也是荷兰东印度公司的远东中心，当然建设这个城市的民夫主要是华人。清朝官员们一贯称呼巴达维亚总督为"荷兰国王"，比如，巴达维亚总督约翰·马绥克（John Maatzuiker）就被称为"荷兰国噶喽吧王、油烦吗绥极"（或径直称"甲娄巴王"）。这个"噶喽吧"或"甲娄巴"却不是荷兰语，是马来语Kelapa（椰子）的译音，此名是葡萄牙人初来此地建要塞时当地渔村的名字。所以，雅加达又称椰城，即本乎此。后来被伊斯兰教万丹王国征服改名查雅加达（Jayakarta，胜利之城），1619年荷兰东印度公司征服此地又命名为巴达维亚。

从明朝人的描述来看，红毛番与佛郎机长相没有重大差别，基本特征都是深目长鼻、毛发皆赤、身材高大。只是与佛郎机的猫睛不同，这群人是蓝睛或者碧瞳。万历间的《广东通志》又多提供了一点特征："其人衣红，眉发连须，皆赤足，踵及趾长尺二寸，壮大倍常。"但是，葡萄牙人和西班牙人没有因为红色须发被称为"红毛"，独独荷兰人得到这个名称，而18世纪时英国人也被中国人称"红毛"。这表明，明清中国人的人群划分标准随机而又多样。"红毛番"被与"佛郎机"区分开来，外貌恐怕不是主因，对语言差异的认知更无从谈起。当荷兰人与中国人接触之始便表现出与葡萄牙人的对抗，荷兰人

清代荷兰仕女俑

与葡萄牙人更双双强调彼此不同——荷兰人一到澳门便与葡萄牙人开战，葡萄牙人则想方设法让广东官府不要接纳荷兰人，而荷兰人转赴福建求市的要求就是，希望能与澳门的那群人享有同样待遇，凡此种种，使中国人知道这群人不是来自"佛郎机国"，需要一个不同的名称。为何偏偏用了"红毛番"？可能有偶然因素，当时有人提到，福建人因其赤发而称其"红毛番""红夷"，这个偶然产生的称呼，或许正适切于区分荷兰人与佛郎机人的需求，所以流传开来。

但是，红毛番与佛郎机终究长相相近，难免让明朝人觉得他们都是一类，明末著名学者张燮是福建漳州人，所著《东西洋考》，专门有《外纪考·红毛番》一节，他引唐初学者颜师古的话说："西域诸戎，其形最异。"因而发挥道："今胡人青眼赤须，状类猕猴者，其种也。一名米粟果、佛郎机，据吕宋而市香山。和兰心慕之，因驾巨舰横行爪哇、大泥之间……"在这位明末最前沿的南海研究学者看来，米粟果、佛郎机、和兰，是哪里不重要，要之，他们都是同一类形状怪异的西域胡人。

明朝人对红毛番的印象比较平实，没有像对佛郎机那般产生诸多怪谈，而大多数论述都是以张燮《东西洋考·红毛番》中所记为依据。

张燮谈到红毛番奉天甚谨并敬祀天主，在不了解罗马派与新教各派差异的情况下，这么说也不能算错。《明史》则径称其人悉奉天主教。张燮《东西洋考》记该国出产金、银钱、琥珀、玛瑙、玻瓈（璃）、天鹅绒、琐服、哆啰哖和刀，《明史》复述了这些物产。张燮又说，这个国家很富，喜好在海外经商，货不论华夷，只要红毛番喜欢，就高价购买，不计较价钱，所以华夷商贾都乐于与之交易，凡卖给红夷的货物价格都会被提高。这一点显然也成为其他人对红夷的突出印象，还有人特别提到红夷最喜欢的具体华货是缯絮财物。荷兰人或果然如张燮所说这般慷慨，那福建居民为何在海禁之中还乐于同强行上岸的荷兰人私下贸易就易于理解了。

明末著名学者沈德符（1578—1642）《万历野获编》有"红毛夷"专条，强调红毛夷"不甚为寇掠。亦有俘执解京者，大抵海上诸弁诱致取赏，非尽盗也。近且骎骎内徙，愿为天朝用，亦亘古未有之事。"言下之意，红毛番比起佛郎机温和而又友好，以蛮夷而论颇不寻常。张燮还介绍了红毛夷首领在东南亚的居处环境、饮食方式以及与华人的关系，对华人不尚武有轻蔑之心，但当华人与其他夷人争斗时又会帮助华人，似乎流露出他觉得红毛番比起其他夷人要好一些的意思。

明朝人注意到红毛番好佩剑，在船上如履平地，登岸后则行动不利，其上等好剑可值百余金。无独有偶，康熙六年（1667）之荷兰使团进献的刀剑，也令中国人过目不忘，据说此刀剑柔韧如带，其时的文坛领袖王士祯特为其赋诗一首。后来嘉道年间的赵慎畛在《榆巢杂识·英吉利刀》一篇也以类似语言描述过英国阿美士德使团带来的英国刀，并流露出服膺西洋人的冷兵器制造工艺。红毛番役使一群黑鬼为水手，他们行于海中如履平地。这表明荷兰人雇佣东南亚土著。但这群黑鬼或乌鬼的能力越传越神，张燮只说其善于游水，后来则传说其可潜水行数里，《明史》干脆将其演绎为入水不沉。

正如佛郎机铳令明朝人心向往之，红毛番的船与大炮也令明朝人念念不忘。张燮说，荷兰船长二十丈至三十丈，船体高为船长的三分之一，分为三层，船甲板宽五六丈，船板木厚二尺余，接合紧密。叶向高《中丞二太南公平红夷碑》形容其高大如山，当之无愧。还说其三十丈长的船上竖五桅，二十丈长的船上竖四桅，可能船有大小之分，桅杆相应有差。桅杆以鋈金固定，其中三桅挂布帆。桅上建瞭望台，亦可逢敌掷镖石，可容四五十人，以绳梯上下。舶上设铁丝网，外漆打马油，光莹可鉴。舵后有直径数尺的铜盘，译称"照海镜"，可以指引航路。这应当是指罗盘，但《明史·和兰》从字面上理解"照海镜"，称其能照数百里，听起来仿佛一面海上照妖镜。

荷兰船的船舱两侧凿出小窗，临窗放置铜铳，需放炮时，用机械装置将铳管推出窗门，放毕铳管自退。桅杆之下还有长二丈余、炮管直径四尺的大铳，此铳所发弹丸可洞裂石城、震数十里，不到紧急关头也不轻易施用。明人称，荷兰铳管皆铜铸，弹丸则是铁铸。谈荷兰风土的文章都会谈到荷兰的炮，而另有不少人只关心红夷炮，因为与红夷炮相比，明人费了不少力气掌握的佛郎机铳已成常技。沈德符自幼生长于北京，他在万历四十七（1619）或四十八年提到，红夷通市之后，明朝也得以使用红夷炮，并能仿制，虽然未能尽传其精奥，也已足为恃。能够仿制的主要是澳门葡萄牙人，当辽东战事紧迫之际，这些仿制的红夷炮发挥了不小作用。1620年，一艘荷兰船因追逐葡萄牙船而不慎在广东阳江县海域翻船，当年和1625年分两批打捞起船上的大炮，对明廷帮助颇大。

明朝人难免羡慕荷兰人的坚船利炮，但又忍不住要挑荷兰人的毛病，以表明虽然有所不如，中国也不足为惧。他们声称荷兰人所擅长"惟舟与铳耳"，其舟船因体型太大而不够灵活，可以击破；荷兰人又不擅打仗，因中国驱逐而被迫招募倭寇作为前锋。在福建数次挫败荷兰人后，可能加剧了这种印象。明朝人没有考虑到或是不愿考虑，来福建的都只是小支舰队，又是在陆地附近作战，荷兰船因此有所不利，明人的自信心却因此得以维护。尽管提到荷兰与葡萄牙在东南亚几国争斗情形的不止一人，但似乎只有福建泉州著名地方史志专家何乔远，在其名著《名山藏》中意识到，荷兰人称霸东南亚不可小觑，"其人器械精利，数往来海上，苦诸夷，独佛郎机与之角"。

5. 大西洋与欧罗巴

"大西洋"在明朝人心目中是一个国家,并且总与"欧罗巴"为同义词。"大西洋"的变相称呼还有"大西洋国""大西国"以及"泰西""极西"与"西海",不过使用后两种称呼时,基本不具有国家意义,仅指地理方位。

"欧罗巴"的变相称呼则有"欧海国"。明朝人搞不清"大西洋""大西国"与"欧罗巴""欧海国"的确切关系,如明末浙江嘉兴人李日华在《紫桃轩杂缀》中称"大西国在中国西六万里而遥,其地名欧海国"。出现这种误解的原因之一,是晚明士人总体上不关心更遥远的世界和新的地理知识,这在形成"佛郎机"和"红毛番"这两个概念时已经有充分表现。原因之二则是耶稣会士的刻意误导,他们把"大西洋"与"欧罗巴"塑造为一个整体的乐土,因为奉行天主教而物产富饶、和平强大。

利玛窦《坤舆万国全图》、艾儒略《职方外纪》对晚明士人的世界地理知识有明显影响,后者知道了郑和时代的"西洋"与欧洲所处之"西洋"不同;知道了传统上的西洋是"小西洋",利玛窦等人所来的"大西洋"距南海有三年航程。明末白鹿洞书院讲席章潢曾邀请利玛窦到白鹿洞书院宣讲西学,他在写《图书编·舆地山海全图叙》中感慨,中国至小西洋道途二万余里,自小西洋至大西洋仍有四万里,并推测自大西洋以达极西,恐怕还有不可以里计的广大空间。

不过,接受西方地理观的毕竟只是极个别人。在看过利玛窦的世界地图之后,士人们依然用古代四大部洲之说来统属西洋,似乎连质疑中国中心地位的念头都没有。与利玛窦接触的士人们虽然知道利玛窦来自遥远的西洋,但多数人对西洋与中国的实际距离不甚究心,同一时期就有二万里、六万里、八万里、十万里甚至几千万里各种说法,后来为艾儒略《职方外纪》作序写跋的士人又有九万里之说。对数据精确性的漠视也可以看作对新地理知识缺乏兴趣的一种表示。曾与戚继光打击倭寇,并且与利玛窦在南京有过交往的安徽歙县人方弘静,在《千一录·客谈六》中说,利玛窦自称来自欧罗巴国,其国在南海中,与西洋佛郎机国相近,浮海至中国海岸约八万里。若把欧罗巴理解为意大里亚,则与佛郎机—伊比利亚半岛相近原本不错,可是一在南海,一在西洋,又如何能相近?倘若是郑和时代的南海与西洋,倒是相近,但这样又意味着方弘静不了解"大西洋",则也就没明白欧罗巴和佛郎机真正在哪里。明末上海人、《明经世文编》主编陈子龙,把泰西对应为古书中之"大秦",因为泰西的位置、物产以及择贤者为国王的方式都与大秦相似。如果把大秦的范围理解为罗马帝国疆界,则陈子龙的推测有正确之处。可是要注意,他如此推测的重要依据是,自古相传的"大秦"人物、风俗、物产皆有类中华,而泰西也有着此种特点。所以,这并不意味着欧洲人带来的世界观和地理观对他有多大影响,除了他接受了纬度的观念。

艾儒略在《职方外纪》中已经郑重声明"天下第二大洲名欧逻巴……共七十余国",但这种纠正看来起不了实际作用,明朝士人就是喜欢把耶稣会士们的所来地笼统称为"泰西""西海""大西洋国""大西国"。直到《明史》的编修者才较为负责地指出,意大里亚(Italia)、热而玛尼(Germania,日耳曼)、依西把尼亚(Hispania,即西班牙)、波而都瓦尔(Portugal,葡萄牙),皆欧罗巴洲之国,并分别为晚明著名的耶稣会士划分国籍。晚明士人与《明史》编修者似乎都倾向于把耶稣会士代表的群体同依恃大船利炮经商行劫的那群人区分开来。这与耶稣会士的自我形象塑造有重大关系。

"泰西""西海""大西洋国""大西国"这些称呼实为耶稣会士

惯用的自称之名，如《西国记法》中署名"泰西利玛窦"，《职方外纪自序》中落款"西海艾儒略"，庞迪我和熊三拔在奏疏中自称"大西洋国陪臣"，《熙朝定案》题下为"远西臣南怀仁谨奏"，《不得已辩》自叙"极西耶稣会士利类思著"，方弘静称利玛窦在万历二十七年（1599）对他自称欧罗巴国人等等，不一而足。除此之外，利玛窦等人一直着意强调欧洲各国在制度、文化、信仰上的共性，强调一个在面积、历史和文明程度上都可与中国媲美的"大西洋"或"欧罗巴"。于是，传教士出于方便权宜、中国人出于观念执固，都更愿意使用"大西洋国"这类称呼。

《职方外纪》是第一本用中文写成的世界地理著作，较为详尽地介绍了各国风情、世界地貌、文化物产，以对欧洲的介绍最详细，而艾儒略有意借此塑造欧洲的理想国形象。其实在艾儒略之前，利玛窦早就令很多人相信"大西洋国"是一片治道大行、安宁有序的乐土。当然也有人略为存疑，如方弘静说，该国制度风俗若果如利玛窦所言，则当真三皇五帝之世亦不能及，不过谁也没有办法证此说真伪。

《职方外纪》在中国流传很广，受到中国士人高度重视，但士人们把它置于什么地位，就不好一概而论了。在对《职方外纪》进行高度评价的几篇序言中，在在流露出此书之令人不可思议的谈论了，因为它记载了许多中国旷古未闻之人与事。这些作序者们知道，如此之书很容易被一般士人目为齐谐志怪，所以他们（尤其是奉教人士）又设法极力预防，强调书中所言都是言而有征的，并提醒读此书者不可浅尝辄止、买椟还珠。这样一些序言充分体现出当时士人对新知识充满矛盾态度，一方面深信欧罗巴的良风善俗，一方面对古书不载的地理知识充满疑窦。

然而，"大西洋"这个国家对晚明多数士人更深刻的印象，恐怕还是出产奇巧物品和奇人异术。在留存至今的不少笔记文中都有晚明士人比较热衷谈论耶稣会士的记录，最令他们津津乐道的，是耶稣会士的传奇生活和他们带来的罕见物品。

首先,他们感慨于耶稣会士慷慨好施,钱米似乎取用不尽。沈德符《万历野获编·利西泰》言利玛窦"性好施,能缓急人。人亦感其诚厚,无敢负者";袁中道《游居柿录》记利玛窦"所入甚薄,而常以金赠人"。顾起元《客座赘语·利玛窦》称利玛窦常留人吃饭,其所供之饭"类沙谷米,洁白逾珂雪,中国之粳糯所不如也"。谈迁《北游录》亦载汤若望赠其东道主朱之锡西洋饼,并述其制法。

由不同寻常的慷慨和优渥生活又推想这群耶稣会士一定身怀异能。最常见的猜测是善于炼丹、炼金,沈德符、袁中道、谈迁、姚旅都有这种言论。哪怕有耶稣会士明确告之,其日用来自家乡的供应,士人们仍以为这是托词。还有一类猜测是耶稣会士有养生驻颜术,如李日华《紫桃轩杂缀》对利玛窦的判断,"玛窦有异术,人不能害,又善纳气内观,故疾孽不作。……玛窦年已五十余,如二三十岁人,盖远夷之得道者"。

其次,他们为耶稣会士展示的奇巧器物而叹为观止。如谢肇淛、顾起元、冯时可、方弘静都称赞自鸣钟走时准确与结构精巧。李日华提到利玛窦的另一种奇巧计时工具,一只状如鹅卵的沙漏,"寘沙其中而颠倒渗泄之,以候更数"(《李日华集》)。方弘静提到利玛窦带来的铁弦琴和耶稣画像,以为它们与自鸣钟都神奇万分,慨叹宇宙之广大,固非耳目之所限(《千一录》)。刘侗、于奕正在《帝京景物略·天主堂》中把耶稣会士带来的天文仪器、计时仪器和乐器加以详细罗列,值得注意的是把它们统统归为"奇器"。谈迁《北游录·纪邮上》记汤若望园中以机械装置取水的喷泉,又在同书《纪闻上·汤若望》中对汤若望一只莹然如水又能凭空现花的玻璃瓶备感新奇,听起来像是盛装某种化学药剂的瓶子。王士禛《池北偶谈》惊奇地记载了,他与南怀仁来往时,看见一只以显微方式绘画,并要以放大镜看画的玻璃器。然而,这些士人真的只是叹为观止,没有人关心上述器物如何制成和如何运行;还有人坚持认为中国人自来比西方人更巧,如福建莆田才子姚旅《露书》,谈到利玛窦的自鸣钟后,先说海澄人已能仿

传教士献的自鸣钟

制,又说,"人谓外国人巧于中国,不知宋蜀人张思训已为之,以木偶为七直人以直七政,自能撞钟击鼓矣"。

最后,他们对质地精良的文房物品爱不释手。利玛窦所携书籍之精良,纸张被王肯堂、顾起元、李日华等人评为"白色如茧,薄而坚好,两面皆字,不相映夺。……受墨不渗,着水不濡,甚异之","如今云南绵纸,厚而坚韧,板墨精甚","如美妇之肌,不知何物也。云其国之树皮制,薄之如此耳"。沈德符在《飞凫语略》中还提到利玛窦带来的书籍质理坚莹,却是旧布所制,因此觉得很神奇。想来应该是羊皮纸。西洋书籍装订精美也为士人所乐道,顾起元《客座赘语》谓,"其书装订如中国宋折式,外以漆草周护之,而其际相函,用金银或铜为屈戍钩络之。书上下涂以泥金,开之则叶叶如新,合之俨然一金涂版耳"。赞美归赞美,也没有谁想到让中国的造纸印刷工匠与大西洋技术沟通一下。

大西洋国对晚明士人有很大的吸引力。他们认为大西洋人是一群拥有众多神奇物品,又身怀黄白之术或驻颜长生之术的异人,是一群神秘而又有趣的人。让人觉得时间仿佛回到了佛教刚入华的年代。有猎奇之心本是人之常情，史书中记载的历代各国贡物，本就以本国不产的奇珍异宝为主，中国皇帝和各级官僚喜欢的也就是这些东西，而且欧洲人同样喜欢记录异域的奇风异物。无论耶稣会士还是外国使团，都常常要靠此类物品吸引中国士人、官员与皇帝的注意力。

晚明士人中流行长物之风。明代苏州文人文震亨撰著有《长物志》，是一部关于生活和品鉴的笔记体著作。所谓"长物"，即多余无用之物。猎奇于"长物"之心本为人之常情，可以理解。到了清朝也一样。康熙六年（1667）的荷兰使团中，最令中国人感兴趣的除柔韧如带的利剑之外，就是所谓荷兰马与西洋小牛，四匹马据说是稀罕的千里马，四匹白色小牛的特异之处则除了色白、有肉峰，还是微型牛，仅高一尺七寸、长二尺有奇，它们便由此赢得了王士禛的诗作。荷兰人历次都带来名目繁多的西洋纺织物（康熙二十五年的贡物中就有17种纺织品），显然有探询贸易前景之意，但最终被青睐的仅哆啰绒、织金毯、哔叽缎三种材料和质地令中国人备感奇特的产品。1686年，荷兰人无意中展示的钟表、小提琴和竖琴比体现荷兰工业实力的纺织品更令康熙皇帝着迷，可惜荷兰使团没有意识到可以借此谋求与皇帝的进一步接触。

但是，也有一部分人注意到了大西洋国不逊于中华的诸多制度。在与传教士来往过的中国士人中，李日华和方弘静算是最早也很罕见地记录欧洲制度之人，但所谓欧洲制度，实际仅是罗马教廷的制度。李日华是在利玛窦定居南京不果而改定居南昌的这段时间结识利玛窦的。方弘静在南京结识利玛窦，从其论及利玛窦购买屋宅来看，是在利玛窦第三次亦即最后一次来南京之时，所以比李日华晚几年结识利玛窦。

《紫桃轩杂缀》记载："大西国在中国西六万里而遥，其地名欧海国，列三主，一理教化，一掌会计，一专听断。人皆畏听断者，而教化、会计独其尊等耳。旁国侵掠亦听断者征发调度，然不世及，其人素有望誉，年过八十而有精力者，众共推立之，故其权不久，而劳于运用，人亦不甚歆羡之。"利玛窦并未记录与李日华谈话内容，这里的教化、会计、听断三者各自所指尚难断定。清朝文献通常将罗马教宗称为"教化王",但此处所叙之"听断者"大权独揽且推举有声望之人担任,却更像教宗。"旁国侵掠亦听断者征发调度"一条与教宗组织十字军东征颇相吻合。而且李日华对"听断者"的描述与艾儒略《职方外纪》中对教宗的描述也很相近:"教宗皆不婚娶,永无世及之事,但凭盛德,辅弼大臣公推其一而立焉。欧逻巴列国之王虽非其臣,然咸致敬尽礼,称为圣父神师,认为代天主教之君也,凡有大事莫决,必请命焉。"若听断者果是教宗,则教化者可能是指教廷传信部负责人,能构成三足鼎立的另一个教廷部门理应是国务院,不知为何此处出现的是属于办事局的掌会计之主。以利玛窦扬教之心,李代桃僵,将教廷机构作为欧洲的统一领导机构、构筑出一个可以与中国朝廷相对的欧洲"朝廷",这显得合情合理。方弘静也记录了教宗制度,以及教宗有权征伐反对天主教的属国:"国不知所谓儒佛,自有经书,能通晓其书有行者举在位,在位者率不娶,王世禅众所推也,故无无道者。属国有改行者,王即移文革之,不必征伐。"方弘静在《千一录》中认为这样的国家听起来的确处在黄金时代,只是不知利玛窦所言属实与否。

　　李日华亦略记大西洋出产犀象虎豹,也有稻麦菜茄,但居民主要以捕猎为生,由是将其归为蛮荒游牧民族一类。但艾儒略在《职方外纪》中强调,这是块农业经济发达的土地,西北欧诸国土地虽薄,但富产牛羊鹿鱼,绝没谈到犀象虎豹之属。也许是利玛窦没有专心对李日华讲述欧洲风物,李日华则出于自己的文化优越感发挥了一些想象。方弘静的记载更可信一点,称该国出产黍粳梨栗与诸禽兽,与中夏之出产相类,这表明他承认该国物产和农业状况与中华相近。方弘静还提到大西洋国海中盛产一种鱼,为中国所无,这种鱼的骨头频繁用于"栋宇轮舆",这说的恐是鲸鱼。鲸鱼骨在欧洲被广泛用于服装需支撑造型的部分,还用于制作伞骨、马车鞭子以及一种附加支撑缆索的弓(cable-backed bow)。但是鲸鱼骨不是直接用于制建筑物和车轮,方弘静所言又有些偏差。

6. 非我族类与华夷之别

与"大西洋"为文明礼仪之蛮夷不同,在明人的印象中,"佛郎机"是一群彻头彻尾的野蛮人,残暴、狡诈、好斗,经常给中国人制造麻烦,但又仰赖天朝供给。"红毛番"是一群较为野蛮的人,不过造成的麻烦较少,在经商方面又慷慨大方,对天朝较为驯顺。但又不如"大西洋"那样知书识礼、歆慕华风。于是,"佛郎机""红毛番""大西洋"这三个名词分别代表了三种西人形象,它们虽然与族群和地域有所关联,但内在的区分依据并非族群或地域,而是华夷之别,与华人最靠近的是一群人,离得稍远的是一群人,离得最远的又是一群人。其中,对"大西洋人"的认知最能反映这一点。

"佛郎机"和"红毛番"的奇怪外貌,都反复出现在晚明士人的记录中,因为异形异种的外貌,在国人看来,向来是蛮夷身份的显著标志之一,然而"大西洋人"的面貌从来不是士人笔下的要点,尽管事实上"大西洋人"的长相,在中国人眼里实际与佛郎机、红毛番相差不大。在众多论及利玛窦的晚明笔记中,提到利玛窦长相的屈指可数,至今只见顾起元《客座赘语》、方弘静《千一录》以及刘侗、于奕正《帝京景物略》有此描述。顾起元较详细,"面皙,虬须,深目而睛黄如猫",《帝京景物略》所言类似,方弘静只说他"貌稍似色目人耳"。《帝京景物略》的作者未曾见过利玛窦,那意味着与利玛窦交游过而又留下记录的人,只有两个人描述了他的长相。对于其他耶稣会士,晚明士人也鲜有面貌描述。这不是一件可怪之事吗?不只如此,在提到利玛窦长相时,一定会更多地提到他儒服汉语。顾起元简单说利玛窦"通中国语"，方弘静则赞扬他"入中华未甚久而儒服汉语，楚楚佳士"，《帝京景物略》中讲到利玛窦努力效仿中国衣冠礼仪。而那些不描述利玛窦长相的人，也会强调他的华化作风，如李贽介绍利玛窦，就没有丝毫及于其形貌，只是赞扬他负笈十万里观光上国并热心学习中华文化。李之藻《请译西洋历法疏》向朝廷推荐耶稣会士编译西洋历法时，对他们的介绍也着意强调"慕义远来……久渐声教，晓习华音"。

"大西洋人"因为具有文化上的共同性——不仅颖异博识，还积极学习中华诗书礼仪，而被归为同一个国族，所以姚旅称罗华宗（即罗儒望）与利玛窦同国人——同为大西洋国或欧罗巴国，事实上罗儒望是葡萄牙人，利玛窦是意大利人。且不说晚明人的记录中不体现欧罗巴内部的划分，《明史》接受欧罗巴内有多国的观念并为诸西洋远臣划分了国籍，但是来自西班牙的庞迪我和来自葡萄牙的阳玛诺绝没有被与"佛郎机"联系起来，他们的国籍分别按西、葡两国名称的译音，称为依西把尼亚和波而都瓦尔。而"佛郎机"之名和这些音译国名，前者被用于经商、出使、骚扰海疆的葡、西国人，后者被用于葡、西国的耶稣会士。明朝人不自觉地用文化来区别想象的异邦。

当明朝士人认清耶稣会士宣扬西方优于中土，并试图以夷变夏时，蛮夷面貌立刻成为文化上之异端的一个表征而受到重视，之前被有意无意选择性忽略的人种相貌，就成为一个被质疑的问题。比如崇祯年间，蒋德璟在《破邪集序》中质问耶稣会士："若吾儒家性命之学，则畏天敬天，无之非天，安有画像？即有之，恐不是深目高鼻一浓胡子耳！"万历四十四年（1616）南京反天主教事件中，礼部侍郎沈㴶干脆把"大西洋"等同于"佛郎机"，而试图彻底颠覆大西洋人的形象，目的是揭穿其虚伪狡诈。沈㴶《南宫署牍·参远夷三疏》中针对意大利籍耶稣会士王丰肃的一段话，体现了两个值得关注的论证逻辑：第一个，佛郎机＝吕宋＝大西洋，王丰肃既是佛郎机人，自然是一狡夷，亦即人群划分与群体归类的根本依据是品性，而一旦这种归类体系形成和被认可，则它又可以作为证明工具——倘要有力地论证一个人或一群人品性不端，只要论证其从哪里来就可以了。第二个，"大西洋"是一个杜撰概念，倘有人将中国附近的地方谎报为几万里之遥，那自然是心怀别意，即通过神化其出生地而神化其人。

明朝人还知道了一个叫"如德亚"的地方，此地是耶稣会士所言之天主诞生地，耶稣会士还将此地对应为中国古书中的大秦国与拂菻国。对此，中国士人没有对如德亚与大秦或拂菻的位置关系稍置可否，而比较敏感于如德亚在耶稣会士的叙述中有六千年历史、绵延不绝的史书记载并且是天主肇生人类之邦，这种说法引起的基本反应就是"诞谩""荒谬"。

第六章

神圣的边界

　　由于新航路的发现，欧洲商业殖民势力及传教士东来，中国与欧洲的关系便成为中西关系的主要内容。在跟随西方商业殖民势力来远东传教的教会中，1540 年成立的耶稣会做得最为成功。西班牙贵族沙勿略（Francis Xavier，1505—1552）发现东方民族特别崇拜中国的文化，遂决定去中国传教，由于明廷严厉的海禁政策不得入内地传教，1552 年因病死于距广东台山县约 10 公里的上川岛。

　　就在沙勿略去世的那一年，利玛窦（Mathieu Ricci，1552—1610）出生于意大利中部的一个贵族家庭，他把一生中最好的年华，献给了在中国的传教事业，他的墓地就在北京阜成门外的二里沟。

1. 神圣的边界：想起了利玛窦

2015年初，围绕《查理周刊》漫画所引发的危机，隐藏着一个不容回避的事实：西方坚持言论自由的神圣性，与伊斯兰世界先知不可亵渎的信仰神圣性，发生了直面冲突。德国总理默克尔1月15日在联邦议院的演讲中发问：为什么谋杀者在制造袭击事件时，要援引伊斯兰教义？同一天，罗马教皇在表示捍卫言论自由的同时，明确表示：你不能挑衅，不能侮辱他人的信仰。可是，英国首相卡梅伦却公开回应教皇说，在自由社会，可以侮辱他人的宗教信仰，言论自由神圣不可侵犯。

究竟是对穆罕默德先知的信仰更神圣一点？还是言论自由更神圣一点？每个族群所坚持的"神圣"性，是否有边界？前不久在三亚，与朋友聚会，朋友的丈夫是欧盟官员，法国人，我这样问他。他给我说了一句他小时候孩子们玩耍都会说的俗语：My liberty stops where your liberty starts.（我自由的边界，正是你自由开始之处。）显然，神圣是有边界的。无论信仰如何神圣，也不能成为恐怖袭击的理由。无论言论自由如何神圣，也不能成为无端冒犯他人信仰的根据。

于是，不由得使人想起了利玛窦。今年（2015）是利玛窦在北京病逝405周年，不由得想起他在面对异域文化时所经历的曲折，所采取的态度……

利玛窦初次来到广东，踏上中国的土地，矢志要将上帝的福音，向这个幅员辽阔而又人口众多的国家传播。他碰到的第一个麻烦，就是如何向中国人讲清楚"God"这一人格神的上帝。汉语中哪一个术

耶稣会传教士利玛窦

语可以表达天主教中的"神",而不至于走了样?

早在公元 1 世纪,基督教传入古希腊—罗马世界之时,这个问题曾经出现过。但是经历了宗教改革之后的罗马天主教,对其信仰的纯洁性不容许丝毫亵渎。利玛窦最早使用释道儒三家文献中都出现的"天主"一词来指称 God。他在《天主实义》中用了几页篇幅,阐述"天"和"上帝",就是指他所布道的真神。此后,虽然经历了反反复复,但是用"天主"来移译 God(基督宗教的真神),得到绝对多数人的肯定。

利玛窦的另一个麻烦是,如何理解中国人的风俗习惯,特别是祭孔与祭祖的信仰。这些风俗习惯是否违背天主教的一神论信仰?中国人祭祖,在祖先牌位前,供奉着肉、水果、丝、香料,还要焚香、点蜡、烧纸。祀孔礼仪在文庙举行,也包括对孔子牌位叩头和上香。这些祭礼在天主教徒眼里几乎具有了宗教祭祀的所有外在形式,中国人甚至将牌位称为"灵位"。

利玛窦用心,也很务实。通过 20 年(1583—1603)的观察,他发现中国礼仪中某些关键因素,并不具有宗教含义。例如焚香和叩头普遍存在于中国社会,都是表示致敬的行为,那么对逝者或其牌位焚香叩头,也同样只是敬意。祭祖和祭孔仪式,无非是向父母和知识权威表达尊敬罢了。利玛窦认为,儒学是士人的一种生活方式,其中的观念和准则又通过士人影响大众。祭祖祀孔礼仪,是儒家教化行为之一,用祭祖来鼓励"孝道",是为了维护淳风化俗的社会秩序,就本质而言,是在执行有关"孝道"的功能,没什么或根本就没有迷信的色彩。

利玛窦对中国礼仪的态度,充分体现了耶稣会的人文主义精神和文化相对主义态度。利玛窦努力按照中国人的观念,理解中国礼仪,没有生硬地为中国符号注入欧洲式含义。他努力发现礼仪中是否有符合自然和理性的东西,从而能被允许,而不在于挑剔礼仪与天主教信仰的出入。为什么利玛窦这么"善解人意"呢?前提是他肯定中国文化的价值,并尊重中国人的权利。利玛窦这种"善解人意"的背后,不仅是他天资颖悟,更源于他内心有一份谦卑和敬畏,唯有对于中国文化的谦卑和敬畏,他才能站在中国士大夫的立场上来理解中国。这样的理解,被称为"利玛窦规矩"。

令人遗憾的是,当世俗的利益以神圣的名义掺入进来之后,情况陡然生变。先是新任福建宗座代牧、巴黎外方传教会派遣的教士阎珰,来势汹汹地指责"利玛窦规矩"违背天主教义:(1)中国人的"天"是指物质性的天空,无论如何不是天主教的神;(2)中国人绝不是耶稣会士所说的那样,崇拜唯一真神,中国儒士几乎都是无神论者,孔子是"无神论之王与博士",朱熹是毫无疑问的无神论者,中国皇帝则是当代的首席无神论者;(3)祖先崇拜就是迷信,因为中国人对他们的祖先有所祈求,崇拜孔子的行为也非常类似。

阎珰的指责得到了巴黎索邦(Sorbonne)神学院和罗马教廷的认可。特别是当在华宫廷传教士(他们曾帮助清政府,参与《中俄尼布楚条约》的签订)联名向康熙上书,请求裁示之后,问题急转直下。康熙皇帝的批复肯定耶稣会士理解正确,说:"这所写甚好,有合大道。敬天及事君亲、敬师长者,系天下通义,这就是无可改处。"

可是，当康熙批复的拉丁文译本，在1701年秋天送达罗马后，不仅没有解决问题，反而使问题更加糟糕。梵蒂冈极度震惊：耶稣会士竟然搬出一位异教徒国王，来判定宗教真理的是非！罗马方面立即派特使铎罗前往检阅中国教务，纠正"利玛窦规矩"的影响。

值得特别指出的是，法国人阎珰的指责和罗马教皇的震怒，表面上是为了捍卫宗教的纯洁性，其实不乏世俗利益在其中作祟。18世纪的葡萄牙已经衰落，法国崛起，梵蒂冈不甘寂寞，都不愿意把远东的教务完全拱手相让，任由葡萄牙主管。这才是他们给葡萄牙控制的中国教务"找碴"的背后原因。

康熙皇帝一连三次接见罗马使者铎罗，均不得要领。召阎珰来热河陛见，康熙发现，阎珰汉语水平很低，如何识得我"中华大道"！于是，下令禁教。至此，关于中国礼仪之争的性质已然发生变化，教皇认为中国皇帝僭越了他的权力，康熙也坚信罗马正在破坏他的国家的社会和政治制度。争论不再是单纯的神学和非神学、正统和异端这样的辩论，而是中西权势者面对面的一场政治交锋。

1939年，梵蒂冈发表谕令，同意中国教徒祭祖祭孔。这份迟到的宽容，晚了二百年。

从"利玛窦规矩"及其后的中西冲突中，我们发现，在利玛窦那里，"神圣"是有边界的。你"神圣"的边界，就是他人的"神圣"。不管是宗教信仰也罢，言论自由也罢，政治制度也罢，乃至人间真理也罢，其实都是有边界的。也就是说任何真理都是相对正确，相对神圣的。人类社会走到今天，凡是坚持自我"神圣"，否定他人"神圣"的，就会走向冲突，走向战争。凡是坚持自我"神圣"的同时，也认同他人"神圣"的权利的，就会走向和解共生，走向和平发展。我们要大声讲出这个道理，同时，我们自己也要践行这个道理。

德国哲学家哈贝马斯（1929—   ），被称为当代最有影响力的思想家之一。他年轻的时候曾经十分激进，但是他发现技术进步并不能解决生活世界的价值观问题，为此他提出的沟通行为理论，倡导人类行为的理性化，以便解决现实世界的社会危机。哈贝马斯有一段关于普

利玛窦墓碑。东侧为传教士南怀仁墓,西侧为汤若望墓
位于北京西城区车公庄大街路南　赵大莹摄

遍主义的名言,写在这里,对我们不无启发:"普遍主义究竟意味着什么?它意味着在认同别的生活方式乃合法要求的同时,人们将自己的生活方式相对化;意味着对陌生者及其他所有人的容让,包括他们的脾性和无法理解的行动,并将此视作与自己相同的权利,意味着人们并不孤意固执地将自己的特性普遍化;意味着并不简单地将异己者排斥在外;意味着包容的范围必然比今天更为广泛。道德普遍主义意味着这一切。"(哈贝马斯《现代性的地平线——哈贝马斯访谈录》,第137页,上海人民出版社)

2. 徐光启:"西学中用"的第一个版本

徐光启（1562—1633），上海人，明崇祯朝官至礼部尚书兼文渊阁大学士、内阁次辅。是中国历史上著名的科学家，其科技名著《农政全书》写进了中小学历史课本。这样一个内阁辅政级别的高官，在梵蒂冈的档案里，却是一名归化了的基督徒，教名 Paul，中文名字叫徐保禄。

徐光启归化天主了吗？法国学者谢和耐就不相信，我也不完全相信。那么，如何理解"徐保禄现象"呢？

徐光启生长的 16、17 世纪的江浙地区，已经不再完全封闭。西洋人在马六甲的活动、在澳门和珠三角地区的经营，带来了新气息，传教士就是深入内地传播新气息的使者。徐光启万历九年（1581）中秀才，二十五年中举人，三十二年进士及第。总体而言，科举功名之途比较顺利。

中举之前，徐光启赴广东韶州任教，结识了耶稣会士郭居静。1600 年，进士及第之前，他在南京与利玛窦有一面之缘。并于进士及第前一年即 1603 年受洗入教。徐光启与利玛窦合作翻译《几何原理》，给利玛窦的论著作序推介。1616 年的"南京教案"，徐光启挺身而出，作《辨学章疏》，不仅为耶稣会士说情说理，进而提出要全面翻译"天学"书籍，"凡事天爱人之说，格物穷理之论，治国平天下之术，下及历算、医药、农田、水利等兴利除害之事，一一成书"，若其中有内容荒谬悖理，不足劝善戒恶、易俗移风，可以即行斥逐，"臣与受其罪"。他还举出历史上的例子，秦穆公用西戎的由余，佐

利玛窦与徐光启

助秦成霸业；金日磾为来自西域之子，成为西汉的名臣。苟利于国家社会，何论远近呢？

显然，徐光启始终用务实的态度对待西方宗教与科学知识。明朝末年，由于"利玛窦规矩"的影响，儒耶之间并没有表现出严重的信仰冲突。天主教的意义，对于他而言，主要具有补益儒学，修身做人的实用功能，不具有宗教信仰的意义。

徐光启说利玛窦的天学"略有三种"，大者修身事天，小者格物穷理，另有一端"别为象数"。大者为修身事天的道德、宗教，小者为格物穷理的哲学、科学，其"余绪"则为象数。无不可以补足儒学在道德和政治层面、科学技术、个体救赎问题方面的短板。

《二十五言》是继《交友论》之后，利玛窦编译的一部伦理箴言集，内收二十五则短论，故取名"二十五言"。利玛窦自称，该书"只谈人内心的修养"。1604年徐光启为之作《跋》。徐光启感慨万千地说，"百千万言中求一语不合忠孝大指、求一语无益于人心世道者，竟不可得"。归根结底，徐光启仍是在儒学的框架内接受和容纳西学，通过借取他认为切实可行的天主教道德体系，"补益王化，左右儒术，救正佛法"。

在他眼里，天主教道德规范，因借助一种外在理性的监督，能迫使人实现约束内心，传教士的夸张性宣传，使他深信西方因尊奉天主教，而成为一片无悖逆叛乱的乐土。他比其他士人更热衷于以这种虚幻的西方乐土，补益儒学之不足。徐光启早年受阳明心学影响，而在思想中留下基于善疑的开放性，利玛窦附会古儒，以拒斥、批判佛老二氏和宋儒，这与徐光启拒斥佛老，痛恨明末空疏、虚浮的学风很相契。

徐光启除了肯定"其教必可以补儒易佛"，特别推崇的是其"格物穷理之学"，"凡世间世外、万事万物之理，叩之无不河悬响答、丝分理解，退而思之穷年累月，愈见其说之必然而不可易也"。"格物穷理之中，又复旁出一种象数之学"，包括物理、数学、几何等，"大者为历法、为律吕，至其他有形有质之物、有度有数之事，无不赖以为用，用之无不尽巧妙者"。徐光启自称，"生平善疑"，接触了"天学"之后，竟然到了"了无可疑"的境界。身为科学家的徐光启，对于西学中的科学技术内涵，表现出空前的热情，完全可以理解。

总之，徐光启是中国接触西方文明后，第一个设想通过引进"天学"，促进中国社会进步的人，是后世张之洞等洋务派主张"西学中用"的先驱，是"中体西用"的最早版本。

3.《职方外纪》所展现的世界图像

"坐井观天",是眼光狭窄,见识短浅之意。韩愈《原道》:"坐井而观天,曰天小者,非天小也。"晚明盛清时期,国人初次接触西方的世界图像之前,就如井蛙观天。

中国人的天下观,从地理空间上说,中华为中心,周边有四裔,并纳入朝贡体系。此外,就是遥远的"绝域"或者叫"绝国"。至于这个绝域何在?完全是一片混沌。战国稷下学宫的学者邹衍,号称"谈天衍",尽谈天下事,提出"大九州"之说,赤县神州之外,另外还有八州。历来认为不经。明朝末年,先是利玛窦携"万国舆图"(世界地图,又称《坤舆万国全图》)展示给国人,后有艾儒略的《职方外纪》,展现15世纪以来地理大发现的成果。

晚明首批与利玛窦接触的士人,虽然知道利玛窦来自遥远的西洋,但多数人对西洋与中国的实际距离不甚究心,同一时期就有人说二万里,有人说九万里、十万里,还有说几千万里的。直到艾儒略《职方外纪》问世,国人方有五洲概念。

艾儒略(Giulio Aleni,1582—1649),字思及。意大利人,1610年利玛窦去世那一年,作为耶稣会士来华,先到澳门,三年后到福建传教。1623年在杭州士人帮助下,他编译的《职方外纪》,是继利玛窦《坤舆万国全图》之后详细介绍世界地理的中文文献。艾儒略学识渊博,不仅精通天文、历算之学,而且通汉学、讲汉语,有"西来孔子"之称。《职方外纪》,共有"亚细亚总说""欧逻巴总说""利未亚总说""亚墨利加总说""四海总说"五卷。前有《万国全图》《五大

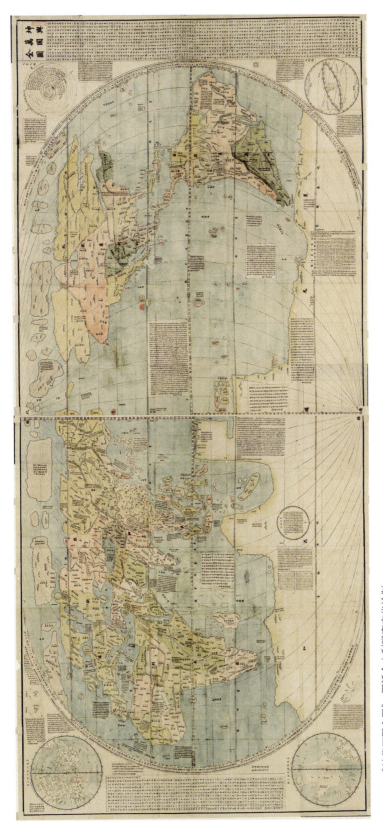

《坤舆万国全图》,耶稣会士利玛窦在华绘制
明代 南京博物院藏品

洲总图界度释》等，卷一亚细亚，介绍了"职方之所未载"的亚洲诸国，至于《大明一统志》等国人熟识的内容"不复赘"。卷二介绍欧逻巴，是"天下第二大洲"，"共七十余国"。卷三介绍利未亚（Libia），是"天下第三大洲"，"其地中多旷野，野兽极盛"。卷四介绍南北亚墨利加（南北美洲）和墨瓦蜡尼加（大洋洲）。卷五是《四海总说》，介绍各大洋的情况。最早的一些知识分子，因而改变了对世界的看法。

如瞿式穀《职方外纪小言》说，邹子九州之说，说者以为闳大不经。彼其言未足尽非也。天地之际，赤县神州之外，何只有九！"中国居亚细亚十之一，亚细亚又居天下五之一，则自赤县神州而外，如赤县神州者且十其九！"自以为中土即天下，此外尽斥为蛮夷，"得无纷井蛙之诮乎！"瞿式穀明确指斥传统地理观有如坐井观天，称中国不过是亚洲之一角，亚洲则只是天下五大洲之一。

艾儒略在书中还介绍了哥伦布（"阁龙"）等发现新大陆的情况，只是颇带传奇色彩。

"初，西土仅知有亚细亚、欧逻巴、利未亚（非洲）三大州，于大地全体中只得什三，余什七云是海。至百年前，西国有一大臣名阁龙（哥伦布）者，素深于格物穷理之学，又生平讲习行海之法，居常念天主化生天地，本为人生据所，……毕竟三州之外，海中尚应有地。""一日行游西海，嗅海中气味，忽有省悟，谓此非海水之气，乃土地之气也，自此以西，必有人烟国土矣。因闻诸国王，资以舟航粮糗器具货财，且与将卒以防寇盗，珍宝以备交易。

"阁龙遂率众出海，辗转数月，茫茫无得，路既危险，复生疾病，从人咸怨欲还。阁龙志意坚决，只促令前行。忽一日，舶上望楼中人大声言，有地矣！众共欢喜，颂谢天主，亟取道前行，果至一地。初时未敢登岸，因土人未尝航海，亦但知有本处，不知海外复有人物。且彼国之舟向不用帆，乍见海舶既大，又驾风帆迅疾，发大炮如雷，咸相诧异，或疑大神，或疑海怪，皆惊窜奔逸莫敢前。舟人无计与通，偶一女子在近，因遗之美物、锦衣、金宝、装饰及玩好器具，而纵之归。明日，其父母同众来观，又与之宝货。土人大悦，遂款留西客,与地作屋,以便往来。阁龙命来人一半留彼,一半还报国王,致其物产。"这是世界地理大发现在中国最早的系统记载。

类似《职方外纪》的作品后来还有一些。艾儒略1637年刊出《西方问答》,上下两卷分条介绍西方的风土国情,涉及有关地理地貌、物产、制度、礼俗、衣食、教育、文化、法律等方面的40多个问题。后来康熙向传教士了解西方风土人情,利类思、南怀仁等就节录《西方问答》相关内容,撰成《御览西方要纪》一书。1672年南怀仁还出版《坤舆图说》两卷,上卷为自然地理,下卷为人文地理,体例与《职方外纪》相似,分别介绍五大洲诸国道里、山川、民风、物产。

《职方外纪》被收入乾隆年间编纂的《四库全书》,纪晓岚总纂的《总目提要》云,"所纪皆绝域风土,为自古舆图所不载,故曰《职方外纪》"。在介绍了各卷内容后,又说,"所述多奇异不可究诘,似不免多所夸饰。然天地之大,何所不有,录而存之,亦足以广异闻也"。

张廷玉《皇朝文献通考》如此评论《职方外纪》,意大利人所称天下为五大洲,盖沿于战国邹衍裨海之说。夫以千余里之地名之为一洲,而以中国数万里之地为一洲,矛盾虚妄,不攻自破矣。其所述外国风土物情政教,反有非中华所及者!荒远偏僻,水土奇异,人性质朴,似或有之。所谓五洲之说,纯粹荒诞不经!

如此看来,一本书可以影响一些先进的中国人,但是要想改变国人的世界观,还是很有难度的。

就以《职方外纪》最详细介绍的欧罗巴而论,盛清时期,国人对有关"西方"或"西洋"的地理概念仍是稀里糊涂。欧洲国家来华使团也不断遭遇这种尴尬,最典型的是荷兰使团。清人对远在欧洲的荷兰国与历次派遣使团的巴达维亚(雅加达)殖民当局,总是搞不清,把荷兰在东南亚的殖民地看作荷兰本土,称台湾海域向南就可到荷兰。其实每一次荷兰使团都是由巴达维亚殖民当局与荷兰东印度公司共同组建的,而且荷兰人也无意避讳自己来自巴达维亚,但这似乎并无助于中国官员们记住,荷兰与巴达维亚是两个不同的地方。他们一贯称巴达维亚总督为"荷兰国王"。康熙六年（1667）荷兰使团带来的大马和小牛在中文记载中都被归于"西洋"或"荷兰"的物产，然而荷兰使节曾清楚地回答鳌拜等人，这些马和牛来自波斯和孟加拉。

艾儒略编撰的本意是通过《职方外纪》冲击国人的传统天下观念，从而接受上帝创造世界的宗教观点，从而进奉天主教，绝对不是炫奇鬻异来博取名声："若曰异闻异见，姑以炫耀耳目，则儒略何人，而敢于学海名区，呈此伎俩？是又与于玩物丧志之甚者也。"诸家序文更是强调"阅《外纪》则念大造生成之宏赐"。书中记载"裒奇荟异"之目的，乃"使人识造物主功化之无涯"，警醒"其锢习之迷，以归大正"。比如，该书卷一《如德亚》章介绍说，西洋国家"自天主降生垂教，乃始晓悟真理，绝其向所崇信恶教，而敬信崇向于一天主焉，所化国土，如德亚诸国为最先，延及欧逻巴、利未亚大小千余国，历今千六百余年来，其国皆长治久安，其人皆忠孝贞廉，男女为圣为贤，不可胜数"。以此来诱导中国人向往圣教。

但是，《职方外纪》传达的世界地理知识确实打开了国人的眼界。在版本的不断更新中（初刻本很难见，传世的有五卷本，有六卷本），其内容也有所更新，如卷一《如德亚》，该章的双行夹注云："古名拂菻又名大秦，唐贞观中曾以经像来宾，有景教流行碑刻可考。"景教碑的发现当在1625年，显然1623年该书初撰时不会有这一内容，理当是后来的版本中增入的。这在当时无疑是关于罗马基督教曾经在华传播的一则重大消息，作者自然不会放过，记入书中。

《职方外纪》印行200年间，国人多视之为西洋《山海经》或者齐谐志怪，直到鸦片战争后人家的坚船利炮打上门来，才如梦方醒。国门洞开，这部"以西洋人谭西洋"的著作，受到更多人的重视。林则徐所参考的《海国图志》已经充分吸收了其成果。有统计指出，该书引用《职方外纪》有33处，其篇幅约占《职方外纪》全部文字的八分之七。此外，晚清时期著名地理著作，如徐继畬《瀛寰志略》、梁廷枏《合省图说》、冯桂芬《校颁庐抗议》、何秋涛《朔方备乘》、姚莹《康輶纪行》等，也都关注和吸收过《职方外纪》的内容。光绪十六年（1890）薛福成出任驻英法意比四国大臣，随身携带的就有一本《职方外纪》。次年春，薛福成参观罗马以及彼得大教堂，他经常比照书中关于意大利的章节，作为游览指南。

《职方外纪》首用的地理词汇影响深远，如卷五说："地心最为重浊，水附于地，到处就其重心，故地形圆而水势亦圆。"此处"地心"以及北极、南极、经度、纬度、热带、温带、冷带（后改寒带）、人类、冰川等，都是由利玛窦、艾儒略等书首创，在洋务运动译书时被广泛借用，从一般名词变成专门术语的。

4. 国王数学家：来华耶稣会传教士

明清之际的三股政治势力都与耶稣会士发生了关系。李自成进北京时对传教士并未加杀害，张献忠在四川，神父安文思（Gabriel de Magalhaens）、利类思（Louis Baglio, 1606—1682）被招引出山。他们受命制作的天地二球曾受到张献忠的赞赏。而南明几个朝廷里，传教士尤为活跃。

建于南京的南明弘光政权中，毕方济（Framcois Sambiasi, 1582—1625）神父以弘光皇帝在河南藩邸的旧识，曾受命赴澳门向葡萄牙人请救兵。福州唐王政权的执政郑芝龙（郑成功的父亲）是一位教名为尼古拉的天主教徒，与毕方济交游亦笃。广西的桂王政权中，大臣瞿式耜与权臣庞天寿都曾接受天主教洗礼，施洗神父分别是大名鼎鼎的艾儒略与龙华民（Nicolas Longbardi, 1559—1654）。由于庞天寿的引介，传教士为宫中的皇太后、皇后、太子、妃嫔以及数以百计的官员人等施洗。在清兵的步步进逼下，南明朝廷寄希望的当然不只是上帝的庇佑，甚至想入非非地寄希望于澳门的葡萄牙人乃至罗马教廷的武装支持。庞天寿曾经从澳门方面获得百余门火炮，这无疑是杯水车薪。而持永历皇帝书信赴梵蒂冈求救的使节卜弥格（Michel Borm, 1612—1677），更是缘木求鱼。在清兵的打击下，十字架无论如何也挽救不了南明政权灭亡的厄运。

在清朝方面，1644年清兵占领北京以后，耶稣会士与前明遗老继续得到重用。这一年正好发生了一次日食，回回历官和汉人历官都不能准确地加以测算，而汤若望不仅预测到9月1日（清兵是6

耶稣会传教士汤若望

月 7 日进京的）的日食，而且推算出它在北京及其他城市的观测时间，于是，汤若望被任命为钦天监正，这是中央主管天文历法工作的最高官员。

汤若望（Jesn Adam Schall Von Bell，1592—1666）是德国莱茵河畔科隆市人，19 岁加入耶稣会。1618 年他 26 岁时起程来华，先在西安传教，后来奉召进京，崇祯朝已经因为其渊博的天文知识而受到重用，是《崇祯历书》的主要撰著者之一。清初顺治帝时期，改《崇祯历书》为《时宪历》，颁行全国。在任职钦天监正期间，汤若望还撰著了不少天文历法方面的书籍，或者与中国学者共同译述这方面的作品。他还身体力行设计、制造天文仪器，包括望远镜、天体仪、星高仪、日晷、圆规等，中国历史博物馆现在还收藏有一个他制作的小型象牙日晷。利用这些仪器，他与中国学者共同绘制了《见界总星图》。它突破了中国传统的制图方式，在恒星的测量推算、星图的形制和表绘上，都有创新意义。

由于汤若望的卓越才能，顺治皇帝对其宠信异常，先是封他为太常寺少卿，继而太常寺卿，最后加号光禄大夫，成为朝廷的显贵，甚至汤若望的父母、祖父母、曾祖父母也被加封通奉大人和二品夫人等。汤若望一再以自幼出家学道、誓绝婚宦为由推辞，但是仍然被礼部驳回"不准辞"。又按例准其"荫一子入太学"，汤若望不纳妻室，没有子嗣，只得收养一个"义孙"，取名汤士宏，令其入学。顺治帝曾经去汤若望的馆舍看望他二十多次，称他为"玛法"（满语"可敬的老爷爷"之意），在他逝后为他题碑："事神尽虔，事君尽职，凡尔畴人，永斯矜式。"意思是要人们以汤若望为榜样，学习他虔诚尽职，忠君事上的精神。

1662年，康熙即位。皇帝只有七八岁，朝政掌握在鳌拜等辅政大臣手里。当时爆发了一场所谓"历法之争"，把汤若望等教士投入了监狱。

事端首先由安徽歙县人杨光先挑起。还在1659年，杨光先就写了《摘谬论》《辟邪论》批评西洋历法，次年又上书礼部，说汤若望居然在《时宪历》上写上"依西洋新法"等字样，岂不是明目张胆地讲"大清奉西洋之正朔"吗？当时由于顺治对汤若望恩宠未衰，所以礼部将上书按下不发。1661年，顺治死于天花。1664年，杨光先再次上《请诛邪教疏》，罗列汤若望有潜谋造反、邪说惑众、历法荒谬三大罪。结果，汤若望及其晚年助手比利时传教士南怀仁（Ferdnand Verbiest，1622—1688）等均被下狱。

传教士们经过几度审讯，被指控的罪名是：汤若望出任钦天监正的职务，并不是要为大清王朝出力，而是企图借此更易于在全中国遍设教堂，更广泛地传播基督教；传教士认为伏羲是亚当的后代，中国的始祖来自欧洲，荒谬之甚；传教士还散布圣牌、圣像、十字以及教义问答手册，发展教徒，居心叵测，其目的在推翻清王朝；教徒均为其同党，教堂乃是其巢穴，甚至说在澳门已屯集三万武装力量。又有指控说，汤若望在选择某宗王安葬日期上，故意误用洪范五行，大不吉利，致使灾祸接踵而至,亲王夭折,其生母董妃旋即死去,接着顺治皇帝驾崩。这样的罪行,几同弑君,朝廷上下没有人再敢为汤若望辩护了。

康熙四年(1665),汤若望被宣布处以凌迟的极刑,南怀仁等七人被判处斩。恰好在这时,北京连续四天发生地震,而宣判的前夕,天上又有彗星出现,地震后宫中继以火灾,一连串的灾象说明了什么?康熙的祖母孝庄皇太后发布懿旨说:汤若望乃先帝之爱臣,当政大臣如此迫害先皇旧臣,致使上天降怒。坚持必须将汤若望等人无罪释放。

汤若望虽被开释,不久还是因病死去,钦天监正由杨光先担任。但杨光先制定的历法错误很多,以至于康熙八年的一年之中竟有两个春分两个秋分,不当闰年而有闰十二月。南怀仁发现这一情况立即成文上告。康熙帝这时正宣布亲政,有心铲除权臣鳌拜,而新旧历法之争正是一个借口。所以康熙接到呈文,认为打击鳌拜一伙的良机成熟,下令南怀仁与杨光先当场测验日影,先在观象台,后又移至宫中测试,继而又作天象观测,结果南怀仁的测试全部正确,而杨光先等则谬误很多。于是,杨光先被革除钦天监正,南怀仁先出任钦天监副,几年后任钦天监正,成为康熙的宠臣。

南怀仁曾陪同康熙出巡东北,在清朝同荷兰、俄国的外交谈判中充当中方翻译。他还曾为康熙讲授天文、数学与几何知识,为清政府平定三藩制作各种型号的火炮130多尊。对于南怀仁多方面的才能与贡献,康熙赞赏不已。康熙本人对自然科学的兴趣也日益增加。他写信请求西方世界派遣更多的博学多才的教士来华。于是就有法国国王路易十四派遣白晋(Joachim Bouvet,1656—1730)、张诚(Jean-Francois Gerbillon,1654—1707)等六名被称为"国王数学家"的传教士来华。

根据教会史专家的统计,西方来华传教士在康熙以前法国只有26人,康熙以后达到89人,仅次于葡萄牙而占第二位。1661年路易十四亲政后,对内加强王权,实行重商主义,对外积极争夺欧洲霸权,扩张海外势力。17世纪中叶以后,法国派到中国的教士增多,正反映了法国本身的这种形势。

1685年,白晋等六人奉路易十四之派遣乘船离开法国,途中几经

白晋《康熙传》书影

周折,除一人留在暹罗(泰国),其余五人于 1688 年 2 月抵达北京。康熙接见他们后,留白晋、张诚在宫中服务,洪若翰(Jean de Fontaney, 1643—1710)、刘应(Claude de Visdelou, 1656—1737)、李明(Louis Le Comte, 1655—1728)分赴陕西、上海等地传教。

白晋、张诚都是康熙的宫廷教师,受命为康熙讲授自然科学知识。根据白晋所著《康熙皇帝》,似乎他曾试图说服中国皇帝设立一个科学院,类似于法国皇家科学院的性质。白晋及洪若翰等人曾在中国进行有关科学考察,将科学观测报告寄回法国,而法国科学院则给他们这些活动以指导,或寄赠书刊与仪器等。张诚是《中俄尼布楚条约》的中方主要译员之一,深得康熙的倚重,白晋曾奉康熙之命出使欧洲。在他的努力下,一艘名为"昂菲特里特"(L'Amphitrite),载重量为 500 吨的法国商船于 1698 年远航中国。这是第一艘抵达中国的法国商船,不仅载来了马若瑟、巴多明(Dominique Parrenin,1665—1741)、雷孝思(Jean-Baptiste Regis,1663—1738)等后来在中西文化交流中做出了贡献的八名耶稣会士,而且满载了中国商品回到欧洲,成为中欧关系的友好使者。

5. 康熙与罗马教皇的交往

康熙皇帝与路易十四、罗马教皇都有直接或间接的交往。他请路易十四多派传教士来华,请罗马教皇允许传教士遵照"利玛窦规矩"继续留在中国。

17世纪末叶,耶稣会内部正为中国礼仪之争闹得不亦乐乎。核心内容是,中国教徒可以祭祖祀孔吗?康熙皇帝也被卷了进去,为此还与罗马教皇及其使节有一次激烈的交锋。

徐日升、张诚、白晋等在华耶稣会士,是曾经帮助大清朝与沙俄签订《尼布楚条约》的功臣,也是康熙皇帝在天文、历法、数学等自然科学上的老师。他们焦心于罗马教皇对于其在华传教事业的干预,特请示康熙帝,关于中国礼仪的问题。这个问题是,请皇帝证明,中国人祭祖祀孔之礼仪,无关乎宗教信仰。康熙慨然应诺,特颁发谕旨,确认耶稣会士理解正确。此谕旨被翻译成拉丁文,送到梵蒂冈,教皇大怒:我们宗教事务,岂容一个异教君王判断!并派出特使铎罗到中国去检查教务。

铎罗于康熙四十四年(1705)四月到达广州,同年12月14日抵达北京。12月31日首次觐见康熙皇帝。虽说是礼节性的,但双方为一些人事问题有不同意见。铎罗提出在北京设立总主管,管理全体教士。康熙当时没有答复,后来答复说,这位宗教事务主管,必须从在宫廷中服务了十年以上的传教士中选择。这不符合罗马教皇的意图,教皇之意要夺回在华传教的主导权。康熙提出在铎罗使团中选一人出使罗马,以报聘教宗。铎罗推荐的人选,康熙业已同意,后来发现此

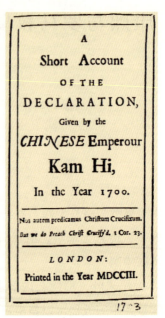

康熙 1700 年关于礼仪之争的谕旨

人不通中文,提出由宫廷耶稣会教士白晋为正使,铎罗推荐的人为副使。白晋曾撰写《康熙传》,深得皇帝信任。对此,铎罗很是不爽。由此可见,康熙意识到不通中文,不了解中国文化的传教士,很可能会坏了大清与西方的关系。

半年多以后,1706 年 6 月 29 日,康熙第二次接见铎罗,对于铎罗的目的已经有所警惕。康熙很关切教皇对他那道谕旨有什么回应。铎罗支支吾吾,不愿意正面回答。康熙不得要领,邀铎罗次日游览畅春园。

次日,在畅春园会面。康熙开门见山警告特使,不要干涉中国人的习俗,天主教须与儒学和谐共处,若反对祀孔祭祖,西洋人将很难再留居中国。铎罗无法回避,说天主教与儒学之间的冲突,他本人没有能力解释,福建宗座代牧阎珰,精通中国文献,可作详细解答。

阎珰是法国人,主持福建教务,不满葡萄牙耶稣会士在华的垄断地位,此时奉铎罗之命,早已来到北京,并被要求从儒家经典中摘录出他认为与天主教相抵触的内容。阎珰硬着头皮从"四书""五经"中摘录出一些章句，分列为 48 个命题，说儒家"太极"或者"理"不可能指天主教的神，中国皇帝祭祀天地、星辰、山岳等的行为与天主教相抵触。

康熙特地在热河召见了阎珰。阎珰摘录的文字，错误百出，康熙断定，阎珰完全没有能力解释中国典籍。现在他要当面测试阎珰，看看他对"四书"的熟悉程度，指着御座后的几个汉字，要阎珰识认。阎珰只会讲几句福建地方方言，既不能从"四书"中翻出皇帝要求的内容，几个汉字也只认得一个，见驾时全靠翻译。这水平与康熙身边的传教士，差别太大了。康熙指斥阎珰"愚不识字，擅敢妄论中国之道"。说阎珰不谙中文，却把不伦不类的译作发往欧洲，导致教宗误解中国教义。阎珰辩称他的中文的确不够熟练，但儒家经典也的确有不符天主教之处，他挑出这些内容寄给教宗，是将疑难问题都提交教宗裁定。

阎珰这种冥顽态度，使康熙不再有容忍之心，于是很快就下令驱逐他。康熙同时通知留在北京的铎罗，他的国家里不需要任何唱反调的传教士。康熙命各地传教士进京接受审查，发誓永居中国，发誓遵从"利玛窦规矩"，即尊重中国文化和风俗，否则，请立即出境。

此次事件到后来愈演愈烈，雍正、乾隆时期发展成为一场禁教活动。就当时的情形而论，康熙最后的处置，虽然有简单化之嫌，但维护中国传统的态度，无可厚非。罗马方面干预在华教务，夹杂着权力与利益考量，难辞其咎。设想当年佛教在中土的传播，如果"娘家人"也如此颟顸干预，恐怕也会中途夭折的。

6. 火炮：影响了明清易代

14世纪末，欧洲的火铳尚不及亚洲，但随着冶炼技术的快速发展，欧洲的火器技术很快就在中国显出优势，于晚明前清开始了欧洲火器技术东传的历程，为清代前期火器的继续发展注入了新的动力。

西洋火炮亦即佛郎机，最初传入中国是在1517—1521年葡使皮列士使华之时。1521年中国开始仿制佛郎机，当时因与葡萄牙海盗作战而败于其火铳，由此知晓其威力。严从简《殊域周咨录》记载说："其铳管用铜铸造，大者一千余斤，中者五百余斤，小者一百五十斤。每铳一管，用提铳四把，大小量铳管，以铁为之。铳弹内用铁，外用铅，大者八斤。其火药制法与中国异。其铳一举放远，可去百余丈，木石犯之皆碎。"于是，海道宪帅汪鋐设法找到懂得制炮之人进行仿制，并凭借这种火炮在次年的战争中获胜，还缴获了一批佛郎机。

另一说法称，"屯门之役"中的作战将领闽广兵备道胡琏在此役中俘获一艘葡萄牙船，得其佛郎机铳，从而首次将佛郎机铳引入中国。明人对佛郎机铳技术的运用主要体现在，仿照佛郎机铳子铳和母炮分离的特点，制造可分次连续填装弹药的后装火铳、火炮。可分离子铳的作用一是增大火铳火炮药室抗压强力，二是可以轮流装填子铳，提高装填弹药的速度，进而提高射速。

在明清之际中国面临外敌内乱，急需加强军事进攻防卫力量时，欧洲火器技术进一步被中国政府和文化圈中的开明人士所认识和接受。利玛窦1607年作《译几何原本引》时介绍了欧洲的兵防思想和火器技术，徐光启、李之藻、孙元化都直接或间接地从利玛窦学习火器思想。

1619年,后金在萨尔浒大败明军,震惊之余,明廷于次年一面增兵赴辽,一面命徐光启练兵。在徐光启奏请下,龙华民、阳玛诺、罗儒望被聘为炮师并招进京,此外还有六名传教士在徐光启邀请下,以炮师名义秘密从澳门来京。但因各种原因,建台和造炮两事直到1621年6月都未能开始。

徐光启计划的第二部分是从澳门购买西铳,自1620年到1623年,共购得30门大炮,其中11门调往辽东,在天启六年(1626)正月的宁远战役中大显威力。西洋火炮在宁远大捷中的优异表现促使朝廷在当年六月命孙元化多造火器,西洋火器的使用从此在明廷军事上的地位日益重要。崇祯元年(1628)七月,朝廷派广东官员到澳门募购炮师和大铳,崇祯三年四月,徐光启又奏准由耶稣会士陆若汉(J.T. Rodrigues)负责再赴澳门置办火器和聘请西人炮师。陆若汉于十月即召集一支由100多名葡国军士和约200名随从组成的远征军自澳门出发。但是,徐光启积极引进洋兵的做法遭到了保守派的抨击,因此待澳门远征军于崇祯四年行至南昌之时,即因战情趋于缓和以及保守派的激烈反对而被遣返。徐光启自此之后不再积极过问兵事,明末由他筹划的几次购炮募兵活动亦到此为止。

明末所购之西洋火器在抗击后金战争中发挥了一定作用,但终因其他比兵器更为重要的原因而未能借之挽回大局。即便是在事关国家危亡存续的关头,文化上的华夷之争仍不能停歇,无端耗费各方力量,且最终结果是文化本位心态占据上风,引进西法的权宜理由也变得可疑可憎,在有限的引进中更充满了自以为是与一知半解,引进的结果以悲剧收官居多。

徐光启于天启初年(1621)设想的铸炮计划直到15年后的崇祯九年才真正得以实施,时因后金进攻,锦州失守,危及京都,城防官招汤若望和罗雅谷征询城防建议,汤若望提出用大型火炮防守北京。随后崇祯便诏令汤若望铸炮,汤若望征得传教区上级同意后接受任务。崇祯满足汤若望制炮的一切需求,并在皇宫旁设铸炮厂一所。

南怀仁

汤若望历时两年,制成能容四十磅炮弹的大炮20门,可供士卒二人或骆驼一头背负之小炮500门。汤若望因此深得崇祯嘉许。汤若望在铸炮实践之外,还口授焦勖书就《火攻挈要》,详述各种火攻武器的制法及使用规则,尤其力图传授西法的"法则规制",即火器制造与使用中所依据的数学、物理、化学、冶金知识,冀其技法能传之后世。欧洲火炮最终无法挽救明朝的危亡,却对清朝初期的平定战争贡献良多。

帮助中国人制造火炮的耶稣会士,当推南怀仁最出色。他不仅制造的数量众多,而且所制之炮发挥了重大实际作用,只不过是在为清廷效力罢了。

南怀仁制炮始于平定三藩之乱初期,当时修复150门明末旧炮。1674—1676年,南怀仁又应康熙之命,铸造适合高山深水之用的木制轻便炮,和威力强大的红衣炮共132门,分别用于平藩战役和陕西平叛。1680—1687年,他铸造各种大中型炮,以助进剿台湾及收复东北失地的诸次战役。清廷1689年造出的61门"武成永固大将军炮"(大型火炮)和80门"神功将军炮"(中型火炮)也是南怀仁铸造法下的产品。南怀仁在华期间共制炮566门,康熙朝所造的905门火炮,有半数是由南怀仁负责设计制造。南怀仁铸造的火炮在收复

红衣大炮

雅克萨的战役中发挥了关键作用,曾两度轰塌城墙,最终从俄军手中收复该城。他设计建造的火炮有三种被列入《钦定大清会典》。

1675—1721年间,康熙朝制造的火炮在规模、种类、数量、质量及制作工艺上都达到清代火炮发展的最高水平,对此,南怀仁功不可没。南怀仁曾撰火器专著《神威图说》,讲述"准炮之法",但此书不见流传。不过其《穷理学》中也有篇章论及"准炮之法",及关于炮的瞄准之法和放炮时炮管仰角度的调节之法。此法至乾隆朝仍得到很高评价。火炮技术之所以被清政府青睐,在于它对国防和战争的重要贡献。

然而,战事平息之后,清廷对南怀仁传入的火炮技术便束之高阁。嘉庆之后,清代的火器制造业日趋衰落。及至晚清重新引进西方枪炮之前,在这方面都没有进一步的探索与创造。而与制炮有关的各项工程技术任其朽于宫廷而不能传入民间,更无助于全社会的技术进步。南怀仁撰《神威图说》原希望其中解说的各理论法则能够流传,不想被康熙"留览"后便再无下文,不仅没有刊刻,原稿都最终佚失。难怪有人认为,康熙热心招揽懂科学技术的耶稣会士供奉内廷之举,就实质而言,与历代帝王纳各种方术之士于宫廷并无二致,虽具体技艺门类不同,但皇帝以奇人异士炫耀天下的心态相同,持这种古老的心态自然不能指望他做出开创性的近代事业。乾隆在招揽身怀绝艺的耶稣会士这一点上,正如他在其他许多方面的作为一样,有效仿祖父之心,只是他的智慧和识见远不及康熙,无法钻研天文数学等科技知识,唯有对各类"奇技淫巧"更感兴趣。

7. 洋房：三巴寺与西洋楼

自明季葡萄牙人聚居澳门，澳门逐渐成为葡萄牙殖民地，当地的民居建设自然而然受到欧风影响，建筑艺术上呈现出一种"洋气"。印光任、张汝霖的《澳门纪略》曾描述澳门各式洋房的主要特征，多为二层以上楼房，形状有方、圆、三角、六角、八角各种，甚至还有仿花果形状的楼房，楼顶俱为螺旋形，并讲求装饰。楼房内有走廊，四面开窗，门楣多作圆拱形，红墙粉壁，颇为美观。据明人记载，明嘉靖间（1522—1566），西人在澳门居住者近万家，则澳门的城市风光足可以想见。其后，广州成为洋商聚居之地，与外商交往的机构如商馆（十三洋行）也大都模仿西洋风格而建，景象略同澳门。

天主教传教士来华创业，必然会重视给人以第一印象的教堂的外在形式，由于其精心的设计和建造，早期的遗迹直到19世纪中叶犹有留存者。当时教堂建筑的形式大致有罗马式和哥特式两类，前者圆顶穹隆，如中国卷棚式，后者则为塔尖形式，耸立天空。16至17世纪澳门建造的古教堂有：望德堂，1567年建立教区时是主教产业；圣老愣佐堂，1575年左右建；圣安多尼堂，约1565年建；圣奥斯定堂，1589年建；玫瑰堂，又名圣多明我堂，1587年建；圣保禄堂，1572—1602年间建，中国人称为三巴寺。这些教堂都属早期巴洛克风格（Baroque），三巴寺堪称典型代表，三巴寺牌坊亦即教堂的正立面则体现出中西合璧的艺术特征。

此外，17、18世纪建于北京城的东、西、南、北四大教堂也是典范，按照蒋友仁的说法，这四座教堂的名称是宫中的人根据它们相对于紫

澳门大三巴教堂

禁城的位置而起的。有的西方学者说北京最早的教堂是1650年由汤若望在宣武门一带建成使用的南堂,对于利玛窦,则只言其在北京有居所,而未言建有教堂。不过,明末刘侗、于奕正合撰之《帝京景物略》提到了利玛窦的教堂,并明确称其为"天主堂",但对其建筑特征仅言"堂制狭长",大量笔墨在描绘堂内的耶稣像和圣母像。这是1601年利玛窦进京后于宣武门内东城隅所建,汤若望的南堂或许就是在利玛窦教堂的基础上修整或重建的。南堂在乾隆四十年(1775)毁于火,次年又重建。东堂由南怀仁在北京皇城东一处传教士住宅的基础上兴建,建于1666年秋天以后。北堂1720年落成,位于皇城的西北,是在康熙赏赐法国耶稣会士的一所住宅基础上建成。西堂是传信部传教士德理格所建,1723年他在皇城西部买了一所大住宅,据称有大小房屋七十间,庭院近十进。随后他用了两年时间改造这所宅院,1725年建成西堂开张,成为北京唯一一所非耶稣会士教堂,1730年部分毁于地震,德理格又随即重修。1811、1812、1826年,西堂、东堂和北堂相继在清政府的命令下被拆毁,19世纪后半叶又被新来的天主教传教士在原址分别重建,新的北堂在20世纪上半叶

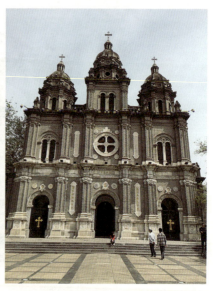

宣武门南堂　　　　　　　王府井东堂　赵大莹摄

因火灾再度被毁。

此外，传教士的坟冢也体现了西洋建筑特色，《帝京景物略》详细记载了位于阜成门外的利玛窦坟茔（今北京市行政学院校内）不同于中国的建筑特点，"其坎封也，异中国，封下方而上圜，方若台杞，圆若断木。后虚堂六角，所供纵横十字文。后垣不雕篆而旋纹。脊纹，螭之岐其尾。肩纹，蝶之矫其须。旁纹，象之卷其鼻也。垣之四隅，石也，杵若塔若焉"。

18世纪中国最著名的仿西洋建筑群当属北京圆明园内的西洋建筑，俗称"西洋楼"。圆明园始建于乾隆年间，由郎世宁设计，王致诚、蒋友仁等协助，中国工匠具体建造，虽于咸丰十年（1860）为英法联军所毁，其遗址上的远瀛观、大水法等至今仍是圆明园标志性景观。"西洋楼"建筑群占地80亩，整体采用17和18世纪欧洲流行的巴洛克风格和洛可可风格（Rococo），环以意大利式花园，端庄凝重与华丽纤巧相结合。其中的"水木明瑟"一区尤见西方影响，内中雕刻有人

西什库北堂

认为是意大利派的，但限于实物不存，无从查考。乾隆曾作《秋风清·水木明瑟》一词以咏其景象，其序云："用泰西水法引入室中，以转风扇，泠泠瑟瑟，非丝非竹，天籁遥闻，林光逾生净绿。"圆明园在中国和世界的园林史上均不失为一座里程碑式的建筑，其中的西洋楼作为中国古代最大、最典型的中西建筑综合体，以其异国情调为整个圆明园平添一道异彩。

圆明园而外，清代供帝王游览之园林居舍，也不乏依西洋模式建造者。尤其是乾隆曾多次至扬州巡游，扬州一带居民便多建园林以邀乾隆驻跸，其中有些建筑便仿西洋式样。按李斗《扬州画舫录》所记，扬州虹桥东岸的江园，乾隆二十七年（1762）被皇帝赐名净香园，其怡性堂后半部分"仙楼"即仿泰西营造法，中筑翠玲珑馆，出为蓬壶影。怡性堂之左靠山亦"仿效西洋人制法，前设栏楯，构深屋，望之如数什百千层，一旋一折，目炫足惧"。其室内除陈设西洋自鸣钟，还设计玻璃镜以反射室内景致，颇有欧洲风味。与江园相邻的黄园因接待过乾隆而被赐名趣园，其涟漪阁阁尾有三级，第三层五间名为澄

圆明园大水法遗址

碧堂,仿效广州十三行的西洋式碧堂而建,其制以连房广厦、蔽日透月为工。

从 16 至 18 世纪,西学输入中国的主要内容和对中国学术的影响中,我们不难发现,晚明盛清这两百年间,西方输入中国以科技文化为主,虽然其内容丰富,门类众多,但是传播的范围和影响的深度很有限,无法真正把中国带进世界近代化的潮流中。从内容和传播媒介来讲,在这场中西文化交流过程中,真正称得上媒介的只有欧洲的传教士和商人。他们带给中国的欧洲科学首先由于自身的限制而并不十分系统和准确,再加上其中许多还与中国传统文化相抵牾,因此中国真正能够学习并接受的东西实在不多。从传播对象看,欧洲传来的大多数知识和器物传到王宫贵族或少数士人那里就终止了,上层人士无心提倡,普通百姓根本没有机会接触和学习。

反观同一时期的欧洲,其所接触到的中国文化虽然也是片面和不够准确的,但欧洲人尽其所能地利用这些知识来促进社会转型,对于更具客观性的工艺技术则主动考察研究并运用到自己的工业中去。中国则不然，这段时期对西学的总体态度是"节取其技能，禁传其学术"，不让西方的思想传入中国，只求维护儒家的传统统治地位。即使是技能方面的吸纳也深受皇帝兴趣的左右，往往局限于皇帝及其周围的一个小圈子里，未能形成风气和潮流并推广到全社会。

第七章

想象的异邦

　　15世纪末大航海以来,数百年间,欧洲文明席卷全球,或被其泽,或受其害,或两者兼有之。与此同时,八面来风的异域文化也影响到欧洲社会生活、思想及其舆情。中国文化相较于欧洲文明的巨大差异性,更引发了文化的好奇、博弈、羡慕、鄙夷等复杂的情绪,在西方近代社会转型和发展中激起了阵阵涟漪。

1.《字汇》与"初民语言"

汉字莫非是上帝在伊甸园里说话的语言文字？——这不是天方夜谭，而是欧洲带着沉重的脚步，走出中世纪途中，曾经的一道风景线。

文艺复兴晚期，欧洲人文主义者，试图探寻一种叫作初民语言，或者自然语言的东西。他们设想，当初在伊甸园里，上帝与亚当、夏娃和蛇对话时使用的语言，就是这种东西。据《圣经·创世记》记载，上帝看见人类联合建造的巴比塔，就要通到天庭，感到人类的力量实在可怕，于是使用法术，让众人分散到世界各地，讲72种不同的方言，互相之间难以沟通。这个故事留给后人的问题是，到底什么是人类的初民语言？或者说在巴比塔以前，人类共同使用何种语言？人们设想，伊甸园里的对话，所使用的语言定然是妙不可言，充满了理性光辉，应该是一种普遍性（universal）语言。17世纪理性主义的哲人们仍然这么执着地认为。

那么，汉语是怎么与此事搭上边的呢？这与四百年前，明神宗万历四十三年，即公元1615年出版的一本叫《字汇》的书有关。作者梅膺祚（生卒年不详，主要活动在明万历年间），安徽宣城人，清代著名历算学家梅文鼎的先祖。

《字汇》是《说文解字》之后、《康熙字典》之前，很重要的一部汉字字典。梅膺祚的最大贡献是首创了汉字的按笔画多少排列部首和单字检字法。《字汇》收入33179个汉字，被归并为214个部首。这些部首依笔画多少为序，从一画到十七画，分类排列，检索起来，十分方便。清代的《康熙字典》，以及民国至今的《中华大字典》《辞源》

《字汇》书影

《辞海》(新版《辞海》把部首改为 250 个),在编排方式上都不同程度地受到《字汇》的影响。

我第一次见到这本书,是二十多年前旅欧时,在柏林国立图书馆的中文善本书库中。这本保存完好的《字汇》,可是有一些来历。它是普鲁士国王腓特烈一世(1657—1713)王家图书馆的藏品,而且在西方早期汉学中扮演过重要角色。

腓特烈是普鲁士的第一位国王,本为勃兰登堡选帝侯。他野心勃勃,想发展东方贸易,成立一家东印度联合公司,于是向荷兰人取经,并通过荷兰人弄来了一批中文图书,就包括这部《字汇》。根据朱彝尊《曝书亭集》卷 43 记载,明末清初,《字汇》是一部很通行的字典。荷兰人号称 17 世纪"海上马车夫",在远东做生意的时候,获得这样一部书并不难。

《字汇》到了欧洲很快成为汉学家解读汉语文献的助手。

第一个来华的传教士利玛窦,最早向欧洲介绍汉字,说汉字很像

基尔谢《中国图志》插图

古埃及象形文字。还有人推测汉语可能是巴比塔的 72 种语言之一。

  1667 年，德国学者基尔谢（Athanasius Kircher），根据在华耶稣会士提供的资料出版的《中国图志》（China Illustrata），是欧洲书籍中第一次印刷汉字的著作。书中有专章讨论汉语问题。他认为汉语是初民语言后裔的一支。有记载说古代一位埃及的法老，曾经产生奇想，让人观察刚出生就被隔离、还没有听过人类说话的一对孪生婴儿的对话，不给他们喂食，想以饥饿"逼"他们开口。结果婴儿被饿死，实验失败。据说 17 世纪也有人做类似的实验。这样做的根据是，既然孩子为上帝所赐，在被当今人类语言"污染"之前，一定会说出"初民语言"。偷听的结果是，孩子在大喊大叫，"Ma Nou"！这是什么东西？有人说，这不是犹太人出埃及后，在沙漠里跋涉时的食物吗？更有到过中国的人说，嗯，这就是中国人的常用食品"馒头"呀！

  勃兰登堡选帝侯中文图书馆馆长门泽尔（Christian Mentzel），曾借助王家图书馆收藏的这部《字汇》，编纂出版过一本"中文—拉丁文小词典"（《拉汉字萃》，又作《拉汉字汇手册》，1685 年出版，距《字

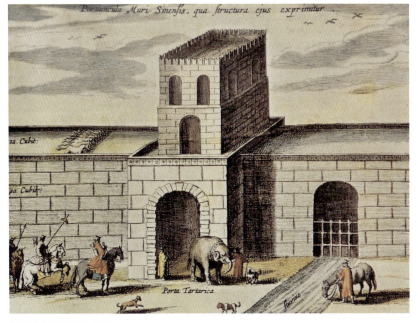

基尔谢《中国图志》插图

汇》初版 70 年），还利用《字汇》等文献，找到了关于伏羲和女娲的记述，并与亚当和夏娃的故事相比附。

梅膺祚《字汇》释"娲"："女娲，《说文》：古之神圣女，化万物者也。或云伏羲之妹。又云：女娲始制笙簧。"释"咼"："咼，苦乖切，快平声。口戾不正也。"门泽尔大体对此做出了拉丁文转写："Niu Kua〔Xue Ven〕Ku Chi Xin Xim Niu Hoa Van Ve Che Ye"（女娲，《说文》：古之神圣女，化万物者也）；"Hoe Hiun Fo Hi Chi Moei"（或云伏羲之妹）。《字汇》"娲"字下在这两句之后紧接着还有"又云：女娲始制笙簧。"门泽尔虽未照录拼写，但把意思翻译出来了。

门泽尔由此判定，女娲是伏羲的妹妹，并发明了许多东西，与亚当和夏娃的关系很接近。耶稣会士都说伏羲就是亚当，那么女娲自然就是夏娃。门泽尔还不满足于这类历史推断，他仔细解读了"娲"字的结构特征，从中居然找到了夏娃偷吃禁果的信息。

首先，从字形看，"娲"的左半部"女"是女人的意思，右半部"咼"（wai），《字汇》是这样解释音义的："咼，苦乖切，快平声。口

门泽尔《拉汉字萃》

戾不正也。"门泽尔拼读成:"Kuai keu kuai po chim ye。"从读音推测,大体对应于"咼、苦、乖、不正也"。虽然拼读不完整,但"Kuai"是"媧"的右半,是门泽尔指明了的。18 世纪有一位研究门泽尔的德国学者巴耶尔解释说,"Kuai keu kuai",大约分别是关于"咼""嘴"和"咬"的字,至于"Po chim",大约是"不正确",即违法,一项罪;而"ye"似乎只是最后的虚词。

总之,门泽尔从这句话中得出,"咼"的意思是"咬"(口戾不正也),正是一个人吃来自树上之物或树上的果子时的动作。再配合"女"字,可知这个女人是通过一条秘密途径来到这树下,这个途径不合法也不正确。这个女人不是夏娃又能是谁呢?

与从"媧"字中发现了亚当、夏娃的原罪类似,耶稣会士和早期欧洲汉学家,把在汉字中寻找基督教含义的工作,当作一项严肃事业去做,认为汉字是上帝所造初民语言的遗存,包含丰富的圣迹。他们寻找中文古书中以隐喻方式包含的基督教信息,最常用的基本方法就是拆解汉字。比如从"公"的古体"○"字,读出"三位一体"(圣父、圣子、圣灵三位一体）的信息。从"船"字读出了诺亚洪水的故事：诺亚一家八口，制造方舟，逃避大洪水。你看，中文的"船"字，不就是由"八""口""舟"组成吗？从"婪"字发现夏娃的原罪：树林里一个女人，偷吃苹果，因为贪婪而犯罪。总之，研究汉字的目的，是为了从中揭示出大洪水之前的人类记忆，证明中国人是诺亚子孙最接近的传人。

著名哲学家莱布尼茨，同样热衷于从汉字中研究普遍语言。他在青年时代就憧憬有一种真正的哲学文字，精确的语言，它应该是类似于微积分解答算术和几何问题那样的东西，"它也许属于希伯来哲学的文字、毕达哥拉斯哲学的算术，或者东方大哲的实践函数吧"。他听说柏林教士米勒（1630—1694）"发现了"解读"中文的钥匙"（大约就是《字汇》创造的部首检字法），特地写信提出14个问题，询问中文结构之谜。例如，是否中文所有的文字也由相同而准确的元素构成，如同字母abc和数目字一样，可以诵读，或者还必须借助于其他来表义；如果将西方语言逐字译成中文，是否能保留原文的韵味及意义。他为米勒的著作未能出版惋惜不已。他认为中国文字是一种精心构筑的系统，所以给远在北京的传教士白晋写信说："由数字次序及相关性的表达来看，中国字是较富于哲理和智慧的。"他鼓励一位朋友从事中文研究："这项研究工作对我们十分重要。假如我们能够发现解读中文的钥匙，就能够发现用于思想分析的一些形式。"三年后，他在一篇杰出的语言学论文中断言，"如果上帝真教过人类以语言的话，应该是类似于中文那样的东西"。莱布尼茨一生设计过多种普遍语言的符号方案，汉字吸引他的注意，是因为汉字系统可能存在一种可简约的内在规则，一种按照理性构造起来的形式系统。然而直到去世，对于莱布尼茨来说，汉字的神秘世界，依然是个谜。究竟是不是《字汇》的部首检字和汉字形声字的规律性排列，误导了那个时代苦苦寻求理性语言的欧洲学人？给人留下了巨大的想象空间。

2.《赵氏孤儿》与欧洲道德诉求

普契尼(1858—1924)的《图兰朵》,改编自阿拉伯作品《一千零一夜》中的中国故事。可是,在《一千零一夜》流行欧洲之时,真正从中国直接流传到欧洲的戏剧是元杂剧纪君祥的《赵氏孤儿》。而且当时的《赵氏孤儿》风靡欧陆和英伦,要比《图兰朵》风光得多,也更加受到作家学者和社会大众的喜爱!

《赵氏孤儿》的译文是法国在华传教士马若瑟(1666—1736)翻译的,最早发表在1685年法国耶稣会士杜哈德编纂的《中华帝国全志》第四卷。该卷收录的中国文学作品,还有另外一名法国来华传教士殷弘绪(1664—1741)所译《今古奇观》中的四篇故事《庄子休鼓盆成大道》《怀私怨狠仆告主》《念亲恩孝女藏儿》《吕大郎还金完骨肉》。

英国剧作家威廉・哈切特(William Hatchett)最早根据《赵氏孤儿》的法文译本,改编了一出《中国孤儿》,戏剧以首相弄权、朝政腐败为主题,讽刺的锋芒指向英国权相沃尔波尔时期的统治。与后来英法德意的几位作家改编的《赵氏孤儿》相比,哈切特的版本算是与中国原本最接近的一个。即使如此,此剧也不是为传播中国戏剧艺术而作,而是一部采取戏剧形式的政治讽刺作品,也许正因为如此,该剧从未上演过,剧本在沃尔波尔1742年被迫下台前不久出版。

1759年4月,英国演员和谐剧作家阿瑟・墨菲(Arthur Murphy)又改编了一部《中国孤儿》出版,改编中参考了耶稣会士马若瑟的译本,也吸取了赫德对《赵氏孤儿》的批评,但是总体而言,墨菲的剧

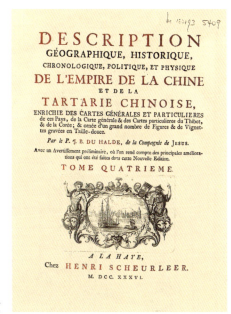

《中华帝国全志》扉页

本主要是对伏尔泰剧本的改编(伏尔泰的改编详下)。

《赵氏孤儿》本来讲的是春秋时期晋国老臣程婴、公孙杵臼舍生取义,以自己的牺牲保护了赵氏孤儿的故事。这个故事在《史记·赵世家》中原本非常简约,元代剧作家纪君祥进行了再创作,剧本主题歌颂的是忠诚仁爱和正义。墨菲的改编本移花接木,讲的是中国抵抗鞑靼侵略的故事,变成一个民族抵抗另一个民族侵略的故事,表现了与残暴的侵略者作殊死抵抗的英雄画卷。如英勇的孤儿以及扶持王室、不惜生命来争取自由的忠臣、义士、爱国者。这对英法七年战争时期(1756—1763)的英国,具有现实政治意义,被认为是宣扬爱自由、爱祖国的作品。在伦敦上演后,获得巨大成功,轰动整个文艺界,作家哥德斯密(Oliver Goldsmith,1730—1774)还发表了戏剧评论。也许《赵氏孤儿》的复仇主题与英国莎士比亚的《哈姆雷特》的复仇情节有一定的沿袭性,但是,我们还应该看到,借中国故事表现当代政治事件,是那个时代的普遍做法。钱锺书先生在英国留学时的毕业论文就是研究18世纪欧洲文学中的中国形象,曾详细讨论了

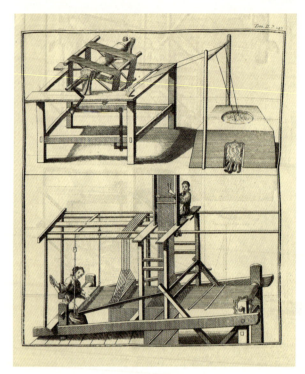

中国织机
杜哈德《中华帝国全志》插图

威廉·哈切特和阿瑟·墨菲两种《赵氏孤儿》的改编本,也特别提到哥德斯密对墨菲改编本的评论。

除了《中华帝国全志》外,1761年珀西出版过《好逑传》译本。1785年格鲁贤出版的《中国概述》中收录《诗经》中的《小雅·斯干》、《邶风·谷风》和《小雅·常棣》的译文。此外耶稣会士介绍中国诗歌、戏剧、小说的文字还有不少。但是,18世纪的欧洲人并不真正对中国文学感兴趣。无论是在中国生活过的耶稣会士,还是通过耶稣会士了解中国的本土欧洲人,对中国的戏剧和诗歌通常评价不高。然而中国文学作品中的道德训诫色彩,却如同孔子哲学,吸引了许多欧洲人的关注。中国的小说和戏剧对18世纪的欧洲人来说,不是文学作品而是道德手册,正好又被他们用来讽谏资本主义发展过程中,欧洲社会道德滑坡、世风日下的现状。

尽管对中国戏剧的艺术性评价不高,伏尔泰却也亲自将《赵氏孤

伏尔泰

儿》改编为《中国孤儿》,并促成其上演,他看重的就是该剧所包含的道德意义。他认为孔子的道德学说已包含于此剧中,因此为他的剧本所作的副标题是"儒家道德五幕剧"。1755 年 8 月 20 日,《中国孤儿》首演,伏尔泰献词道:"《赵氏孤儿》是一篇宝贵的大作,它使人了解中国精神,有甚于人们对这个庞大帝国所曾作和所将作的一切陈述。"

伏尔泰对原作的改编是大手笔的,时间被后移到成吉思汗征服中原时(墨菲的改编就是吸收了这一点),故事说成吉思汗搜求前朝遗孤,遗臣盛缔犹如程婴,为保护遗孤而宁愿牺牲自己的儿子,盛缔之妻拒绝以接受成吉思汗的求婚为条件来挽救丈夫和孩子。成吉思汗本来如屠岸贾一样残暴,但是,伏尔泰的笔下,成吉思汗却被他们的道德所感动,决定赦免一干人等并抚养遗孤。伏尔泰力图把盛缔塑造成孔子后裔式的角色,并通过成吉思汗之口,向观众说出,是中国人的道德使他改变了主意,从而把他这部戏的主旨直白地表露无遗。

《赵氏孤儿》中的仁爱和道德不仅俘获了伏尔泰,也感动了 18 世纪末的歌德。歌德曾于 1781 年 8 月着手将其改编成《额尔彭诺》一剧,但只完成两幕便中辍。无论是伏尔泰和歌德阐发道德主题的改编本，还是哈切特与墨菲表达政治观点的改编本，《赵氏孤儿》并非作为戏剧艺术和文学作品被欧洲人接受，它只是这些欧洲作家抒发自己对社会的某方面理想的载体，它的一些元素如故事情节、思想意义、异国来源，既能帮助这些作家达成目的，又能吸引欧洲读者、观众的兴趣。这种现象从一个侧面反映出，中国因素是那个时代欧洲的时髦话题。

《中华帝国全志》中收录的四篇《今古奇观》故事也同样给欧洲人不少道德启示。这四篇故事本来就充满道德说教，因此《庄子休鼓盆成大道》成为伏尔泰哲理小说《查第格》第二章的创作根据，也被哥德斯密采用到《世界公民》中。而连《好逑传》这样的才子佳人故事都被珀西作为劝善惩恶的工具出版，并在歌德那里引起强烈的道德共鸣，可见18世纪的欧洲人对中国和欧洲的道德要比对文学敏感得多。《好逑传》初译本的来历不很明晰，珀西1761年以英文编译出版时，在序言中明确称自己对这部小说的技巧并不重视，但欣赏它的道德思想，认为它对欧洲世风有劝善惩恶的作用。《好逑传》英译本刊出后的确很流行，先后被转译为法文、德文、荷兰文，从而引起德国的歌德、席勒等人注意。席勒曾因为译文拙劣而想写一个改编本，但未完成。歌德不但当时看了，晚年又细读一遍，并就小说里的名教思想发表了有趣的谈话，认为书中人物不管在哪个方面都比德国人更加纯洁、更加道德。《好逑传》之所以成功，原因在于18世纪欧洲也流行一种类似中国名教的思想，有人说是清教思想。

不难看出，18世纪的欧洲知识分子很重视社会道德问题，这正是欧洲社会转型期的基本问题之一。从前的道德体系是以神学训导和神权统治为基础的，当神权遭到鄙视甚至颠覆时，特别是资本主义的铜臭冲击着中世纪伦理时，如何建立一套独立于宗教而又能有效维系社会秩序的道德体系，这当然是一个萦绕在启蒙学者们心头的重要问题。社会动荡、战争频仍造成的人心凋敝、风俗颓坏局面，使这一问题显得更加迫切。耶稣会士曾经出于论证中国人心性纯洁、适合接受基督教的目的而溢美儒家道德，自17世纪就已经让欧洲人印象深刻，只是此前人们多循着耶稣会士的思路，讨论儒家道德与基督教道德间的相似性。而18世纪人们却像突然受到点拨一般，发现中国人原来是在一种非宗教性的道德约束下，过着幸福安宁的生活，而这正是资本主义兴起时欧洲所亟须的。中国道德的非宗教性特征及其实际效果在反映社会生活的文学作品中得到生动展现，比教条式的儒学经典更通俗明白和有感染力，就这样，有限的几个中国文学故事被欧洲作家们发掘出无尽的道德价值来。

  18世纪和19世纪初叶的欧洲，正是资本主义飞速发展的时代，英国学者亚当·斯密《国富论》之外，还出版了《道德情操论》，就反映了市场经济冲击下的道德需求。伏尔泰、歌德等借《赵氏孤儿》《好逑传》之类的中国作品，特别张扬其中的道德意味，折射的就是，在欧洲宗教神学受到批判、资本主义发展撕毁了温情脉脉的面纱、财富积累过程中道德缺失的现实需求。每当一个时代缺少什么的时候，总能从历史上或者异域文化中发现自己所需要的东西！

3. 法兰西梦幻：中国模式，还是英国模式？

1768年春的一天，巴黎郊外的一处耕地上，年仅14岁的法国王储，扶犁亲耕——这在中国史书上叫"籍田"。王储（路易十五之孙，父亲三年前去世而被立为王位继承人）在大臣的陪同下，行礼如仪，完全模仿中国皇帝亲耕仪式。这在当时是很酷的事（奥地利王子也举行过类似的亲耕典礼）。它传递的强烈信息是：法兰西要学习中国，重视农业，走开明专制的中国道路。

就在四十几年前，即1715年（距今整整三百年了），不可一世的太阳王路易十四（1638—1715）崩驾。在巴黎，在法国，如丧考妣者有之，如释重负者亦有之，就像许多享祚长久而又毁誉参半的君主去世都会遇见的那样。只有他的曾孙年仅5岁的路易十五（1710—1774），不知所措地登上了新君之位。曾祖父为王七十年，留下一个辉煌而又伤痕累累的法国。战争消耗了国家的财政，熠熠生辉的凡尔赛宫，也无法掩盖这个欧洲最大的君主国的外强中干。

改革是必须的。虽然启蒙思想家的观点常常大相径庭，但是改革，却是时代的主流！问题是，如何改革？路易十五统治的六十年，是法兰西最迷茫的时代。路易十五的优柔寡断，除了家庭不幸（从小父母兄弟姐妹皆亡故），除了个人心有旁骛（中年之后忙于追蜂逐蝶），也反映了他所处的时代。法兰西向何处去？有两个完全不同的改革流派，即自由主义派和开明专制主义（又称新君主主义）派，朝野上下，为此争吵不休。

自由主义者相信人民主权，崇尚议会制度，向往英国模式：君主立宪制或共和制。光荣革命之后的英国气象万千。这个法国的老对手,七年战争(1756—1763)又战胜了法国,越发蓬勃向上。另一个模式是西方媒体中的治国楷模——中华帝国。开明专制主义者(新君主主义者)同样主张扫除贵族及教士特权,却不相信议会民主是国家的正确方向。他们认为路易十四的中央集权制度并没有根本错误,问题出在具体措施上,只要把法国君主专制制度加以适当的改造,就能清除封建残余,摆脱国家的困境。

与自由主义者鼓吹英国议会制度的胜利不同,主张开明专制主义的人,在中国找到了他们的典范。在思想界,对此鼓吹最积极的就是启蒙时代的旗手伏尔泰(1694—1778)。伏尔泰理想中的政府必须既是专制集权的,同时又是依据宪法行事的。他强调,集权不等于独裁。这在欧洲历史上找不到合适的参照系,而耶稣会士描绘的中华帝国,成功实行君主集权制,恰恰符合他的理想。

中华帝国像罗马一样古老,至今仍然繁荣昌盛、秩序井然;人口像欧洲一样众多,却没有享受特权的世袭贵族、没有教会;皇帝的权力来自上天赐予(天命),由学者型官吏(柏拉图的"哲学王")组成高效的官僚机构来进行统治。中国与法国的王权有一个共同点,都以父权制为基础。看来,中国这个模式很适合新君主主义者。中国就是一个成功地运用了专制君主制原则的现实范例。

最令伏尔泰感兴趣的是中国政治与伦理高度统一。有一本叫作《中国哲学家孔子》(1685年出版)的书,除了孔子传记外,还收录了利玛窦以来几代人辛苦翻译的儒家经典《论语》《大学》《中庸》拉丁文译本,1688年出版。该书的法文版书名被改作《国王们的科学》(可译《王者之道》)。法文编译者特别强调,在中国,伦理是一种真正的政治伦理,是国王们的学问。政治原则与个人道德、家庭伦理的原则是一致的,家国同构,政治的合理由此而生。中国君主至高无上的权力,不是靠武力而是靠说服(教化)、表率(子率以正,孰敢不正)和仁爱(仁民爱物)。贤明君王通过温和、宽厚和仁慈的品德来吸引臣民爱戴他。总之,这部《国王们的科学》为法国读者提供了一个开

《中国哲学家孔子》中的孔子肖像

明专制主义的操作案例,很对伏尔泰的口味,因为他认为好的政府是拥有至高的权力,却又能加以限制,即开明专制主义。

伏尔泰认为,中国人虽然对皇帝敬若天神,中国政府却不独裁,中国皇帝一方面是专制的,另一方面又受到哲学家型官员(士大夫)的限制和指导,这些官员"为民父母",提倡"以民为本",体现了父权观念下的社会和谐。伏尔泰对这样的政府模式充满神往,在名著《风俗论》中对中国政府不吝称赞之词,仿佛这就是"理想国"。

为什么中国有如此良好政治制度和政治实践?伏尔泰认为,根源就是孔子所制定的道德,孔子的道德和中国法律实际高度统一。他在《路易十四时代》中对这一点有详细阐发,在《风俗论》中也称中国人是最懂得道德和法律的民族。伏尔泰对身兼道德楷模与制度执行者的中国官员充满敬意。伏尔泰赞美中国以道德为基础的法律和制度,一个重要原因是他相信,中国几千年来维持国家良好运转,征服驯化野蛮的入侵者的心灵,靠的就是以道德为基础的法律与制度的力量。包括曾经使欧洲发抖的野蛮的蒙古人,也是如此。这一点在他改编的《中国孤儿》里表现得淋漓尽致。

《中庸》，17 世纪拉丁文译本

伏尔泰的看法不是孤立的。18 世纪法国的开明君主派人士，无论是中国的拥趸还是漠视者，从耶稣会士介绍的儒家"理想君王"（明君）中找到了共鸣。明君不仅利益上与臣民一致，而且他最重要的品德就是仁慈，仁慈是君王与臣民联系的纽带（君仁则臣敬）。君王有权制定法律，法律以道德为基础，但是君王本人也要受到自己制定的法律的约束。1769 年，一位游历亚洲的学者在所撰《哲学家游记》中说："只要中华帝国的法律成为各国的法律，中国就可以为世界可能变成什么样子提供一幅迷人的景象。到北京去！瞻仰世上最伟大的人，他是上天真正完美的形象。"

后来的历史发展，我们都知道，法国既没有走英国君主立宪之路，也没有搞成开明专制，而是爆发了法国大革命。送上断头台的国王，就是当初那位扶犁亲耕的路易十六（1754—1793）。为什么改革会闹成这个样子？托克维尔《旧制度与大革命》总结的主要两点原因是，第一，贪婪自私的独裁体制，只想坐稳江山，不愿丢掉权位，也不愿在利益上做出让步；第二，缺乏政治智慧，未能渗透、影响进而掌控改革进程。这两条，前者是缺德，没有判断力；后者是缺才，没有领导力。

中国风格路易十六的扶手椅，1790 年

反思法国大革命的还有狄更斯的《双城记》。双城是指伦敦和巴黎，故事的主要场景在这两个城市。小说里描写了大革命前法国贵族如何腐败、如何残害平民，平民百姓对贵族的积怨已久，导致了暴力革命的不可避免。小说鞭笞贵族的无耻，也批判民众缺乏理智的暴力革命，它的办法是用仁爱化解仇恨。马内特医生的以德报怨，为了女儿的幸福，压抑了自己对艾弗勒蒙德家族的憎恶，用无比宽恕的心态接纳查尔斯。小说最后，深爱露西的卡顿，代替查尔斯上断头台，不惜自我牺牲，以成就露西的幸福。这一切所体现的正是仁德思想。伏尔泰改编的《中国孤儿》，就是征服者如何放弃仇恨，服膺于伟大的道德，与《双城记》表达的是同一主题。

今天回顾当年的那一场争论，恰如梦幻一般。道德基础上的法治政府，只是伏尔泰的一厢情愿，并不是中华帝国的实态。同样，《双城记》所揭示的是，"光荣革命"以后的英国也不是人间天堂。也许理想的道路是，取法于英国模式中的制度约束，同时取法于中国模式中的道德崇尚。这在当下，依然不失现实意义。

4. 英国媒体看中国：党派斗争中的他山之石

与启蒙时代法国人看中国的玫瑰色不同，英国人看中国带有异样眼光。这个异样眼光，是英国的历史特性铸就的。2015年是《大宪章》发表800周年纪念，白金汉宫早早就在宣传、造势。从大宪章（1215）到光荣革命（1688）后通过的《权利法案》，是西方宪政史上的重大里程碑事件。正是这些特殊的历史背景，塑造了英国人看中华帝国的异样神情。

英国是第一个实行现代西方内阁制的国家，正是罗伯特·沃尔波尔（1676—1745）以财政大臣主政的时候，内阁民主制得以成形。因此，沃尔波尔被称为英国第一任首相。在那个期间，中国因素成为议会党派之争中互相攻击的"他山之石"。

"光荣革命"的最大成功是使英国建立了对议会负责的君主立宪制。《权利法案》规定，不经议会同意，国王无权征税、募兵，无权中止法律的效力。稍后的《王位继承法案》规定，国王做出的国事决定，只有执政大臣同意并签署才能生效，而该执政大臣要取得议会的信任，对议会负责。虽然此事在执行上还有曲折，但是，这些法律规定在一定程度上，已经构成了责任内阁制的基本原则，为首相内阁制的形成，创造了条件。

在这样一种政治气氛下，1730年代以来，英国在朝的"辉格党"和在野的"托利党"（英国保守党的前身）之间，无论是在议会还是在报章界，斗争都异常激烈，中国就在这个时候成为舆论界的明星，频频被在野党用作攻击辉格党的武器。

18 世纪中期英国辉格党人首相沃尔波尔

《蜜蜂报》(*The Bee*)发表文章说,中国在政治和道德方面,超越于一切国家之上,以此迂回曲折地攻击"在朝党"缺乏道德。又说,中国没有才能和学识的人不可能登上皇位;中国皇帝愿意倾听臣民对卿相的意见,并鼓励任何人当面申诉,不加限制;中国人的新闻报道必须符合真实情况,弄虚作假的人,会受极刑处置。作者用意很明显,用中国的范例,讽刺沃尔波尔政府对新闻的严格检查和控制。作者公开说,自己这个"蜜蜂"的尾巴带刺。

沃尔波尔有一个政治上的反对派切斯菲尔德勋爵,在 18 世纪 30 年代办了许多小型报刊,以幽默、精巧的小散文来对政治冷嘲热讽。他写了一篇关于中国人挠耳朵呵痒的文章,指斥沃尔波尔首相(当时的首相还是俗称,正式职务是以财政大臣主政)身后一大群逢迎吹拍之徒。说在中国,挠耳朵是一种微妙的享受,下级官员替中级官员挠耳朵呵痒,中级官员替高级官员挠耳朵呵痒,高级官员和太监又替皇上挠耳朵呵痒,所以中国人的耳朵总是被人挠来挠去,妙不可言啊。

接下来就说英国何尝不是如此！只是呵痒时主要用口吹而非手挠，也有人手口并用，得到回报更加丰厚啊。沃尔波尔为了获得下院多数议员的支持，利用财政大臣之便收买拉拢议员。1734年大选，为收买议员和选民，政府掏了11万英镑。平时政府为讨好议员和选民也花费了许多银子，据说一般多达5万至10万英镑。为此，沃尔波尔身后自然有一批追随者，挠耳朵呵痒的文章，是很有针对性的。其实，沃尔波尔争取下院多数议员的做法，恰恰为责任制内阁的体制建立，打下了惯例性的基础。

沃尔波尔主政时期，《工匠报》（*The Craftsman*）是其最坚定的反对者，而且影响巨大，1731年发行量达到13000多份，号称18世纪"最成功的政治刊物和大臣官员们的必读品"。该报曾登载过称赞中国谏议制度的文章，说臣下向君主提不同意见，没有任何禁忌，中国人的这种谏议制度应该在英国推行。特别是当国王是个暴君，或者围绕在国王的身边都是奸佞小人时，臣下的谏诤非常必要。沃尔波尔长期执政的一个重要条件是，他与英王关系奇好。汉诺威选帝侯兼英王乔治一世，英文都说不好，国事全交给沃尔波尔。乔治二世更愿意待在汉诺威，王后卡洛琳摄政，她对谦恭的沃尔波尔极为满意。《工匠报》含沙射影地批评沃尔波尔是巴结国王的小人。

1740年还出现过一本小册子，叫《一篇非正式的论文，是由读了杜赫德的〈中国通志〉所引起的，随时可读，除了这个1740年》，说中国很多坏话，这一方面表现作者对中国的实际认识程度，另一方面则如上文称赞中国的人一样，是借中国来讽刺英国现政权，把英国的消费税（沃尔波尔强制性刺激国内消费）、言论垄断（沃尔波尔对于新闻的控制很强）等弊政都算作中国的制度描写出来。

18世纪的欧洲，报刊上流行一种"探子文学"。所谓"探子文学"，就是作者借异国他乡陌生人之口，发表对本国政治、社会和世风的评论和看法。其中最著名的作品是孟德斯鸠的《波斯人的信札》（1721），此外还有《土耳其人的信札》之类。七年战争时期，首相罗伯特·沃尔波尔的幼子何瑞思·沃尔波尔撰写的《旅居伦敦的中国哲学家叔和致北京友人李安济书》（简称《叔和通信》），也属于"探子文学"之一。《叔和通信》借中国哲学家之口，议论英国政坛，说英国三个党派互相争斗，使内阁长期空置。这封信迅速被翻印多次，评论者和模仿者众多，其中最有名的是哥德斯密（Oliver Goldsmith, 1730—1774）自 1760 年 1 月 12 日开始在《公簿报》(*Public Ledger*)上连载的《中国人信札》。该信札连载了好几个月，共刊出 119 封。1762 年，作者把这些旧作加以整理，又补上 4 封，合计 123 封，结集出版，叫作《世界公民》，副标题是"中国哲学家从伦敦写给他的东方朋友的信札"。

信札开始刊登时不被重视，用小号字排版，到第四封信函标上了"中国人信札"的字样，而且改用大号字排版，便越来越受读者关注了。信札中，李安济从北京来到了伦敦，给在北京的朋友、礼部官员福洪写了许多信，也有部分福洪的回信。

哥德斯密的这些信札，其实是讽刺英国社会、批评现实的作品，不仅涉及英国的生活细节，也触及包括政治、法律、宗教、道德、社会风尚在内的英国的重要问题，有时还联系到整个欧洲社会。

比如，在第 41 封信函里，北京的福洪给李安济回信说：你说欧洲人在科学和艺术上诣高深，在造船、制炮方面也许高明，但在治国理政方面，难道也比我们高明吗？又借福洪之口赞叹中国，这个帝国换了多少朝代，依然保持古代的法典、古代的学术。与其说屈服于鞑靼的统治，倒不如说它兼并了鞑靼。哥德斯密想运用理想化的中国事物，如开明统治、奖善罚恶的法律制度、合理近情的道德准则，来衬托英国或欧洲的事物，并发表感想和评论，实则是用自己理想的制度蓝图来抨击现状，这种做法是 18 世纪欧洲知识分子的共同爱好。借助真实又遥远的国度，来抨击本国现状，对于欧洲的政论家来说，是一种比较安全也比较有说服力的做法。

比如，第 118 封信函说：英国的法律惩戒邪恶，中国法律更重褒奖善行。我十分羡慕中国法律具有的宽恕精神。中国这么大的国家，只服从一部法律,英国法律的繁多和复杂,简直如同古代巫术的魔幻本本,谁也搞不懂。你问一个英国人,哪个民族享有的自由最多?他们自以为是他们自己,然而,再问他们的自由,到底允许干点什么的时候,他们一般都无话可说。因为,很少有英国人在日常生活中不触犯一两条法律条文的。哥德斯密举例说,一个五岁的孤儿,先按"居住法",被从一个教区赶到另一个教区;接着又依"济贫法"被送到劳教院,学做木工,每天干活十个小时。学习期满后找不到工作,在路上偶尔捕杀了只兔子,却因违反了"猎狩法"和"流浪法",被关进监狱坐了五个月的牢。然后又被押上轮船,卖给海外种植园做农奴。服役期满后设法回到英国,正赶上英法七年战争,被拉去充军,打仗时,失去四个指头和一条腿。哥德斯密在批评英国法律体系,实际的作用是推进了英国法治社会的建设,中国因素却不其然地成为其中的一个推手。

总之,他山之石,可以攻玉;借他人之酒,浇心中块垒。在启蒙时代英国党派斗争和内阁制议会民主政治推进中,中国所扮演的就是"他山之石"和"他人之酒"。

5. 虚幻与真实：从鲁滨逊到安森

18世纪欧洲的中国形象，在不同的国度、不同的学者，或者同一个学者的不同时期，都会有所不同。大体说来，狄德罗前期赞扬多，后期批评多。伏尔泰正面评价比较多，孟德斯鸠负面看法比较多。其中一个原因是资讯来源不同，伏尔泰更相信耶稣会士的材料，孟德斯鸠却亲自访问了一些远东归来的船长和商人。18世纪对中国最负面的评价还是来自英国。

英国在18世纪已经进入工业革命阶段，自信满满。英国著名现实主义作家笛福（1660—1731）的第一部小说《鲁滨逊漂流记》，讲述了英国冒险家开拓"新世界"的殖民者鲁滨逊，独自在荒岛上创造新生活的故事，使他声誉鹊起。他还创作了《鲁滨逊二次漂流记》，这次的旅行来到了中国的南京和北京。10天的南京行，使鲁滨逊觉得，尽管这个城市人口繁盛，但是同英国相比，则毫无可称道之处：当我把这些国家的可怜的人民同我们国家的相比时，他们的衣着、生活方式，他们的政府、宗教，他们的财产和荣耀，几乎不值一提。"他们的建筑，拿什么同欧洲宫殿和皇家建筑相比？他们拿什么同英国、荷兰、法国和西班牙进行普遍贸易？他们的城市在财富、坚固、外观的艳丽、富足的设施和无穷的样式上，有什么可与我们的城市相比？他们那儿停泊了几艘帆船和小艇的港口，如何同我们的航运、我们的商船、我们巨大而有力的海军相比？""我们伦敦的贸易量就超过他们全国一半的贸易量；一艘配备80架枪炮的英国、荷兰或法国军舰就能摧毁所有中国船只。""中国没有一个设防的城镇能够抵挡欧洲军队一个月的炮轰和攻打。""当我回到家乡,听到我们的人民在谈论中国人的力量、光荣、辉煌和贸易这类美好事情时,我感到很奇怪;因为就我所见,他们显然是不值一提的一群人或无知群氓、卑贱的奴隶,臣服于一个只配统治这种人的政府。"

笛福还借鲁滨逊的北京之行,贬低中国人的道德。他们进京跟在一位总督的随从队伍中,每天有充足供给,但要按市面价格付账。还有另外 30 个人,也以同样的方式随队旅行。总督借此大赚一笔,因为国家无偿供给他旅行用品,他则有偿提供给旅行者。中国人除了像这位总督这般贪婪,也很傲慢,富人喜欢摆架子,蓄养众多奴仆来卖弄;普通平民也很傲慢无礼。

笛福没有到过东方,他的鲁滨逊在华游历是编纂加创作而成,但早在马戛尔尼来华前半个世纪,一位叫安森(Baron George Anson)的英国船长,在其环球航行途中,有过在澳门和广州(1742—1743)停留的经历。1748 年出版的《环球航行记》(*A Voyage round the World, in the years 1740–44*),根据安森及其下属的航海日志编纂而成。其中对中国的描述来自他们的亲身见闻,在很大程度上左右了 18 世纪后半叶欧洲人打量中国的眼神。

1742 年 11 月至 1743 年 4 月,安森在澳门停靠了半年,因为船只损坏和需要补给,向广州官员申请雇人修船并购买补给品。起先,安森没有获得中国官方的许可证,因此被严格禁止购买任何货物或请中国人来工作。英国人为此评论说,中国地方官特别喜欢颁布各种禁令,用触犯刑法的办法收取罚金,是中国官员常见的生财之道。

中国官员欺软怕硬,甚至官贼勾结,这也是英国人从亲身经历得出的印象。舰队在澳门时,一位因生病而乘小船上岸活动的英国官员遭到殴打和抢劫,安森立刻知会中国官员,地方官态度冷淡地表示若查获这些贼,将惩罚他们,但他根本就没有行动。后来英国人从一群来卖供应品的中国人中,认出了那天的一名首犯,于是安森将他扣留。当中国地方官前来交涉时,安森态度强硬地威胁说可以将这名罪犯击毙,于是地方官立刻从高高在上,变成卑躬屈膝地恳求安森放人，甚至很快又来了好几位地方官，许诺一大笔赎金请求放人。安森揣测，这些地方官吏与窃贼之间肯定互通情报，狼狈为奸，怕事情闹大，广州知府拿他们问罪，故而苦苦哀求安森放人。但这种官民同盟也有因分赃不均导致破裂的情况。安森的旗舰丢失一根中桅，打听不到下落，只好以重金悬赏，结果很快就有地方官通报说他手下有人找到这根中桅，安森派船取回中桅并如约付给这些人酬金。安森许诺这位地方官一份单独的酬劳，并托一名牙人转交，不料牙人将钱私吞。于是一天早上，那位地方官找借口登船，于谈话间问起安森是否再次丢失中桅，安森明白该官吏是为钱而来，就问他是否从牙人那里收到钱。双方都明白牙人做手脚之后，安森答应再付一笔，地方官却回答不必，第二天他派人把那位牙人抢劫一空。

安森还一口咬定欺诈和自私是中国人的习惯或天性。安森7月份自澳门驶往广州并一直停泊在广州河口，这时终于获得总督许可能够自由购买日常消费品，且还需为返回英国的航程准备充足给养，中国人卖给安森供应品时，在增加分量方面所耍的花招令人难以置信，比如给鸡鸭填喂石块和沙砾，给猪肉注水，给活猪喂许多盐迫使它们因口渴而大量喝水。安森买上船的禽畜因中国人做手脚而很快死亡，当它们被船员扔下船时，尾随船后的中国人就会抢为己有，寻机再次出售，因为中国人不避讳吃自然死亡的动物。凡此种种，足见中国人的性格并非天主教传教士们神话般描述的那样，他们显然与耶稣会士所说的一切美好品质的模范相去甚远。

《环球航行记》的编者根据安森等人的描述评论说，中国人所自命的文雅道德其实只是外表举止有度，而非内心诚实和仁慈。中国人一贯注意压制所有激情和暴力的征兆，这算是一种道德，但中国人所不加克制的伪善与欺诈，对人类普遍利益的伤害常常大于鲁莽粗暴的性情所造成的伤害，因为鲁莽与粗暴并不排斥忠诚、仁慈、果断，也不排斥其他许多值得赞扬的品质。一个人在抑制较为粗野和狂暴的激情时，往往导致自私性格膨胀，所以中国人的怯懦、矫饰和不诚实，或许多少应归罪于该国如此盛行的沉着镇静和外表得体。

安森认为，在中国无论是帝国宪法还是政府的一般命令都不易贯彻。中国虽然人口众多、富饶辽阔，自诩其文明智慧，却还是被一撮鞑靼人用十年左右就征服了。而且清帝国仍在不断遭受各种反叛暴动和边境骚乱，这正是由于居民的胆小懦弱和缺乏适当的军事管理。安森曾经因为迟迟不能被广州总督接见而在10月13日勇闯广州河，径入广州城，并未遭到中国军队的有力抵抗。英国人由此得出结论，仅安森这一艘旗舰的军力就胜过中国整个海军力量。广州是中国的主要海军力量驻防地，但这里的战船载重仅约300吨，船上最多4个人，装备8—10门炮，其中最大的一门只能发射不超过4磅重的炮弹。而中国商船也无法抵挡任何欧洲武装船只的进攻，它们从整体到部件都不结实，船上不配加能炮（cannon），这就是说，政府既不为商船配备可观的火力，也不提供较好的造船法以保护它们，此亦中国政府不健全的又一证据。

总之，《环球航行记》一出，立时成为畅销书，并大大改变了欧洲人对中国的印象。比如1748年12月刊的《环球杂志》立刻有人对此游记做出反应，称赞安森船长做得好，迫使整个中华帝国对英国国旗表示尊敬，这是一件莫大的快事。

安森的游记影响到著名哲学家休谟对中国的评价。安森对中国人道德的看法也影响了法国的孟德斯鸠，他在《论法的精神》中将西班牙人和中国人的性格对比，说西班牙人以信实著称，而中国人的性格恰恰相反。

当然，鲁滨逊的虚幻游记，安森的真实感受，都还不及后来马戛尔尼陛见乾隆时的傲慢。但是，他们打量中国的目光背后，分明流露出经历过资产阶级革命的大英帝国，对于沉浸在落日余晖中的天朝上国的睥睨和轻视。

6. 冯秉正《中国通史》：法文版《纲鉴易知录》

明清时期来华传教士数以百计，只有法国人冯秉正（J. de Moyriac de Mailla，1669—1748）因为编译了《中国通史》而名垂青史！黑格尔（1770—1831）、马克思（1818—1883）那个时代，关于中国历史的最系统的知识，都来自他的这部书。

路易十四派了白晋、张诚、徐日升等六名"国王数学家"到中国，康熙十分满意，还想邀请更多的这样的学者前来大清。冯秉正就是这样以"国王数学家"的身份，被康熙皇帝邀请来华的。冯秉正出身于法国的一个贵族世家，1703年来到中国，先在广州，后到北京，历事康、雍、乾三朝。1748年去世，葬在今天的北京海淀区彰化村（今蓝靛厂附近），在其附近的正福寺出土了冯秉正墓碑，碑文用拉丁文和中文两种文字书写。冯秉正精通满汉语言，熟悉中国古籍，曾通过对古代文献的考证，坚决支持中国古史的真实性，但他最具深远影响的贡献，是出版了法文版《中国通史》。

这部书的法文书名，直译是"中国通史，帝国编年史，冯秉正译自《通鉴纲目》"（*Histoire générale de la Chine, ou Annales de cet empire; traduites du Tong-kien-kang-mou, par de Mailla*）。《通鉴纲目》究竟是什么书？一般认为是朱熹根据司马光《资治通鉴》改编的那本书。但是，朱熹《通鉴纲目》叙事到五代后周显德年间（969年），而且缺少春秋以前部分。冯秉正《中国通史》则上起伏羲、黄帝，下至清代乾隆时代。作者所说的《通鉴纲目》显然不是朱熹的本子。

有学者认为，该书卷8—卷9讲宋、元历史，是冯秉正依据明代商

冯秉正《中国通史》插图

辂等人编修的《续宋元资治通鉴纲目》为范本编辑而成。冯秉正中文虽精，是否有能力从商辂的原著中摘编出有关内容，这是很可怀疑的。

冯秉正编撰《中国通史》历时6年，于1730年完成，为7卷本。1737年将书稿寄回法国，尽管学术界一直对它感兴趣并等待它的问世，这部书稿却在里昂学院图书馆沉睡了30年。法国学者格鲁贤（Abbé Jean Baptiste Grosier）受托整理出版书稿，于1777—1785年间在巴黎分12卷付梓，并附地图和说明图。1785年格鲁贤又出版《中国通史》第13卷，是他本人所撰《中国概述》。

法文版冯秉正《中国通史》第1卷除序言和评论外，是周穆王以前的中国古史的概述，起自伏羲、黄帝；第2—7卷讲周穆王至唐末五代，这部分主要是依据朱熹的《通鉴纲目》编译，且大体是从康熙后期译成的满文本《通鉴纲目》转译，但周威烈王之前（特别是公元前403年之前）的内容，应该另有来源。第8—9卷讲宋、元历史，过去一般认为是以明代商辂等人编修的《续宋元资治通鉴纲目》为范本。第10卷叙明事，第11卷述顺治至乾隆（1780年）间清事，雍、乾两朝之事由格鲁贤补写。第12卷中有按字母顺序排列的皇帝年号表，还有关于交趾支那与东京的历史、地理论述，以及中俄边境之

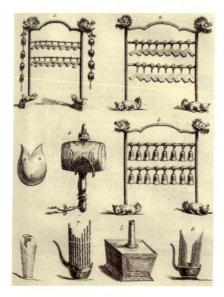

中国乐器
冯秉正《中国通史》插图

争,本卷作者是奥特拉耶。《中国通史》中也包含很多《书经》的内容,因此冯秉正也是为西方提供详细《书经》知识的第一位欧洲学者。

就在冯秉正从事编译过程中,康熙年间出版了另外一部纲鉴体历史著作,即《古文观止》编者吴乘权主持编著的《纲鉴易知录》。该书 92 卷,记述三皇五帝到元朝末年的历史,大体相当于冯秉正《中国通史》前 9 卷的内容。《纲鉴易知录》的明代部分另外编辑为明纪 15 卷,相当于冯书的卷 10 部分。卷 11 叙述清初到乾隆年间的事情,这部分冯秉正没有写完,主要部分是格鲁贤补写的。

《纲鉴易知录》康熙五十年(1711)初次刊刻。而冯秉正《中国通史》则是 1730 年完成,1735 年前后翻译成法文。这中间有 20 多年时间。我推测,作者法文本书名中的所谓《通鉴纲目》,其实就是《纲鉴易知录》的简称,该书构成了《中国通史》前 10 卷的内容。

黑格尔的孩童时代,恰逢《中国通史》出版,马克思生活的 19 世纪,这部书都是"中国史最完备之本"(费赖之的《在华耶稣会士列传及书目》),甚至直到 20 世纪初,仍为关于中国历史的各种叙述提供了最重要的基础。

7. 政治无意识：西方解读中国历史

著名文化批评学者、美国杜克大学教授詹明信（1934— ），曾经访问过中国北京和上海。80年代中期北京之行的演讲，出版了《后现代主义与文化理论》一书，曾经风靡一时。但我感兴趣的是他北京之行前稍早，在康奈尔大学出版社出版的《政治无意识》（*The political unconscious*），该书副标题是"作为社会象征性行为的叙事"（*narrative as socially symbolic act*）。他认为，一切作品的文本都是带有政治内容和含义的"社会象征性行为"。对于中国历史纪年的争论，又何尝不是一种"政治无意识"！我们不能说西方的学者，包括研究中国古史的严肃学者都是有意识地抹黑中国的历史，但是，那种潜意识的或者无意识的作用，却不可小觑！它会使人们发出的声音更加理直气壮！

夏商周断代工程

记得十几年前，清华大学李学勤教授主持的夏商周断代工程，公布阶段性研究成果的时候，曾引发西方学术界的轩然大波。美国汉学家、斯坦福大学荣休教授倪德卫（David S. Nivison）在《纽约时报》撰文说，"国际学术界将把工程报告撕成碎片"。为什么把话说得这么难听？因为他们攻击说，中国政府支持的这项工程，是民族主义、大国沙文主义在作祟，不是一项严肃的学术研究工作。

夏商周断代工程只是对于西周"共和元年"（公元前841）之前

的历史纪年资料，进行了梳理和推断，并且确定了几个年代数据。如夏代始建年代为公元前2070年，夏和商之交推算为公元前1600年，周武王伐纣灭商的年代是公元前1046年。这些数据是200多位不同学科的学者，从历史学、考古学、天文学等角度进行考证的结果。比如根据《古本竹书纪年》的"天再旦"（日全食）的天文学现象，证明周懿王元年是公元前899年，排除了之前中外学者的另外一个断代时间，即公元前925年，减少了26年。

上面提到的倪德卫这位老先生（生于1923年），本人是研究先秦断代史这一行的，他的代表作就是《西周诸王纪年》，比如他认为西周建立的年代是公元前1040，而不是传统说法公元前1122年。比夏商周课题组定武王伐纣为公元前1046年晚6年。

如果出于学术的洁癖，为这么一点年代差距大动肝火，倒是可敬又可爱。其实不是！芝加哥大学夏含夷教授就这样评断说：中国政府"出于沙文主义的意愿，而把历史记载推溯至公元前3000年，从而使中国与埃及平起平坐"，这不是学术，而是"出于政治和民族主义意图"。

中国历史：基督之前3000年

说中国历史始于基督诞生之前3000年，其实是传教士最早提出来的！早在300多年前的17世纪，西方人就曾经为中国历史纪年引起激烈争论。只是当时的争论是在欧洲内部进行的，中国是浑然不知的局外人。

意大利耶稣会士马尔蒂诺·马尔蒂尼（Martino Martini），中文名字叫卫匡国。1643年经里斯本来到澳门，明清之际在中国内地传教，1661年病逝，葬于杭州。卫匡国曾随南明政府南撤，并赴欧洲求助，他1658年出版的《中国上古史》，说中国的历史开端在诺亚大洪水之前的2952年。依据这个年代，到了20世纪，中国历史可不就是5000年了吗？

意大利耶稣会士卫匡国

当时欧洲的主流观点认为,诺亚大洪水以来的世界寿命,总共有4000多年。就是说,基督诞生之前上溯到诺亚大洪水,新人类历史有2400多年,基督诞生之后到现今的世界(17世纪)有1600多年。

卫匡国的意见在欧洲炸开了锅。基督教世界的敏感人士马上意识到问题的严重性。因为中国历史到底有多长,不仅仅是中国人的问题,而是涉及《圣经》构建的人类起源故事的真实性问题!也就是说,它不是一个文化学术问题,是一个政治与信仰问题!经过了宗教改革的欧洲,天主教的保守势力,神经比较脆弱,担心有人会利用中国历史的可靠性攻击《圣经》记载的可靠性!

中国历史记载的权威性,是尊敬而博学的耶稣会士凿凿有据地提出的。那么,否定是不可行的。于是,"调和"《圣经》编年与中国纪年的冲突,便成为欧洲人最早的选择。17世纪后半叶的欧洲学者,甚至从《圣经》的版本上找弥合点。大体是要削掉一点中国历史的长度,拉长一点大洪水事件的记载,这确实是一项"政治任务"!于是,卫匡国的《中国上古史》所带来的唯一不用争论的结果就是,欧洲宗教界内部，对于《圣经》版本的权威性之争，愈演愈烈。

也有人怀疑中国历史记载的真实性。比如，大规模焚书尤其是秦始皇的焚书事件，就受到关注。先秦的历史记载，从何而来，是否真实可靠？为什么世界上其他古代民族的文献中，没有提到中国？不能想象中国人的起源，与诺亚的其他子孙们有什么不同，只能说明中国的历史不够古老。

不管这些诘难出于何种动机，不再按照《圣经》的是非定是非，寻求可靠的史实来判断中国编年史的长度，这已经是西方社会观念的一种进步。换句话说，西方社会的怀疑精神、批评规则，通过"中国历史的真实性"这样一个话题，在逐步地发展。在这里，接受挑剔的，不只是来自中国的知识，还有《圣经》自身的尊严。

到了18世纪30年代，有人以非宗教的方法，进一步论证了中国历史的古老性、真实性，也不回避中国古老历史与《圣经》编年史有冲突。从而在事实上为否认《创世记》关于诺亚洪水是全人类的历史开端的说法，迈出了第一步。这就为启蒙旗手们伏尔泰等提供了炮弹，他们运用中国编年史这样坚固的新证据，配合关于人类其他古老文明的证据，猛烈轰击教会关于人类起源的说教。1738—1770年间，伏尔泰在多处论及中国历史，并坚持世界历史是从中国开始的，而不是从《旧约》中的犹太人开始的。伏尔泰用嘲讽的口气说，诺亚大洪水，不过是犹太人的地方叙事，却谎称是人类的普遍的事件。

伏尔泰捍卫中国历史纪年的激情，源自于他自身的理性诉求，这就是打击教会权威和《圣经》权威，树立人类理性之统治地位。

今日之视角

从今日之视角，看300多年前的那场关于中国历史纪年的争论，真让人有隔世之感！但是，似乎有一点没有改变，就是对于中国历史纪年的怀疑！

要是说，中国的历史五千年！多少人在撇嘴，哪有五千年？三千多年而已！从商朝算起，确实只有 3600 年左右！如果从夏朝算起，则可以增加到 4000 年。夏朝以前呢？

甲骨文出土之前，西方否定商朝的存在。商朝被确凿考古材料证实后，1999 年出版的《剑桥中国上古史》，仍对夏朝的历史持怀疑态度。这就是该书主编夏含夷气愤地指责中国的野心是要把历史拉到和埃及一样古老的原因。根据《史记》的记载，夏朝之前，还有五帝，即黄帝、颛顼、帝喾、尧、舜。谨慎的司马迁，把五帝之前的三皇归入传说时代，不予以追述。但是，五帝在公元前 3000 年则不含糊。黄帝发明了一切被中华民族可以称之为文明的东西，百草五谷、舟车、医药、刑法，还有他妻子嫘祖发明了蚕桑。黄帝被中华民族尊为人文始祖。至此，我们不难明白，否定 5000 年中华历史，也就是否定黄帝，意味着什么？

我们看看媒体上、网络上，对于中国历史纪年的攻击言论，有多少是学术性的关怀，有多少是一种政治无意识所使然呢？把 300 年前的争论，与当前的争论作一比较，发现有一点是相同的，那就是热衷于从政治上解读异域文明，是西方主流社会至今没有改变的态度。

"丝绸之路"把东西方的物质世界链接了起来；同时也传播着东西方的精神文明。但是，在现实的生活世界中，如何在思想文化领域中，东西方国家之间彼此有一份互相信任和理解，是我们面向新时代，构建人类命运共同体之时，必须解决的问题。为此，东西方学人身上都有一份文化人的责任和使命。

第八章

丝路商品与欧人新生活

　　大航海时代对于丝绸之路最重要的影响，就是中国商品直接输往欧洲大陆和英伦三岛。具有异国情调的中国商品大量进入欧洲，不仅改变了欧洲人一些生活习惯，也成为欧洲人认识中国的第一窗口，还催生出"中国趣味"，一种流行于18世纪欧洲上流社会，充满异域情调的独特艺术品位。

1. 中国商品与欧洲的"中国趣味"

所谓"中国趣味"(Chinoiserie),指17和18世纪欧洲社会流行的一种风尚,主要表现在室内装饰、家具设计、陶瓷样式、纺织品花纹和园林景观造型诸多方面,受到"中国风格"的影响。

"中国趣味"得以形成的直接灵感,来自于那些从中国进口的商品,包括瓷器、漆器、织物、壁纸。大量各式各样的中国特产来到欧洲,这些商品绘饰的具有异国情调的图案,令欧洲人耳目一新,目迷五色,撞开了蒙在欧洲人艺术和审美之眼上的一层雾障,像是为欧洲人指引出生活的快乐之门,因此大受欢迎。

17世纪末有人在《世界报》(World)上撰文说,中国壁纸在豪宅中极为流行,这些房子里挂满最华丽的中国纸和印度纸,上面满绘成千个根本不存在的、想象出来的人物、鸟兽、鱼虫的形象。

18世纪初,中国丝绸也已在英国蔚为风尚,公众审美观由东印度公司的进口商品所指导,连当时的安妮女王(1665—1714)也喜欢穿着中国丝绸和棉布制成的衣裳在公众场合露面。17世纪末期,英国东印度公司运来一船船瓷器,直接刺激了英国和欧洲市场对这类商品的需求,英国上流社会以收集和展示瓷器相标榜。类似的风气在路易十四时代的法国宫廷同样盛行,路易十四(1638—1715)热衷于通过东印度公司获取大量正宗的中国漆器和其他物品,他一生都对中国艺术品及其欧洲仿制品兴趣盎然,而随后一个世纪里流行法国的中国风尚首先就是受到17世纪末期法国宫廷习气的促动。

进口中国商品俘获了欧洲顾客的人心,本地的生产者和经销商自然不甘寂寞，出于产品竞争的考虑或借助时尚获利的考虑，开始模仿这些中国的橱柜、瓷器、绣品上的装饰风格，这便产生了"中国趣味"。先是工艺品和日常用品等小物件的仿制，如制造瓷器、丝绸、壁纸；进而是室内装饰与园林设计这些大工程，诞生了风靡一时的"英华园林"，并在今天都留下许多建筑痕迹。

最早出现的内部装饰主要为中国风格的建筑是1670—1671年为凡尔赛王宫而建的特里亚农瓷宫（Trianon de porcelaine），尽管只存在了17年就被拆除，但它却标志了后来席卷法国又蔓延全欧洲的崇尚异国情调风习的到来。特里亚农宫建成之后，此风迅速扩散，在德国尤甚，其宫室无不有中国屋，且一如特里亚农宫建造的初衷，这些中国屋也都是为王室的女主人而建。

1753年7月24日，瑞典王后收到国王赠送的一件特殊生日礼物，一座木结构的中国亭，她描述道："我吃惊地突然看到一个真正

19世纪，广州知名外销画家新呱所绘广州商馆区十三行
广东省博物馆藏

18 世纪荷兰的中国风家具　荷兰国立博物馆藏

的神话世界……一个近卫兵穿着中国服装，陛下的两位侍从武官则扮成清朝武官的样子。近卫兵表演中国兵操。我的长子穿得像个中国王子一样，在亭子入口处恭候，随侍的王室侍从则扮成中国文官的模样。……如果说亭外出人意料，亭内也并不少让人惊奇。……里面有一个以令人赏心悦目的印度风格装饰成的大房间，四角各有一只大瓷花瓶。其他小房间里则是旧式日本漆柜和铺着印度布的沙发，品味皆上乘。有一间墙上悬挂、床上铺盖印度布的卧室，墙上还装饰着美妙的瓷器、宝塔、花瓶和禽鸟图案。日本旧漆柜的一个抽屉里装满各种古董，其中也有中国绣品。厢廊陈设桌子：其一摆放一套精美的德累斯顿瓷器，另一张则摆放一套中国瓷器。欣赏过所有东西之后，国王陛下下令演出一场配土耳其音乐的中国芭蕾。"

这座所谓中国亭在建筑上到底有几分中国风味不得而知，但显然它就如 17 世纪末期流行起来的中国屋一样，以内中陈设有关中国的物品而得名。显然，在瑞典这座中国亭里，各种异国情调和欧洲风味混为一体，欧洲人创造的"中国趣味"，成为他们所理解的中国的实体形象。

18世纪西班牙银币，银币戳印有中文字样，疑为中国钱庄钱
湛江市博物馆藏品

另外一种创造来自东印度公司。他们给中国工匠提供加工图样，迎合欧洲顾客的需要，这样便形成了"中国趣味"的另一个制造地。换句话说，这些带有中国人艺术观感和手法的欧式图案，与那些在欧洲产生的烙刻欧洲风味的所谓中国图案，都是为迎合欧洲人的口味而诞生，都是文化混合和变异的结果，对欧洲人而言，都是异国情调和这个时代生活理想的表达，并且披上了"中国风格"的外衣。

比如18世纪中期进口到欧洲的中国玻璃画，常见的主题是富裕的中国男女在树荫下悠闲舒适地过活，或者中国仕女带着贵族式的无所事事的忧郁神情坐在花园或牧野中，这都是专门设计来吸引欧洲买主的。不难理解，当时的欧洲，英国已经产生大批富裕悠闲的中产阶级，法国那些被剥夺了政治特权而依然经济富有的贵族们则麇集在宫廷，百无聊赖地以虚耗光阴为最高追求。这些中国画实则正迎合了欧洲上流社会的理想生活。

来自中国的进口瓷器，形制上亦做成符合欧洲人需要的器形，比如英国公司订购的便以英国银器为模型，而此风以雍乾时期最盛。如此，欧洲人看到的究竟是中国瓷器还是欧式器皿，是中国人的生活风貌还是欧洲有产阶级的人生理想？恐怕在他们看来，从这些图形、纹饰、质地、形状中所见到的就是中国。

"中国趣味"的第三个来源，是耶稣会士文学和游记作品中的相关叙述。以中国园林为例，利玛窦在《中国札记》中评价了南京的瞻园，提到花园里一座色彩斑斓未经雕琢的大理石假山，假山里面开凿了一个供避暑之用的山洞，内中接待室、大厅、台阶、鱼池、树木等一应俱全，洞穴设计得像座迷宫。几十年后，曾德昭《大中国志》则

静物写生（油画）中的中国织锦与瓷器，可见中国产品进入欧洲人的日常生活

说，中国人喜欢在庭院和小径上植花种草，在园中堆假山、养金鱼和各种珍禽异兽，圆形、方形、八角形的宝塔造型美观，有弯梯或直梯，外侧有栏杆。

对 17 世纪的欧洲人来说，最重要的描述来自荷兰使团总管尼霍夫（Jan Nieuhoff）的作品。尼霍夫的行纪多处赞美中国园林的景致优美。他描述了安徽境内繁昌一座宝塔，有尖尖的塔顶和陡陡的塔檐。介绍南京报恩寺的琉璃塔，虽然毁弃，曾有九层 184 个阶梯，里外有漂亮的塔廊，琉璃辉耀，塔檐的檐角挂着铜铃，铃声随风响起。北京的御花园，被他称为是从未见过的漂亮地方，因为里面满是悉心栽培的果树和精心建造的房屋。图文并茂的尼霍夫著作问世之后如同当年的《马可·波罗游记》那般风行，可想而知，它对欧洲民众之中国观感的影响力。其实尼霍夫的原文介绍十分简单，而世面上流传的此书各种版本皆非尼霍夫原书，是经编者多方润色的版本，其中对中国风物的描述想来远比上文所引述的生动详细，而这些生动的描述无疑包含了大量从未到过中国的欧洲人的想象。

透雕白玉兰花犀角杯

全形犀角杯·沉香木如意

回到中欧贸易的问题上来。16至18世纪的中欧贸易其实是以欧洲市场对中国商品的单方面巨大需求为特征,无论在哪条运输路线上,中国的丝织品、生丝、棉布、茶叶、陶瓷器都是主打产品,而且它们都经历了从高档奢侈品变为大众消费品的历程。此外,中国商品还包括食物、矿物到居家用品和玩具的各类物产,都颇受欢迎,如糖块、烧酒、酱油、糕点、白蓉、桂子、蜜饯、茯苓、生姜、茴香子、草药、大黄、鹿皮、麝香、樟脑、汞、明矾、硼砂、朱砂、铅、锡、锌、黄铜、白铜,黄金首饰、部分珠宝、漆器、画、茶几、扇、席、手杖、玩具。而欧洲各国向中国输出的本国产品以高档毛绒和毛呢为主,由于价格昂贵,且中国人很长时期也不缺衣料,所以仅限于供应极少数富贵之家,总体是滞销货。

欧洲人能打入中国市场的商品都是亚洲出产,主要有香料(如木香、没药、乳香、胡椒、丁香、肉豆蔻、桂皮)、木材(如檀香木、红木、蓝靛)、棉花,还有铸铜钱所需的锡块,此外还有王公贵戚历来喜欢的奇珍异宝,以及自鸣钟等欧洲精巧制品。这种商品结构本质上与历来以和氏璧和汗血马为代表的丝路贸易相似，表现为出超特征。因为中国进口物品的数量远不能与出口物品相匹配，上述物品不可能赢得大众市场，大多时候欧洲人需要直接支付白银，这与汉唐时代中原地区输入巨量黄金和金银器一样，达成了丝路贸易的平衡。

从 16 到 18 世纪，瓷器、丝货和茶叶在运销欧洲的中国商品中总是位列前三甲，虽然三者的排名因时而变，但正是这三类物品在欧洲生活方式和艺术风格的衍化中扮演了重要角色，成为中国与欧洲文化互动的突出例证。

2. 茶叶与英国茶会

中原地区的茶叶大约在唐代中叶，即公元 8—10 世纪传到了吐蕃、回鹘等地区。9 世纪的阿拉伯文献中曾提到中国的茶饮可治百病。15 世纪蒙古帝国和元朝时期，中国茶饮习惯经陆路西传，迄于 17 世纪，已经传入中亚、波斯、印度和阿拉伯地区。至少在 16 世纪中叶，茶叶的信息通过意大利人已经传入西欧。1559 年，欧洲人第一次提到"中国茶"，是一位名叫拉木学（G.B. Rammusio）的威尼斯人，从波斯人哈只·马合木（Chaggi Mehomet）那里道听途说而来，但只是作为药用。一百年后，1659 年巴黎大学医学系称赞茶叶有医疗疾病的功效，于是茶叶更显珍贵，成为巴黎最高级和最珍贵的饮料，只有巨富才喝得起。

17 世纪后期，法国的高层人士还可以另外享受巧克力和咖啡两种昂贵的进口饮料。当时的习惯是在特别豪华的咖啡厅享用新进口的奢侈饮料。1645 年，威尼斯诞生了欧洲第一家街头咖啡馆。几年之后，英国也陆续出现了"雅各布咖啡馆"和"罗杰咖啡馆"。短短数年间，咖啡店和咖啡馆如雨后春笋般发展，到 1663 年，仅伦敦的咖啡馆数量就达到 82 家，到 18 世纪初，更是暴增至 3000 多家，随便一家咖啡馆，每天都有三四百人在此流连忘返。

欧洲各重要城市渐次出现咖啡馆，伦敦在 1652 年，马赛在 1654 年，汉堡在 1671 年，巴黎在 1672 年，维也纳在 1683 年。巴黎的咖啡馆多半陈设高雅，吸引身份相宜的顾客。咖啡厅的服务人员多半穿着土耳其或亚美尼亚式服装，因为早先法国人通过土耳其人接触到咖

18世纪静物写生（油画），茶具进入静物写生，反映出当时饮茶风气很盛

啡。咖啡馆日后成为欧洲各个社会阶层的人士相互接触的场所，成为精神思想交汇之处，成为政治和艺术的革命潮流萌芽之温床，则为始料未及。与咖啡相比，巧克力较便宜。巧克力于1528年被引入西班牙宫廷，日后逐渐进入西班牙民间和欧洲其他地区。1659年起，巴黎人把喝巧克力饮料视为一种特权。

荷兰公司自1610年便购买中国茶叶，英国则在1669年才首次购买，总体上欧洲人自17世纪最后25年开始比较多地进口中国茶叶。虽然英国上层社会品味茶饮晚于法国人，但中欧茶叶贸易的兴盛是以英国市场的需求为主导的。1657年伦敦有人开了一家茶店。作家佩皮斯（Samuel Pepys）在1666年9月25日的日记中说："我要了一杯茶，那是我以前没有用过的中国饮料。"他可能就在茶店享用的这杯茶。1661年，来自葡萄牙的凯瑟琳王后将茶叶引入英国宫廷。1664年和1666年英国东印度公司带来一些茶叶作为礼物送给查理二世（Charles II，1660—1685年在位）并得到国王嘉许，公司便从1669年正式从亚洲进口茶叶。1684年起，英国公司将茶叶列为重要进口商品，恐怕与上流社会喜爱茶叶有关。在查理二世首肯茶叶之后，玛丽二世（Mary II，1689—1694年与威廉三世共治）和安妮女王（Anne of Great Britain，1702—1714年在位）也都喜爱饮茶。

清代茶叶外销画系列：生产
中国茶叶博物馆藏品

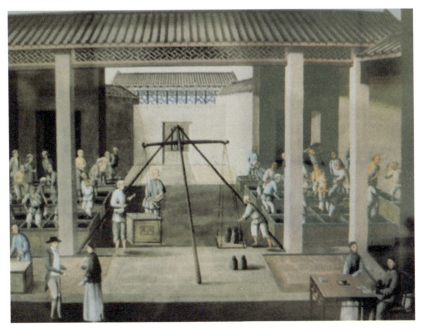

清代茶叶外销画系列：销售
中国茶叶博物馆藏品

19 世纪外销银质人物故事图茶具
广东省博物馆藏

据说玛丽二世备有各种茶具，安妮女王则常在肯辛顿宫的花园闲坐饮茶。

18 世纪初，茶饮已在英国各阶层人士中享有口碑。1700 年，桂冠诗人纳厄姆·泰特（Nahum Tate）发表两章《饮茶颂》，其中有言：人们有了烦恼，总去寻找酒神，哪知多喝了几杯，烦恼未去而神志不清了。饮茶不同，饮茶可以忘忧，而头脑仍然清醒。社交界的名媛蒙塔古夫人（Mrs. Montagu）则说，因为饮茶，社交活动更有生气了；年老的变得年轻，年轻的更年轻了。散文家艾迪生（Addison）在他主办的报刊《观察家》（Spectator）第 323 号上说，时髦女子在上午 10 点至 11 点之间要喝武夷茶一盅，到了晚间 10 点至 11 点之间，又坐在茶桌子边。艾迪生本人也爱好品茶，他在 1712 年 6 月 9 日发表于《观察家》（Spectator）第 409 号的一篇文章中宣称，老茶客能分辨出各种名茶。如果有两种茶叶合在一起，他在品尝过后也能分辨，并能说出这两种茶的名字。英国东印度公司迅速注意到茶叶在本国的广泛声誉并付诸行动。1704 年英国肯特号（Kent）从广州运载的货物中，有价值 14000 两银的 470 担茶叶和价值 80000 两银的丝织品，茶叶占货物总值 11%。1717 年，英国东印度公司指示每艘船要尽其所能地装载茶叶。1722 年，这家公司从中国进口茶叶已占总货值 56%。可能在 1720 年左右，中国茶叶的出口价值已超过丝织品出口价值。

此时，茶叶在英国乃至欧洲都早已不再是药物而成为一种饮料。

18世纪中期的英国各地,上自王公贵族,下至贩夫走卒都要喝茶,只是喝的品种不同。18世纪20年代的英国人开始普遍有饮用下午茶和黄昏茶的习惯。英国人的黄昏茶点,是为了在晚饭前给收工回来的男人们补充体力用,因此惯用较便宜和味道浓烈的印度茶。但下午茶却喜用雅致的中国茶,同时主要是在女性世界中流行。

下午茶是一种家庭社交娱乐活动,因此茶饮总与茶会联系在一起。茶会通过客厅和饮茶时间培养出一种女性化的家庭空间和时间,因为茶会需要有特别的烹调手艺、家具、茶具、服装,还需要有机会展示这一切。以饮茶来支持和塑造女性氛围,其实是工业革命后更加普遍的女性化消费的一部分。咖啡馆的诞生与普及,使咖啡成为男性文化与公共文化的一部分,同时咖啡与巧克力的价格对于中产阶级女性而言仍显昂贵,不适合成为社交饮料,茶叶和茶会则成为最适合中上层女性的社交工具。茶叶被中上层人士热衷,还在于人们认为它有一种培养君子之风的社会功效。

1590年,有一位意大利作家乔瓦尼·波特罗(Giovanni Botero)便提出,中国人用茶代替酒作日常饮料,它不仅使中国人身体健康,还使他们避免所有因无节制喝酒而引出的邪恶举动,而意大利人或欧洲人正属于喝酒闹事的人。马戛尔尼使团的副使斯当东爵士也赞同这种观点,认为茶叶最大的好处就是,当人们习惯饮茶之后,就不再喜欢发酵的烈性酒。而近代早期的英国人因为爱喝酒而粗野好斗,这似乎也是英国绅士阶层的共识。茶叶在英国推广的另一个动力是产业工人的需要。茶叶和烤面包是帮助人们消除疲劳、振作精神的新饮食,有利于劳动操作的安全,帮助工厂工人在粗劣饮食之下还能支撑着体力,从事劳动。不过,中国茶叶在18世纪末期之前都属于较昂贵的进口物品,不是产业工人能够享用的,而且农民大量涌入城市成为产业工人也是在18、19世纪之交才成为潮流。所以,18世纪饮茶之风的兴盛主要还源于中产阶级和贵族阶级的追捧。下午茶在18世纪已常见于西欧各地,在英国则称得上"盛行"。1772—1780年,英国及其属地每年至少消耗茶叶1333.8万磅,1791—1793年英国每年人均消费茶叶1.66磅。18世纪的英国在茶叶消费量上比别国大得多，正是这个国家经济、社会和文化早熟的一种标志。富足、闲适和家庭社交造就了作为一顿加餐的下午茶，它成为对一个特殊社会阶段的理想表达方式。

英国人围绕饮茶曾发生过一桩公案。1756年有个叫汉威（Jonas Hanway）的慈善家发表了一篇《茶说》（Essay on Tea），说各种进口中国茶都阻碍生产的发展，把国家弄穷，还对健康有害，尤其破坏女性的天生丽质。没精打采、消化不良、疲惫、懒惰和忧郁之类都与饮茶有关。他提倡戒茶，并提议从女士做起，树立铜像或石像，题写戒茶女士领导人的姓名，以资鼓励等等。这篇文章惹火了著名作家约翰逊（Samuel Johnson）博士。身为老茶客的约翰逊给《文学杂志》（Literary Magazine）写了一篇书评痛斥汉威，并在文章结尾自曝茶瘾，说自己白天喝茶咽饭、傍晚喝茶解闷、夜半喝茶忘忧、早起喝茶提神，20年来茶炉子没冷过。汉威看了不服，写文章回应。约翰逊看过更是生气，再书一笔答辩。有一点可以肯定，英国的茶叶消费市场在这些逸事趣闻的陪伴下蒸蒸日上。

英国茶叶消费市场的成熟不仅促进英国公司的茶叶贸易，也极大地促进了其他欧洲国家的茶叶贸易，荷兰曾是它最大的竞争对手。1690—1719年，荷兰东印度公司向来巴达维亚贸易的华商和葡澳商人购进的茶叶仅占所有中国商品的20%—50%，每年平均500—600担。1729年和1760年，茶叶竟分别占公司输入华货总价值的85.1%和89.6%。直到18世纪末，这个比例都维持在70%以上。1730年巴达维亚输入中国茶可能在15000担。将茶叶贩卖到巴达维亚的不止有中国帆船，还有葡澳商人。18世纪中期以前，葡澳主要经马六甲、巴达维亚向欧洲进口中国的茶叶和丝织品，1720—1723年，共计30艘船从澳门航向巴达维亚，主要货物为茶叶，每年将2000—3000担茶叶运进巴达维亚，同时购入胡椒返回澳门。1728—1734/1735年荷兰与广州直接通航阶段，九艘抵达广州并顺利返航的荷兰商船共载运135万磅茶叶，占总值73.9%。18世纪30年代，每年巴达维亚从来自中国帆船上购入约三万担茶叶。

英国茶叶消费市场的蓬勃发展促使英国政府视茶叶为利润渊薮，长期对茶叶课以总量高达106%—127%的各种税，以致茶叶售价是欧洲其他国家的三倍，结果造成英国的茶叶走私不可遏止。每年经走私进入英国的茶叶达六七百万磅，占其消费量的三分之二，极大地影响了英国东印度公司的竞争力。以荷兰为首的其他东印度公司如此热心于茶叶贸易，原来是为了卖给英国的走私商人。英国东印度公司的茶叶因此滞销，1773年曾极度过剩而不得不大大减少进口量。这种情况不仅危及东印度公司的利润，也影响了国家税收，与课收高额茶叶税的初衷南辕北辙。1784年，英国终于通过《减税法令》(Commutation Act，也译为《交换法令》《交易法令》)，将茶叶税降至12.5%。此法令的效果立竿见影，英国东印度公司茶叶销售量迅速增加，进口量也随之扩大。1785年以后，其他东印度公司在对华茶叶贸易中的份额急剧下降。1795年之后，欧洲大陆的东印度公司纷纷倒闭，英国东印度公司与英国散商更是独揽中欧茶叶贸易，就输出中国茶叶数量而言，惟有新起的美国可与之争雄。19世纪中后期，中国茶业产量的三分之一都通过英国商人销往欧洲。

英国从中国大量购买茶叶，资金成为重大问题，于是英国公司先以印度的棉花为替代支付品，后来则以鸦片。18世纪中叶，中国自产棉花已跟不上人口和经济增长的需求，开始大量进口印度棉花，1785—1833年共进口印度棉花13404659担，年均273564.4担。

18世纪后半叶，法国普遍兴起进口替代意识，在此意识下，对于昂贵进口商品的态度是，既要享用这种异域物品，又不要花那么多钱。法国与英国相比虽非茶叶消费大国，但茶叶的昂贵和被人喜爱也已经引起贸易保护主义者的不安。17世纪中叶，茶叶在法国因为价格高昂而不如咖啡普及。但到了1766年，法国的茶叶消费总量估计为210万磅。所以，18世纪中后期，法国的园丁和科学家都在尝试培植茶树，只是没能成功。法国人试图引种茶树不仅有进口替代意识的作用，还有法国植物学家贸易保护传统的影响，他们从17世纪就反对从印度进口物种而努力尝试异域物种的本地化生产。在引种茶树方面最著名的例子是植物学家林奈（Carl Linnaeus，1707—1778）试图在拉普兰（Lapland）种茶的经历。林奈是"驯化异国物种"的最著名人士之一，他虽是瑞典人，却也属于法兰西科学院圈子，法兰西科学院与他保持通信。林奈请东印度公司的人给他带一株茶树，但几艘船运来的都是死掉的植株。1763年，林奈终于在瑞典收到一株尚存活的茶树，但仍未能引种成功。1766年法兰西科学院一份报告称，茶树这种植物太特殊，只适合中国的水土。在这份评估报告中，林奈的失败经历是一个考虑因素。林奈后来还给英格兰转送了几株活的茶树，据说它们在英国活了下来。不过英国人真正建立茶园要到19世纪后期，并且是在斯里兰卡。

3. 丝绸贸易与技术传播

古代的跨洲际国际贸易，其商品的稀缺、携带的轻便、消费的时尚，是非常重要的前提条件。丝绸最符合这几个条件，稀缺性是决定商品价格的重要因素，因此，远途贩易的稀缺性商品，如果在家门口也能生产，商家的利润就会大大提升，商品的消费也会进一步普及。

古来的欧洲的丝绸消费风尚

中国丝绸从罗马帝国时代就令帝国的贵族迷醉不已，不管道德严谨的罗马人对此如何批评，也无济于事。东罗马显然继承了罗马的爱好，从查士丁尼（483—565）时代起，丝织品已然是帝国相当普遍的衣着材料。蛮族成为西部罗马帝国的主人以后，也很快爱上丝绸，查理曼大帝（742—814）建立的王朝中，不仅贵族男女喜爱穿绸缎服装，连神职人员也无视禁令，穿裹绸缎或紫红色的华丽服装，贵族女子还为丝绸质地的宗教服装和世俗服装刺绣纹饰。神圣罗马帝国辖境内的骑士与贵妇，同样以刺绣丝绸为中意的服装材料。文艺复兴时期，贵重的宫廷服装质料除了普通丝绸，还有提花锦缎。

16世纪中叶起，欧洲的礼节与服装款式明显受到西班牙国王菲利普二世（1527—1598）及其继承者影响。16世纪末，贵族男女都喜爱黑色花纹的丝织衣料。达官贵人喜欢以轻便带扣的鞋子或骑士长靴搭配一件潇洒的短外套、手套和一顶紧压在剪短了的头发上的丝帽。

18世纪，维也纳时尚男装的重要组成部分是无袖锦缎背心或丝织胸衣，法国的宫廷服装少不了丝绸、天鹅绒和锦缎。直到大革命前，法国上流人士一直爱穿丝织的（通常是织锦）外套、马甲和裤子。这些丝织成品未必都来自中国，波斯地区也可以为欧洲市场提供丝织物，而且与制瓷和种茶相比，丝织品生产的本地化在欧洲开始得最早也发展得最好。

中国的丝绸出口

晚明时期（1570—1644），中国出口马尼拉的产品中以丝货占绝大部分，1611—1615年比例高达91.5%，明季马尼拉是中国丝货销往欧洲的最重要基地。那个时代，菲律宾马尼拉是西班牙的殖民地。

1684年清朝开放海禁后，丝货在西班牙大帆船贸易中仍占极大比例。直到18世纪末，中国丝货仍占墨西哥进口商品总值的63%。中国丝绸在西属美洲被普遍穿戴，不但西班牙殖民者使用各种中国丝绸制品，连产银区的非洲人和印第安人，也有能力购买丝绸衣物。而西班牙为中国丝货付出大量白银。18世纪晚期，由于福建和广东粮食产量严重不足，开始从菲律宾大量进口稻米，这才扭转了西班牙和中国之间的丝货贸易逆差，但不久之后就因为墨西哥独立战争而废止大帆船贸易。

18世纪20年代之前，茶叶贸易尚未大兴，丝货是欧洲各国对华贸易中最有价值的物品。雍正（1723—1735）年间，生丝和绸缎成为广州的大宗出口商品。1884年之后，丝货又取代茶叶恢复出口魁首地位，但以生丝原料为主。17世纪以后，中国丝匠已开始按照欧洲商人的订货要求设计并生产带有欧洲风格图案的丝织品。18世纪各个东印度公司进口中国成品丝绸的数量，有相似的变化趋势，18世纪30—40年代是顶峰，此后随着本国丝织业的发展而逐渐减少。17世纪后期及18世纪初，就有英法纺织业人士敦促政府立法禁止中国丝织品流入，但由于上层社会喜爱中国丝织品，而本国丝织业又尚未成熟，因此即使政府颁布禁止令也不能制止优质中国丝织品的流入。

欧洲的丝织业兴起

6世纪上半叶查士丁尼统治时期,蚕种和养蚕法终于传入东罗马。从中国直接夹带蚕卵偷运至东罗马的传说缺乏可信度,但波斯在5世纪就已开始丝织业,身为邻国而又为大量购买丝绸的黄金流入波斯感到心痛不已的东罗马,很可能从波斯获悉此项秘密。

东罗马帝国的养蚕植桑业和丝织业,在查士丁尼在世时已有显著发展。有来自中亚的使臣,夸耀罗马人的养蚕纺丝技术不逊于中国人。希腊南部的伯罗奔尼撒半岛在8世纪中叶出产的丝织品已经有单丝、双丝、三丝甚至六丝的多种质地,丝织品的颜色与图案也丰富多样。直到12世纪,东罗马—拜占庭都垄断着基督教世界的养蚕纺丝技术。但12世纪里,先是摩尔人(北非的阿拉伯人被称为摩尔人)统治的伊比利亚半岛从伯罗奔尼撒的希腊人那里获得丝织术,然后定居西西里的诺曼人,将这种技术传入西西里。

西西里国王罗杰二世(Roger II, 1095—1154)很赏识丝织业,1147年攻打拜占庭领土伯罗奔尼撒半岛并大获全胜时,顺便把底比斯和科林斯地区的大批男女织工掳至西西里岛,专门在皇宫里为他们建了一座丝织厂,西西里王国就此成为西方丝织品的重要来源地。但西西里王国的衰落使丝织业中心转移到位于托斯卡纳地区的卢卡(Lucca),卢卡在1314年成为意大利丝织业的垄断者,只是好景不长。14世纪末,卢卡的一次动乱使丝工散布到佛罗伦萨、波隆纳、威尼斯、米兰,甚至法国。意大利各城邦的丝织业在15、16世纪间纷纷兴起,西西里却黯然失色。

威尼斯的丝织业在15至16世纪非常兴盛,曾经有四千人受雇生产天鹅绒、缎子、塔夫绸和金银线布,而一些经营集约化农业的贵族庄园为之提供生丝。但威尼斯的丝织业于16世纪初开始衰落,只是在刺绣和丝带生产方面仍保持领先地位。

热那亚的丝织业从15世纪末才开始发展,很快成为主要工业门类，丝织品则成为主要出口商品，可是当里昂（Lyons）兴起之后，它就失去了竞争力。佛罗伦萨的丝织业兴起于15、16世纪之交，美第奇家族统治佛罗伦萨以后，威尼斯的逃亡丝工为该地提供了生产秘密，结果佛罗伦萨的金银线织锦，行销整个欧洲。但法国的图尔（Tours）和里昂不久后就开始挑战它的垄断。米兰也有不错的丝织业。只有位于阿尔卑斯山区的皮埃蒙特没有丝织业，原因是两个邻居米兰和法国的强大竞争力。但是这里也养蚕，养蚕户只能低价将生丝卖给外国中间商。

法国的丝织业始于14世纪末，当时一些逃离意大利卢卡的丝工打算在鲁昂（Rouen）创建丝织厂。到法国宗教战争（1562年至1593年反复多次战争，共计八次）前夕，里昂（Lyon）从事丝织、丝绒、镶金银线布生产的雇佣工人超过12000人。进入17世纪，服饰方面的奢侈风气大长，里昂周边地区及圣沙蒙（St. Chamond）和圣艾蒂安（St. Etienne）都兴起丝织业，这里的农民在冬季农闲季节都在纺织缎带。丝织品和棉布在17世纪初都成为有很大出口份额的商品，而政府则开始禁止出口亚麻、大麻和丝。同时，1629年还发布条令，禁止诸多外国纺织品进口，包括丝织品和镶金线、银线的布。虽然中国的丝织成品在17世纪也大量来到欧洲，但法国的丝织业一直保持强大的活力。

16世纪的西班牙已经有养蚕缫丝业，也牧养庞大的羊群。西班牙政府限制毛料输出量，以保护本国纺织品，在丝织品样品设计和制造贵重金银丝缎方面并无敌手，旅居西班牙的摩尔人，对该行业及人工皮革制造业贡献甚大。伊丽莎白时代（1558—1603），英国还没什么丝织业。17世纪中叶，以难民身份自法国投奔英国的丝工在英国政府大力支持下创立了丝织业。1689年以后，英国政府已经为鼓励丝织业而制定了出口退税或奖励的政策。普鲁士王国在18世纪后期终于也有了丝织业，而且可以同里昂竞争。

中国生丝销往欧洲

作为丝绸纺织原料的中国生丝外销欧洲，始于16世纪60年代奔波于太平洋的西班牙大帆船。嗣后，中国生丝成为欧洲市场也是西班牙商船的重要进口物品。1723年，西班牙议会宣称：大帆船自菲律宾运进墨西哥的生丝，虽以4000包为限，但实际上常高达10000—12000包，每包约重一磅。在马尼拉和墨西哥之间往返的西班牙大帆船别称"丝船"。17世纪，欧洲的养蚕业分布在意大利、西班牙和法国的罗纳河谷。而且桑树也是法国人意图本土化并付出大量实践的异国植物，始于16世纪中叶，当时有人专门回顾了地中海地区的植桑史，随后提议在巴黎引种，得到法国国王支持，号召贵族在自家庄园种植。贵族庄园也响应国王号召种植其他异域植物，而凡尔赛在16世纪末已经是著名的异域植物实验园。尽管如此，法国丝织业的繁荣使得本地蚕丝的供应量相形见绌。于是里昂通过马赛从地中海东岸地区获得部分原料，图尔则通过圣马洛（Saint Malo）从中国补充。虽说17世纪中期以后，由于荷兰人在孟加拉、波斯等其他产丝国设立商馆，中国生丝在欧洲市场上受到孟加拉和波斯生丝的竞争，但中国生丝终究以其色泽亮白、丝质华丽且价格不高而具有强大竞争力。即使对荷兰东印度公司而言，1650年以前，中国生丝也是它最重要的进口物品，此后则让位于茶叶和瓷器。18世纪中期以前，英国主要进口波斯和孟加拉所产生丝，波斯和孟加拉生丝质量不如中国，但价格便宜，同时英国在18世纪初控制了孟加拉的丝产地，也为进口孟加拉丝提供方便。

18世纪，各国东印度公司开始大量输入中国生丝，1750年后生丝进口量明显增多。英国仍是典型例子。18世纪前半期英国进口华丝的数量每年起伏不定，且波动幅度相当大，从几百匹到4万多匹，50年代起呈现明显的上升趋势，基本保持在每年5万匹以上，60年代以后则迅速突破10万匹，有的年份甚至超过30万匹。出现这种情况的重要原因是，英国纺丝技术和设备大大发展，开始需要高质量的中国生丝纺造更精致的丝绸，同时也要摆脱对意大利高级丝线的依赖。另外如瑞典在1775年后只进口生丝而不进口丝绸。意大利的丝纺业虽然在16、17世纪多少都因新兴国家的竞争而又显出衰落征兆，但这时意大利毕竟还是欧洲生丝和丝线的基本来源地。18世纪，大量涌入的中国生丝对欧洲丝织业的影响绝非轻描淡写，法国里昂和英国的丝纺业因此如虎添翼，意大利的垄断地位则彻底消失。这期间广州出口的生丝品种有白丝、黄丝、纬丝、单经丝、线经丝、双经丝六种，可见当时欧洲丝织业已发展到相当精细的程度。

而当生丝批量出口的同时，中国国内一度丝价昂贵，有人归咎于出口过多，所以乾隆二十七年（1762）明令限制欧洲船只每船准许携带的生丝数量。但两年后，前任浙江巡抚庄有恭以杭、嘉、湖三府民生为由请求弛禁，清朝便不再限制生丝出口。到19世纪前半叶，欧洲市场上一半的生丝都来自中国，英国因产业革命后缫丝业大发展而依赖尤深。

荷兰公司颇与众不同，在18世纪对进口生丝不感兴趣而始终偏爱进口丝绸，因为丝绸获利比生丝更高。但这对荷兰纺织业构成威胁，荷兰的主要纺织品制造商于1740、1770年两度向东印度公司董事会请愿，要求限制丝绸进口而多运生丝和丝线，却遭公司拒绝。不过，18世纪欧洲市场上的丝绸价格并不总能令荷兰公司满意，在前四分之三个世纪里因各国都大量进口丝绸而导致欧洲市场的丝绸价格非常不稳定。

18世纪后期，在印度棉花进口中国的同时，苏松一带出产的棉布成为向欧洲出口的又一大宗纺织品。苏松棉布有白色、褐色之分，外国人称为"南京布"，质地好而价格较丝绸便宜许多，更适于欧洲普通人制作日常衣物。南京布到18世纪70年代以后开始大范围在欧洲流行。1780年以前欧洲有关南京布进口量的数据很零散，这也从一方面说明南京布此时尚未成为常规货物。18世纪最后10年里，各个东印度公司购买南京布的数量都在不断上升，而且各国平均每年的购买量常在3万匹以上。当然，除南京布以外，其他中国土布自1730年代起也陆续运销欧洲，影响着欧洲人的生活。

4. 瓷器贸易与技术交流

瓷器也是明清时代中欧贸易的重头戏。

宋元时期,华瓷的主要海外市场是东南亚、波斯、北非和土耳其,可能也有一些辗转进入欧洲。据说马可·波罗为欧洲带回第一件中国瓷器,那是一件现存威尼斯圣马可教堂(St Mark's Basilica)的德化白瓷,而欧洲人还因此把德化窑瓷器称为"马可·波罗瓷器"。

葡萄牙拔得头筹

葡萄牙人在抵达印度之始就接触到中国瓷器,达·伽马获得卡利卡特国王赠送的一只大瓷罐、六只小瓷碗和六个深腹瓷壶,他回国时还将一些瓷器献给国王堂·曼努埃尔一世(D. Manuel I, 1495—1521年在位)。这以后,堂·曼努埃尔国王爱上了中国瓷器,一边努力搜集,一边还对西班牙的天主教国王夫妇推荐或炫耀。而葡萄牙东方船队的船长、贵族和教会长老们也都喜爱上中国瓷器。天主教世界的特兰托公会议首轮会议召开期间(1562),葡萄牙布拉卡大主教马蒂尔(D. Frei Barlomeu dos Mártires)便向其他主教炫耀自己的瓷器收藏。1580年,里斯本已有六家出售中国瓷器的商店。中国与欧洲之间的正式瓷器贸易便因葡萄牙人而开始,但16世纪由葡萄牙人进口的瓷器数量虽然不少,却仍然是一项不定期贸易。虽然葡萄牙本国在16世纪晚期已经开始了将青花瓷从上层社会奢侈品转变为普通百姓日用品的过程,但由于葡萄牙人不屑于在欧洲主动经商,他们的澳门瓷器

清乾隆时代广彩，英国萨里郡黑斯尔米尔镇镇长纹章盘。18世纪中国销往欧洲的纹章瓷约60万件，向中国订制纹章瓷的欧洲家族约有300个
广东省博物馆藏

贸易对他国的影响十分有限。待荷兰人加入瓷器贸易，中国瓷器才开始为欧洲各地瞩目。

荷兰人风头最盛

1602年3月，荷兰人在海上截获一艘葡萄牙帆船"圣地亚哥"号（Santiago），将船上的28筐瓷制盘碟和14筐瓷碗作为战利品带到荷兰。1603年又截获一艘载有10万件瓷器的葡萄牙商船"圣卡特琳娜"号（Santa Catharine），这批瓷器在阿姆斯特丹公开拍卖，使荷兰人获利近600万荷兰盾。由于买主是来自整个西欧的王公贵族，此次拍卖也使中国瓷器在欧洲名声大噪。从此，瓷器贸易成为荷兰东印度公司的重要内容，它在这个领域的垄断地位一直保持到18世纪初。

1608年，荷兰公司通过南洋的中国商人定购10.8万件瓷器。1620年要求中国商人提供5.75万件各类瓷器，1622年的订购量是7.5万件，1638年其在台湾的瓷器存货多达890328件，1639年又通过来巴达维亚的中国帆船商人定购2.5万件瓷器，1647年有20万件瓷器以走私方式经台湾转运至巴达维亚。据估计，1604—1656年荷兰共进口300多万件瓷器。1662年郑成功将荷兰人逐出台湾，清朝

清代广彩开光希腊神话图碗。典型的根据西方人士绘制图案制作的外销瓷。研究认为，图画底稿出自 17 世纪比利时著名画家鲁斯本
广州博物馆藏

又实行海禁，荷兰人的华瓷贸易只能零星进行。1602—1682 年，荷兰东印度公司购入中国瓷器超过 1600 万件，其中 1200 万件运往欧洲。1683 年清朝统一台湾后华瓷才重新进口荷兰，1695 荷兰公司赢来 17 世纪华瓷贸易的高峰，当年瓷器货值 104358 荷兰盾。18 世纪，荷兰公司在这项贸易中的垄断地位被英法公司取代，同时荷兰公司的注意力转向茶叶贸易，瓷器贸易一度近于中断，1702—1729 年只有数百荷盾用于购买瓷器。但自 1729 年首只来自阿姆斯特丹的船只抵达广州后，荷兰公司又恢复了大规模瓷器贸易，1729、1731 和 1734 年来华的船只采购瓷器数量分别在 21 万件、44 万件和 87 万件以上。此后的三角贸易阶段，每年荷兰公司买入的华瓷从四五十万件逐渐升至近百万件，有些年也跌到 15 万件左右。1730—1789 年间，荷兰东印度公司购入中国瓷器总计超过 4269 万件。

英国人后来居上

18 世纪中期以后，其他欧洲国家也大量输入瓷器，在广州的出口物品中，它是位于茶叶与丝货之后的第三大出口商品。瓷器贸易中，英国是荷兰的首要竞争对手。

从 1760 年到 1764 年，英国公司从广州输出的瓷器年平均价值超过 6 万两白银，占其总货值 7.6%。1765—1779 年，达到八九万两。1785 年以后则迅速增加至每年 30 万两左右，1820—1824 年曾达到每年 40 万两。茶叶贸易兴盛之后，欧洲公司输入瓷器与茶叶可谓相

辅相成，瓷器与茶叶混装成为各公司通例，因为茶叶分量极轻，而瓷器正好可以兼任压舱货。作为后起之秀的瑞典东印度公司更以瓷器贸易为主，在其存在的84年中（1731—1815）共进口中国瓷器5000万件，而仅1750—1775年就进口1100万件，居此期欧洲各国之首。据推算，17世纪到19世纪初，欧洲各国进口华瓷总数量在1.37亿—1.44亿件，考虑到荷兰公司的3500万件中有接近一半为17世纪进口，而19世纪的华瓷贸易持续时间很短且数量不大，那么18世纪流入欧洲市场的中国瓷器恐怕不下1亿件。

华瓷应用的拓展

从17世纪的不到2000万件到18世纪的1亿件，欧洲各国华瓷进口数量增长如此迅速，则华瓷的应用领域也必定有所拓展。

17世纪，中国瓷器在欧洲被当作奢侈品，尤其是宫廷借以标榜财富与地位的耀眼陈列品。宫廷风尚也在贵族中引领出收集和装潢瓷器的新时尚，甚至因此诞生了从事"瓷器室"整体设计的设计师，荷兰籍法国建筑师丹尼尔·马罗特（Daniel Marot）在该行业中最享盛名。葡萄牙里斯本的桑托斯宫有个独一无二的瓷器室，房间金字塔式拱顶的四个三角形斜面上共覆盖了260多件青花瓷盘，其中最早的出产于1500年左右，最晚的出产于17世纪中叶，堪称葡萄牙瓷器贸易史的见证。17世纪的荷兰油画中，常见到富裕家庭的壁架或桌子上摆设着中国青花瓷。18世纪，随着中欧瓷器贸易扩大，欧洲普通人家也追求拥有几件瓷器，贵尚之家以收集和鉴赏中国瓷器相矜夸之风有增无减。1713—1740年，普鲁士国王为给自己的婚礼增色而寻求中国瓷器，于是通过外交谈判，以600名魁伟健壮的御林军卫兵为代价，从邻邦君主处换得一批中国瓷器。此举也堪称欧洲近代外交史上一桩奇闻。这批瓷器中的18只大型青花瓶由此被称为"近卫"花瓶。18世纪的英国名流，无论是作家约翰逊、斯威夫特（Jonathan Swift）和德拉尼夫人（Mary Delany），还是诸如坎特伯兰公爵这样的贵族都大量收集瓷器，有时近乎疯狂。Spectator（《旁观者》）第336号（1712年3月26日）登载一封瓷器店员来信，信中抱怨爱好进口瓷器而又不肯购买的女子，那种女子一天到晚无事可做，每天到他店里光顾两三次，一会儿说要买屏风，一会儿说要买绿茶和茶杯、茶盘、茶碗，店员只好把她说的东西都搬出来给她看，但她看过摸过之后，不是说这个太贵，就是说那个太土，还说剩下的那个好是好，可惜暂时用不着。然后她就跑了。可是还没等店员整理完毕，她又来了……

瓷器在18世纪也成为新兴中产阶级的生活必需品，中欧瓷器贸易的最高峰正呼应着市场需求的迅速扩大。瓷器价廉物美，既坚硬又轻便，还非常雅致，兼以耐酸耐碱、便于洗涤，比之传统的金属器皿和普通陶器，优点不啻百倍。茶叶、巧克力和咖啡等外来热饮先后在欧洲普及，更促使瓷器成为居家日用品。有一种说法称，17世纪荷兰和英国的东印度公司大量进口瓷器是为了推广茶饮，因为它被视为一种特别适合该饮料的器皿。不管怎样，郁香的饮料配合细腻迷人的瓷制茶具，别有一种情调和亲和力，对欧洲人深具吸引力。

华瓷贸易的演进

18世纪欧洲的华瓷贸易大致经历了订购中国传统瓷器（1721—1744）、按要求定制瓷器（1744年至18世纪末）、进口一般瓷器（粗瓷器，1780年至18世纪末）这三个阶段。大量预订中国传统瓷器反映了欧洲瓷器需求量增大。定制瓷器的大量出现则是瓷器普及欧洲市场所导致的需求多样化的体现，因此定制瓷器盛行阶段，也可视为中西瓷器贸易的高峰期。定制瓷器始于16世纪的葡萄牙商人，因为葡萄牙贵族自接触瓷器之始就喜欢让这种新器物体现出本家族或本城市的徽章图案，到16世纪80年代则因瓷器在葡萄牙人日常生活中渐趋普及而对瓷器的造型、图案、釉彩、题铭有更多的本地化要求。荷兰商人1635年也曾携带木制器皿模型到广州定制，1678年荷兰公司还曾请中国匠

清乾隆时期，洛可可风格青花瓷盘
广东省博物馆藏

人仿制各种荷兰德尔费特（Delft）陶器。但就整个欧洲而言，定制瓷器在18世纪以后才蔚为风尚。因为定制瓷器对于销售商来说有很大风险，既无法保证实际发出的是哪批货，也无法保证能及时发货。故此，定制瓷器在相当长时间内只是前来东方的军官和船主为自己预订并用自己的船只运回的私人交易。

　　18世纪最后20年欧洲以进口中国粗瓷器为主，这透露出欧洲对瓷器的需求并未衰歇，但对高档华瓷器却不那么热衷了，原因在于欧洲已经掌握了制瓷技术。据说法王路易十四曾下令将法国所有金银器熔化，以偿付宫中的进口瓷器。这么昂贵的代价足以构成生产本地瓷器的强大动力。不过法国并非欧洲制瓷业的先驱。1581年，佛罗伦萨公爵弗朗西斯科·德·美第奇（Francisco de' Medici）创建托斯卡纳地区的陶瓷业，并模仿嘉靖、万历年间的青花瓷纹饰，但胎质、釉质与华瓷相差甚远，属于软质瓷器。随后，意大利各地皆热心于此。17世纪，荷兰凭借对中国和日本瓷器的广泛接触而大力发展制陶术，陶瓷业并凭借珐琅釉而成为一项重要产业，这也见证了中国瓷器在荷兰引发对此种物品甚至类似瓷器之物品的巨大需求。墙壁、地板的装饰以及为咖啡器皿和茶具、药剂罐、烟草罐、花瓶、灯架用的瓷釉在阿姆斯特丹等地数十家工厂中都有精良产品出产。

欧洲的瓷器制造

当荷兰珐琅釉制造业繁盛之时,德国于1662年在汉苏(Hansu)也设立一家珐琅釉工厂,不久德意志其他地区亦相继设立。德国人波特格尔(Johann Friedrich Böttger)和恰尔恩豪斯(Ehrenfried Walter von Tschirnhaus)在萨克森选帝侯腓特烈·奥古斯都一世(1670—1733)的资助下,于1707—1709年试制成功白色透明的硬质瓷器,欧洲各国历时一百多年对瓷器制造秘方的探索终于取得成功。萨克森王室对波特格尔的成就进行验收并作商业评估之后,于1710年1月下令在德累斯顿(Dresden)建立瓷厂,同年6月迁到附近的迈森(Meissen)。是年第一批迈森白瓷在莱比锡春季博览会上展出,从此名声大噪,而瓷器业很快就成为萨克森最重要的工业部门。迈森瓷厂到1713年才完善其白瓷的制作。德国七年战争(1756—1763)时期,普鲁士国王腓特烈二世占领萨克森后,面临无钱偿还战争债款的窘境,于是想到用所接管的迈森瓷器偿债,竟然顺利渡过难关。

18世纪中叶以后,大小瓷厂遍布欧洲。继迈森瓷厂之后的第二家瓷厂是1717年成立的维也纳瓷厂,首批技术工人来自迈森。但这家瓷厂经营不善,10年后必须靠贷款维生,1744年将产权移交给政府。柏林在18世纪中叶也设立一家瓷厂,同样难以为继直至破产,1763年被腓特烈二世收购而改为"王家瓷器工厂"。法国的首家瓷器工厂于1738年设于巴黎东郊的万塞纳(Vincennes),不久后因路易十五购买四分之一股权而享有"皇家工厂"之称。这家工厂与诸多其他行业的工厂一样,都未能达成令国王满意的成果。继迈森之后的这些瓷厂普遍经营不佳,根本原因就是尚不能制出与中国瓷器匹敌的产品。

这个时候,在华传教士担当了科技情报的搜集工作。

长期在江西活动的法国籍耶稣会士殷弘绪(the French Jesuit François-Xavier d'Entrecolles)曾在1715年和1722年写了两封信,详细记录景德镇瓷业并寄往欧洲,分别介绍了瓷器的特点和历史,制瓷原料高岭土及其加工方法,几种主要釉彩的配制法与施釉法,瓷窑的特点

18世纪英国产代尔夫特式釉陶青花花果纹盘。仿制中国瓷器,图案是桃子和石榴的变体
上海历史博物馆藏品

和建造法,烧窑的过程,各种颜色釉及其调配方法等。殷弘绪信心满满地介绍说,了解中国制瓷工艺会对欧洲很有帮助。

殷弘绪对制瓷流程的描绘,虽然大大消除了瓷器的神秘色彩,但毕竟不是真正的技术报告,无法令法国制瓷业直接受益。他甚至没能提供高岭土、瓷胎土和釉质的成分,他自己也不知道欧洲是否出产类似的矿土。这两封信的作用毋宁说是进一步刺激欧洲人去发现瓷土、瓷釉和烧瓷的秘密。殷弘绪1715年的信中提到,曾有"红毛"(清朝人对英国人或荷兰人的称呼)自中国购买瓷胎土,试图回国后自制瓷器,但因未带高岭土而失败。可以猜想,欧洲商人购买制瓷原料回国的例子肯定不止这一桩,应该就是通过这种举动,欧洲人才能够分析出制瓷原料的成分,进而在本土寻找相应的矿土。1771年法国里摩日(Limoges)附近发现高岭土矿,恐怕就是这一长期努力的结果。从此,法国开始制造硬质瓷,而里摩日成为法国著名的瓷城,与德国迈森相颉颃。

在欧洲掌握了制瓷技术之后,欧洲产品的制作工艺与风格意蕴显然比中国产品更适合欧洲人。因此,18世纪最后20年,欧洲上层社会对高档瓷器的需求不再由进口华瓷满足,中欧瓷器贸易的重点变成进口中国粗瓷以满足百姓日用。1793年抵达中国的英国马戛尔尼使团自信满满地将本国韦奇伍德瓷厂(Wedgwood)的产品作为进献给乾隆皇帝的礼物,并认为它有打开中国市场的实力,由此可见欧洲制瓷业发展的势头。但是,此举在中国皇帝眼里纯属野人献曝。然而19世纪之后,欧洲瓷器果然令中国这个瓷器之祖刮目相看,中国人在西风鼓荡之下日渐欣赏欧洲瓷器的风格,近代中国制瓷业的新发展未尝不受惠于西方技术。瓷器从中国的独特发明变为世界共同的财富,这并非中国文化的失落,而是文明在交流中共同发展的佳话。

5. 外销瓷:"海上丝路"的一抹晚霞

瓷器、丝绸、茶叶是海上丝绸之路上常见的中国外销商品。与宋元时代中国瓷器主要是销往东南亚、西亚北非不同,明清时代海上丝路,远销欧洲的中国瓷器,构成了一道亮丽的风景线。据推算,18世纪流入欧洲市场的中国瓷器在1亿件以上。不仅是各国王室,像路易十五的情妇蓬帕杜夫人这样的社会名流,客厅沙龙里如果没有几件中国瓷器,那是很没有面子的事。《鲁滨逊漂流记》的作者迪福(1660—1731)甚至说,住宅里若没有中国花瓶,不能算第一流的高档住宅。

克拉克:"葡萄牙战舰"

据说马可·波罗最早带了一件中国瓷器到了欧洲。达·伽马首航印度,带回几件中国瓷器,把其中一件献给自己的国君,只不过这是从卡利卡特国君那里得到的物品。大航海时代,葡萄牙人最早进入中国,是最早贩运中国瓷器的欧洲商人。当然,荷兰人作为17世纪海上马车夫,也是中国外销瓷的积极推动者。最富盛名的"克拉克瓷",其出典就来自葡萄牙和荷兰。1603年,荷兰人截获了葡萄牙船只"圣卡特琳娜"号,船上装载的是青花瓷器,从此,同样风格的瓷器在欧洲都被称为"克拉克瓷"。"克拉克"(Kraak)在荷兰语中指"葡萄牙战舰"的意思。

此后,克拉克瓷器泛指明末(主要是明武宗正德年间之后)清初,中国外销欧洲的定制瓷器。其装饰图案虽然以中华风格的文饰为主，但是，却为迎合海外的消费者，做了适度的改造。早期销往东南亚和阿拉伯的伊斯兰世界，主要器形有盘、碗、瓶、军持（一种盛水器）等，出现在欧洲的则主要是直径30—50厘米的大盘。这种青花瓷有特定的纹饰风格，盘心、盘壁两层纹饰布满全器的内里，中心图案以山水、花鸟、人物或动物为主题。边壁是八至十组的开光纹饰，开光呈梯形、圆形、椭圆形、菱花形、莲瓣形，开光内的图案有向日葵、郁金香、菊花、灵芝、蕉叶、莲、珊瑚、鱼、螺、卷轴、伞、盖、佛教吉祥物。

晚明外销于欧洲的克拉克瓷，常见梯形开光（所谓开光，是常见于陶瓷器、景泰蓝等的装饰方法之一，在器皿某处留出莲花形、扇形、梯形空间，并在此绘上各种花纹）。且两个梯形之间以一个细长方形小开光间隔，开光所占面积和盘心画所占面积大致相等，并且在视觉效果中开光往往更抢眼。采用的虽是中国传统的绘画元素，但因为构图有几何形的严谨，画面充实而又整齐，看起来充满异国情调，与明代后期流行于国内的青花瓷纹饰截然不同，有很明显的市场导向。

克拉克瓷的几何形开光，或许源自元代。因为元代青花罐或瓶中，由小长方形环绕而成的肩饰和底部纹饰，与以往的莲瓣纹略有相似，疑即其变体。但是，在元代青花中，这种几何纹饰位于不很显眼的次要位置，明代克拉克瓷器则把它变为主体构图，这恐怕就是为了适应伊斯兰世界对几何构图的爱好。

清前期制品的开光形式则有各种变体，且倾向于取消大小开光的错落分布，以便让所有开光均等。同时，开光在整个盘面构图中占据的面积大大缩小，成为烘托盘心画的边饰；或者干脆把开光转化成从盘心辐射至盘边的均匀扇面结构。简而言之，就是日益取消晚明克拉克青花的异国情调，而把它转变成更加中国化的构图。原本为了迎合伊斯兰世界而创造出的中国人眼中的异国情调，在欧洲人眼里成为新奇独特的中国情调，不仅晚明出产的克拉克青花，成为欧洲富裕家庭热衷的收藏品，而且荷兰人很快就仿制这种纹饰的陶器（软质瓷），

清乾隆时代广彩外销瓷盘。盘内心绘希腊神话《帕里斯裁判图》
广东省博物馆藏

甚至18世纪欧洲人从中国大量进口素胎白瓷而自行添加纹饰时,晚明的克拉克式样仍然是他们所钟爱的选择。

另外一种著名的外销瓷品种是"伊万里"(Imari)瓷器。伊万里瓷器原是日本产品,以其产地得名。天启年间,景德镇就开始针对日本市场烧制绘有日本式图案的青花瓷。17世纪早期,日本的九州岛发现瓷土后,开始发展本地的瓷器工业。明清易代时的混乱,为日本瓷器提供了良好的市场前景,日本瓷厂开始为荷兰商人烧制外销瓷。伊万里是荷兰商船进出九州岛的港口,此地发展出在釉下青花基础上,施以釉上铁红与金彩的纹饰风格,这种反差强烈而鲜艳的色彩风格,颇受欧人喜爱。此外,伊万里瓷器有的图案形式简单,有的式样复杂,由花卉图案和几何徽章组合而成,同样受欧洲人喜爱。

1680年,中国瓷器产业开始恢复,伊万里风格立刻被中国工匠学去,从而出现了"中国伊万里"瓷器。景德镇1683年重建后,伊万里瓷器的制作和销售中心便彻底从日本转移到景德镇。"中国伊万里"的图案设计较少原创性,到18世纪头25年,越发成为普通产品。"中国伊万里"作为一种彩瓷,价格介于便宜的青花瓷和最昂贵的珐琅彩瓷之间,这也是它在欧洲市场受欢迎的一个原因,后来许多欧洲工厂也仿制伊万里彩瓷。

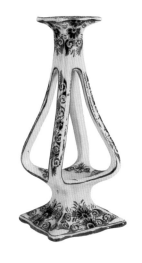
19世纪荷兰德尔费特青花花卉烛台
上海市历史博物馆藏

纹章瓷：欧洲时尚中国造

瓷器贸易量的逐年增大，使瓷器在欧洲日益从奢侈品变成为人们日常生活用品，这就促使欧洲商人，开始根据顾客的需求和喜好定制瓷器。定制瓷器，有的是按照欧洲进口商提供的图案纹样装饰瓷器，也有的是由欧洲人提供器型模具烧制瓷器。

截至18世纪初，中国外销瓷都是在景德镇完成全部流程，以成品运至广州。随着定制图案的瓷器数量增加，18世纪30年代初期，广州出现了外销瓷的专业画工，此时景德镇开始提供少部分素白瓷或只有部分装饰的瓷器，由广州的画工以釉上彩的方式完成欧洲商人要求的图样。比如纹章瓷盘，离开景德镇时只有盘边饰（通常是青花），作为主体图案的盘心纹章则在广州完成。18世纪中叶以后，广州成为制作釉上纹章和其他定制釉上彩纹样的重要基地，广州画工表现出绘制各种欧洲图样的娴熟技巧。

定制瓷器的模具有木制器皿、银制器皿及合金器皿，还有以德尔费特陶器为原型的。比如雍乾时期，英国公司订购的瓷器常以英国银器为模型。中国传统形式的器皿也会因为欧洲人的喜好逐渐发生

清康熙年间青花黄釉葫芦瓶
中国国家博物馆藏

变异,比如单把手的茶杯变成无把手杯子,对欧洲人来讲更有异国情调。17世纪的荷兰东印度公司最喜欢定制成套的釉里红咖啡用具,也很喜欢订购三个一组或五个一组的青花釉里红摆设用花瓶与大口杯,另外还喜欢订购瓷人和瓷动物做摆设。

在定制瓷器中最具欧洲特色的是纹章瓷(盾徽瓷),纹章瓷大致可分为名人徽章、省城徽章、机构或公司徽章、军队徽章,名人徽章在上述欧洲各国定制的瓷器中都常见,省城徽章多见于荷兰、美国的定制瓷器,公司徽章则主要是荷兰东印度公司和美国一些机构订烧,军队徽章其实仅见于东印度公司驻印度的某些部队。此外还有属于澳门耶稣会士的一批有耶稣会会标的瓷器。现存最早的一件纹章瓷是绘有葡萄牙国王堂·曼努埃尔一世的浑天仪徽章的青花玉壶春瓶。稍晚的有16世纪中叶的一只王室纹章碗和一只阿布埃(Abreu)家族纹章碗,属于曾两度担任马六甲总督(1526—1529,1539—1542)的佩罗·德法利拉(Pero de Faria)。另有一件约1540—1545年景德镇出产的葡萄牙王室纹章青花大口水罐,图案中的盾徽上下颠倒,看起来更

青花团花纹碗

像一只中国的钟或铃,而水罐的形状为伊斯兰式,是多种文化元素杂糅一体的典型作品。纹章瓷的主要市场是葡萄牙、西班牙、英国、丹麦、比利时、荷兰、德国、法国等欧洲国家,18世纪40—60年代,纹章瓷的总体定制数量达到顶峰,但在英国的顶峰从1720年持续到1830年。在18世纪,瑞典有约三百家贵族曾在中国定制纹章瓷,英国定制了四千多件(套)纹章瓷,荷兰定制纹章瓷的数量多于葡萄牙但远不及英国,不过式样丰富多彩。

纹章瓷在荷兰既是身份的体现,也是一种时尚。17世纪末,少见的纹章瓷是个人和家庭身份的象征物。18世纪,纹章瓷仍具有独特的社交价值,宴会主人在餐桌上展示和使用有自家徽章的成套瓷器餐具,可以提升其社会地位。纹章也作为一种形式美观并有个人特征的纹饰而被很多人荷兰人喜爱。在瓷器使用日益普及的18世纪,纹章瓷还具有纪念品功能,特别定制的纹章瓷被用来纪念家庭和个人的重要时刻。由于纹章瓷在荷兰普遍受欢迎,东印度公司为他人定制此种瓷器可以获得厚利,这自然也促使荷兰公司多多进口此种瓷器。纹章瓷在荷兰市场受欢迎的理由在其他国家也同样成立。

纹章瓷的纹彩以釉上珐琅彩为主,单纯釉下青花不多见,也有青花与釉上珐琅彩相结合。后两种主要见于荷兰市场,因为荷兰人始终较偏爱青花瓷,哪怕18世纪30年代以后青花瓷在欧洲已成昨日之星,荷兰人仍爱订购有青花的纹章瓷。出现于荷兰市场的有青花的纹章瓷,单纯青花瓷同青花釉上彩瓷的数量不相上下,青花同以金、红、玫瑰色为主的珐琅彩上下辉映,别有一番绚丽。作为纹章瓷图

青花釉里红花卉纹小碗

案的基本元素除纹章本身,主要包括几何图形、涡卷饰(Scrollwork,即螺旋形或漩涡形装饰纹样,形似一宽松卷起的纸卷横断面)、花朵、风景等。17、18世纪之交,荷兰纹章瓷的图样设计个人特色很强,从18世纪20—30年代开始,纹章图案趋于程式化和标准化,可能是定制者大量增加所致。

定制瓷器的其他纹饰,也总是随着欧洲时代风尚的变化而变化,比如乾隆年间纹章瓷的装饰图案,1735—1753年以素净的葡萄藤或花蔓装饰最多,1750—1770年则是显著的洛可可式装饰,1770—1785年转而为缠绕葡萄藤的黑桃形盾牌,1785年之后黑桃盾牌开始嵌入蓝黑边线和金星,1795—1810年则变成由深蓝色菱形花纹围成的圈。

外销瓷:几多异国风情

外销瓷图案在最初阶段是纯粹的中国风格,随着定制瓷器成为主流,欧洲风景画、欧洲人日常风情画、宗教内容、希腊罗马神话人物和情节都出现在中国出产的外销瓷器上,同时图样风格逐渐呈现中西合璧特征,后来则以单纯欧洲风格的设计图样为主。18世纪中叶以后,欧式图样常在欧洲加绘,但仍有很多是由中国画工完成的,这些画工由此成为接触和学习欧洲绘画及图样设计的先驱。

中西合璧的图样通常包括中国式花草、风景和卷草,再加上欧式的葡萄纹、涡卷饰、卷轴饰(Cartouche,即一种不规则或想象造型的绘画或雕刻装饰,用曲线或曲带围成椭圆形或菱形,中间部位空白,

五彩折枝花卉纹花瓣形花口深腹杯

用来题字或绘小插图）和暗红色花朵。1765—1820 年欧洲市场上有大量中西参半的由菱形、符号、花朵和蝴蝶构成图案的瓷器。还有一种中西合璧纹饰是中国风物加灰色装饰画（Grisaille）。灰色装饰画又称中国墨线画（encre de Chine），出现于 18 世纪 20 年代，特点是用细的灰黑线勾勒图案，适用于起草油画底稿、勾画风景和翻绘版画图样。瓷器中的灰色装饰画又常与金色结合使用，呈现出细腻端庄的效果。

常见于外销瓷上的欧洲式图样有几大类。第一类是路易式样，指从 17 世纪后期到 18 世纪后期分别流行于路易十四、摄政王、路易十五和路易十六时代的几种式样。路易十四式样的基本要素是在卷轴饰中的对称人物、阿拉伯藤蔓、帷幔、扇形、形状优美的叶子、涡卷饰、爵床叶和小棕榈叶，色彩与构图都显得厚重浓郁，有明显巴洛克特点。摄政王时期，图样开始变得轻巧雅致。到路易十五时代，图样变成地道的洛可可风格，用曲线表现不对称式样，图样要素包括各种形状不规则的事项，如岩石、贝壳、涡卷、水纹、羽毛、兽角、各种自然的叶形。瓷器上的路易十五式样在法国流行于 18 世纪 30—60 年代，在荷兰则持续到 80 年代。路易十六式样则与新古典主义风格呼应，首先于 18 世纪 60 年代出现于英国，70 年代才延及法国，流行到 1800 年左右。它也偏好对称形状，但格调是优雅冷静，以柱形、花瓶、花朵和叶子结成的彩带、奖章和蜿蜒的形状为构图要素。

20世纪初德国迈森青花花卉纹瓷咖啡具

第二类是德国迈森瓷厂的设计图样。迈森瓷厂陆续设计了几种著名的图样,因为在欧洲大受欢迎,所以各国东印度公司也要求它们出现在中国外销瓷上。一种最著名的迈森式样是1715—1725年常见于迈森瓷器上的金色卷饰,自18世纪40年代早期开始出现于中国外销瓷上。另一种常见于中国外销瓷的迈森式样是"德意志花卉"(Deutsch Blumen),由碎花和本地植物组成花束,花朵常用蔷薇。迈森瓷厂于18世纪40年代设计该图样,用以取代以中国花朵为要素的"印度花卉"(Indianische Blumen)图样。

第三类是荷兰人的设计图样,最著名的是梅里安(Merian)依据欧洲植物和动物图册中的图形设计的图样,以及普隆克(Cornelis Pronk)专门为荷兰东印度公司设计的中国人物图样。普隆克的中国人物图样主要有四种。第一种是"阳伞仕女"或"仕女水藻"图样,仕女手持阳伞,施青花、铁红和金彩,原图1734年绘成,颇受欢迎。绘饰此种图案的瓷器分别在中国、日本和欧洲加工,由它衍生出的别种图纹和仿制品则持续至19世纪,后来也出现于欧洲自制瓷器上。第二种是"四博士"图样,1734年完成,翌年开始分别烧制青花和釉上彩瓷器。这种纹饰的受欢迎程度比"阳伞仕女"纹略逊。第三种是"三博士"图样,在"四博士"图样基础上的改编之作。第四种是"庭院人物"图样,青花和金彩描绘庭院里的人物。此图样是普隆克设计的第四种款式,1737年完成,1739年起送往中国并施于订制瓷器上。普隆克还设计过其他一些中国人物纹饰,以赭墨、铁红、绿、黄、金彩绘饰,常见于六件一套的盘子。另有一种普隆克式边饰,在盘子的八片开光内分饰日本趣味浓厚的人物纹和水禽纹。普隆克设计的中国人物图样是典型的"中国趣味",亦即欧洲人想象中的带有欧洲人生活情态和生活理想的中国人形象,色彩搭配则又有明显的"伊万里"风格的痕迹。

18世纪后期,欧式图样的种类日益丰富,做盘子边饰的有七彩纹饰、欧式花朵纹饰、矛形纹饰、锁链纹饰、带形纹饰和几何线纹饰,另有灰色装饰画加金彩纹饰,还有无边饰仅有盘心纹章的式样。有一种在18世纪末期和19世纪较受欢迎的费兹修(Fitzhugh)图样,得名自一个从事中国贸易的英国家庭,其特征是四块嵌板式格子围绕中心一枚圆形奖章,格子里有花朵和中国艺术的常见象征物。此种风格图案可用于边饰,也可用于完整图案。

市场导向:欧洲人的再加工

有些类型的中国纹饰或日本纹饰,在抵达欧洲后会被再加工,或出于风格考虑,或出于经济考虑,或为了易于保存,或为了调整图案以迎合人们的态度变化和适应人们对国内瓷器或进口瓷器的需求。这类在欧洲二次加工的珐琅彩瓷集中出现于17世纪后期到18世纪中期,设计形式多样,质量参差不齐。

再加工的方式之一是增加金属添加物,通常是金制或银制,并施珐琅彩。附加这些金属底座、喷嘴或把手后,瓷器的功能也可能被改变,可以从装饰物变为实用物,比如一个瓷人可以变为一支烛台,但也可以从实用物变为装饰物。

再加工的另一种方式是加绘图案。欧洲画师不仅在中国进口瓷器的空白处加绘，还在已有纹饰处重叠绘饰。这样做时，欧洲人喜欢选择当前流行的图案设计。通过这种再加工，原本可能因为图案不讨人喜欢而滞销的瓷器可以被卖出去，或者瓷器上原有的瑕疵可以被掩盖。欧洲人有时在进口中国瓷器和日本瓷器上加绘漆画，漆画的图案则又模仿萨克森选帝侯强者奥古斯都收藏的日本瓷器上之漆饰。

1700年起，荷兰人开始在中国瓷器和荷兰自产的德尔费特陶器上加绘日本柿右卫门（Kakiemon）风格图案。柿右卫门风格对中国瓷器影响甚微，但自问世之日就受到欧洲人欢迎。柿右卫门瓷器得名于日本有田（Arita）一个陶工家庭之名，该作坊1685年前后开始烧制陶瓷，其产品以质量高、形式优雅、纹样不对称著称。该种瓷器的纹饰可谓中日合璧，它采用的许多纹饰如花鸟、风景、动物来自中国，但产生变异以适合日本人的审美口味，如它通常仔细安排纹样布局以留出空白空间，而不是涂满画面。柿右卫门式样的色彩特征是，以釉上彩方式混施铁红、绿、蓝、黄、蓝绿等色珐琅彩，而较少突出某种颜色。柿右卫门瓷器是进口瓷器中较为昂贵的一类，所以是富裕人士热衷收集之物。欧洲画师也在中国青花瓷上加绘釉上红彩、绿彩和金彩以表现伊万里风格，玫瑰彩风格同样被仿制。

几个欧洲国家的瓷器画师在加绘风景画和花卉图样时，都喜欢同时采用西式风格和想象中的"中国趣味"，有时会融合一点中国青花瓷上的原始图样，于是中国的青花图样成为某种新式彩色图样的一部分。白色德化瓷的奶油色泽在增绘金色装饰之后可大大提升效果。阿姆斯特丹是加绘中国瓷器的中心，英格兰在18世纪初到19世纪也是这方面的佼佼者，有不少家工厂。其中1750—1780年的詹姆斯·吉尔斯（James Giles）工厂的现存作品显示其图案风格通常是精美雅致的花卉、蝴蝶与昆虫，并喜用玫瑰彩。

除了绘制，欧洲工匠还可以通过用于玻璃加工的轮雕刻法在中国珐琅彩装饰上进行装饰，制造出白色与珐琅彩的繁复对比效果。在外销瓷生产过程中，中国、日本、欧洲彼此复制对方的风格，往往发生数次风格混合，制造出不少美丽与罕见的制品。但这么做不是出于艺术原因，而是出于经济原因，如果制造者认为某种式样或某种纹饰在特定市场受欢迎，他们就生产这种类型。

亮丽与酸楚：今日之反思

大航海开辟了中国与欧洲直接交往的通道，丝绸之路上的贸易双方及其商贸方式都发生了很多的变化。瓷器贸易在这方面表现得最为明显。它不仅仅是一种经济行为，同时是文化交流的一种特殊方式。感受异国情调并形成对该国印象的最直接、最有效、最普遍的方式莫过于接触异国商品。自欧洲人发现了东亚，大量中国商品输入欧洲，不仅改变了欧洲人一些生活习惯，也成为欧洲人认识中国的第一窗口，还滋长了"中国趣味"，这种流行于18世纪欧洲上流社会的充满异域情调的独特艺术品位。外销陶瓷就是传递这种中国趣味的代表性商品之一。

明清时期中国瓷器的大量外销，是传统时期"丝绸之路"上的一抹晚霞。这个时期，中国对于欧洲的瓷器销售，规模巨大。但是，除却艺术品位之外，瓷器外销中最丰厚的利润却是欧洲商人获取的。欧洲商人从接订单，到运输、销售，各个环节赚的钱，远远超过中国厂家仅仅在生产环节所赚的钱。中国人成为西方厂家的打工仔。

更值得反思的是，到了18世纪后半叶，世界上最好的瓷器、最贵的瓷器，也不全是中国产品。比如说，上面提到的日本生产的柿右卫门瓷器，就是欧洲进口瓷器中，比较昂贵的一类，也是西方富裕人家热衷收集之物。原因就在于日本厂家是家族企业，世代制瓷，发挥工匠精神，精益求精地不断改进自己的技艺，比较明清时代的官府控制的制瓷业（御窑不计成本，但徭役制度落后；民窑缺乏资金投入，技艺提升受到限制）更有优势。

在欧洲本土，掌握了陶瓷制造技术之后，逐渐地发展出高档瓷器，完成了从简单进口到模仿，直至走上创新之路的过程。欧洲一开始就走了一个生产高档瓷器的路子。原因在于，只有质量高档的瓷器，才有丰厚的利润；有了丰厚的利润，才能在产品研发、高素质技术工人薪酬和销售服务方面有更大的投入。反观中国产品，一味迎合欧洲商人所出的低价，利润很薄，产品质量无法提高，使得中国产品一直保持在低端位置。

比如，广州画工依据欧洲图样制作的定制瓷器，常常有错误或变形之笔，纹章图样的错误之处尤为常见。主要原因就是因为画工技能较低或者粗放不够仔细，因为荷兰商人付的钱太少，使广州画工和技术工都没有动力精益求精。18世纪以后，欧洲进口中国瓷器，不再是为了质量，而是为满足数量。德国迈森18世纪最早在欧洲生产瓷器，此后不断提高工艺，迈森瓷厂的瓷器，号称"瓷中白金"，至今是世界最昂贵的瓷器之一。

1793年9月，马戛尔尼来到中国，在献给乾隆皇帝的礼品中，就有著名的英国韦奇伍德（Wedgwood）工厂生产的碧玉瓷。这家公司成立于1759年，所制瓷器号称世界精品，一直得到英国王室和上流社会的喜爱。敢于向瓷器的故乡进献瓷器，可见马戛尔尼对于英国制造的自信。中国瓷器的外销史，不仅是亮丽的，也是酸楚的！值得我们今天反思。

第九章

启蒙时代欧洲的中国观

　　欧洲与中国处在大陆的两极,在文明形态上也有着极大的反差。欧洲对中国的了解虽然可以追溯到希罗多德《历史》中记载的很久远的时代。但是真正的接触是马可·波罗以后。而文化上的交流则应该是16世纪大航海之后的事情。就欧洲对中国的认识而言,18世纪上半叶可算一个分水期,也是一个过渡期,在此前后,欧洲分别处在两个不同的文化阶段,看待中国时的基本着眼点也因此有显著区别。中国在欧洲人眼里,确实像一条"变色龙"。不过,变化的不仅仅是中国,更多的是欧洲人的视角和立场。

1. 从认同到识异

截止到18世纪初，欧洲仍深受《圣经》神学观念制约，对待包括中国在内的异域文化的态度也在此制约之下。16和17世纪，欧洲人虽然认为中国是个异教徒之邦，但又坚持基督教的普适性理想，故而试图在中国与欧洲间寻找相似性，并自认为找到了中欧之间的"同"。

这种"同"或者说相似性的基础，是宗教根性的"同"，亦即不同地区的人对于上帝有着同样的需要和接受能力，它忽略文化的现实差异，其目的是试图将中国已有的宗教纳入基督教范畴。这种基于基督教普遍主义思想产生的对相似性的认识，在耶稣会士具有特定意图的不断宣传之下更加强化。耶稣会士希望在不撼动中国原有文化的情况下将基督教平稳地移植到中国，因此更注意在两者之间寻找可供嫁接的相似之处。他们还要把自己的一整套理念传递给欧洲的宗教赞助者和普通民众，以获取他们对自己做法的支持。结果在相当长时期里，欧洲人完全通过耶稣会士来认识和评价中国，脑子里完全被两种文明的巨大相似性所占据。无论耶稣会士还是欧洲本土的知识分子，一度沉醉于在中国古代宗教中寻找原始基督教的痕迹，在中国的上古史中寻找《创世记》关于人类起源故事的踪影，在汉字中寻找上帝和初民的声音，这一切都是直接在《圣经》背景下认识中国并彰显中国与欧洲之相似性的努力。流风所及，17世纪末期的普遍语言或哲学语言理想中即使不着眼于神学的相似性，也难免要把汉字作为代表整个人类文字发展过程中初级阶段的符号。（参《〈字汇〉与初民语言》篇

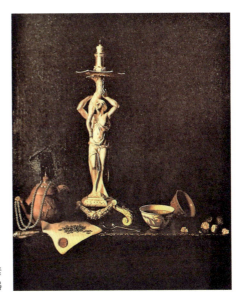

17世纪欧洲绘画中的中国元素
——中国瓷器

这种寻找或构筑相似性的努力进入18世纪开始逐渐褪色,到18世纪中叶已经黯然无光,取而代之的是日益强烈地认识到中西文化的差异性和对立性,而这种认识又成为19和20世纪欧洲人认识中国的起点。

18世纪中叶发生这种明显变化的原因有几方面。首先,神权的急剧衰落和对教会的强烈敌对情绪致使人们会有意否定与基督教神学有关的种种思想,包括其普遍主义思想。否认中西思想间的相似性在某种程度上就是对教会权威的挑战。其次,原先极力灌输中西宗教相似性的耶稣会士在时代变局中遭受巨大冲击,他们的失势直接影响欧洲人对他们所塑造中国形象的重新估价。最后,中西文化本身就有巨大的差异性,18世纪时两者的社会发展趋势又截然不同,当极力寻找两者相似性的动机解除之后,它们之间的"异"就凸显出来,被察觉出来。原来被热情拥抱的对象,突然之间变得陌生,直至建立起"中国是欧洲的他者"这样一种认识。

2. 欧洲"他者"的叙事模式

"中国是欧洲的他者",这种认识一经形成,便一直影响到西方对于中国的叙事模式。如果说在中国与欧洲寻找相似性是神权统治下的那个欧洲的产物,那么对中国与欧洲对立性的深切体认,则可说是处于近代工业资本主义文明下的这个欧洲的产物,对中国的不同基本认识体现了处于不同文化时代的欧洲的特点。近代工业资本主义在人类历史的进程中其实只是在西欧产生的一个特例,欧洲人自身对这种特殊性的感受会随着他们征服世界的旅程不断展开而日益强烈,将中国定位为欧洲的对立面也正是欧洲人对自身特殊性深刻领会后的一个投影。

将中国当作世界的另一极来谈论,在18世纪的启蒙作品中已不鲜见,从19世纪到20世纪初,这种认识的强度更是有增无减。但值得注意的是,关于这种"对立性"的评价不仅因人而异,更是因时而异。中国从18世纪就开始成为欧洲人认识和反思自己的鉴照,同时欧洲总是基于自己的需要决定对中国(以及其他外国)的肯定或否定的态度。因此,在讨论18世纪以来欧洲人的中国观时,要一分为二,一方面是欧洲人对中国文明一些基本特质的总结和认识,比如中国和中国人的特性、中国社会发展的特征、中国制度结构的特征,这些知识比较具有恒定性,基调在18世纪差不多定下后,此后也没有大的改观。另一方面则是欧洲人对这些基本恒定的内容的评价,它们或正或反,总不相同。

伏尔泰就已经非常鲜明地把中国树为欧洲的对立面,中国在遥远的古代便不间断地探索各种技艺和科学并达到很先进的水平,但后来的进步却微乎其微；相反，欧洲人获得知识很晚，却迅速使一切臻于完善。伏尔泰由此确定了，中国是早慧而停滞的，欧洲则是后学而富于创造性的。导致中国如此状况的原因有两点，其中一点就是中国人对祖先留传下来的东西有不可思议的崇敬心，认为古老的东西都尽善尽美而无须改进。中国人崇古且固步自封，在孤立主义中陷于静止，这些其实是伏尔泰对中国文明的基本看法，而它们也成为后来欧洲人对中国人的重要印象。事实上，维柯早于伏尔泰就提到中国人直到几百年前都一直与世隔绝独自发展，因此文明的成就微乎其微。孟德斯鸠也认为，中国文明的古老和悠久源自因地理原因所造成的对外隔绝和国内的贫穷，中国历史实际上是没有进步的治乱循环。在孔多塞的《人类精神进步史表纲要》中，中国文明兴起于游牧时代之后，并且始终没有脱离这个相当低级的阶段。

18世纪后半叶的欧洲作家也不断谈论中国的制度，并且将中国作为专制主义的典型，与欧洲所追求或应该追求的政治精神相对立。孟德斯鸠谈论政体和制度时指出，欧洲历史上分别有共和、君主、专制的政体，但他最赞赏和提倡的是英国当时所行的君主立宪，认为这是由法律维护的、以理性为原则的政体形式；与这一欧洲的希望之光相反，中国是一个以恐怖为原则的专制国家，而专制主义是一种令法律失效的制度，它的专制随着历史的发展会愈演愈烈。狄德罗和霍尔巴赫也都认为专制主义是中国和东方政治的典型特征，不足以成为欧洲的范本，而欧洲即使是实行专制主义，也比东方的专制要谨慎、节制和有分寸一些。

关于中国人的性格，孟德斯鸠曾将西班牙人和中国人的性格作为两个对立面，西班牙人永远以信实著称，但不幸又懒惰，这对西班牙人造成的恶果是，别的欧洲国家抢夺了他们的贸易活动；中国人则恰恰相反，由于土壤和气候性质的关系造成他们生活的不稳定，这使他们有难以想象的活动力（勤劳），但同时又有异乎寻常的贪得欲，结果没有一个经营贸易的国家敢于信任他们。中国人勤劳却生活贫穷，聪明却失于狡诈贪婪，这是一些启蒙作家对中国人的共识，也是借助以英国海军军官安森的游记为主的欧洲商人、水手、士兵们的见闻得出的认识。

3. 中国人的性格

以上这些关于中国文明和中国人基本特征的认识深刻地影响了后来的欧洲人，无论是不谙中文的欧洲学者，还是亲历中国的各类游客，不管他们以怎样的方法和立场来发挥引申，其基本模型都是18世纪所塑造好的。比如关于中国人的性格，19世纪末期美国公理会传教士明恩溥（Arthur H. Smith）有一本名著《中国人的素质》（*Chinese Characteristics*）（中译本，学林出版社，1999年），他所总结的中国人性格特点包括爱面子、节俭、勤劳、知足常乐、对生活状态和对具体事情都有强烈的忍耐性、重视礼节、孝行仁慈、漠视时间和精确性、天性误解、没有契约精神、拐弯抹角、因循守旧、柔顺固执、麻木不仁、心智混乱、互相猜疑、缺乏同情、共担责任（或者说株连）、敬畏法律等等。这些看法在安森船长的游记和马戛尔尼使团成员的各种报告里随处可见，只是明恩溥将它们系统化、专题化，作了更全面的描绘。而法国作家瓦莱里写于1928年左右的一段关于欧洲人如何看待中国人的总结更具代表性："他们既聪明又愚蠢，既软弱又有忍耐性，既懒惰又惊人的勤劳，既无知又机灵，既憨厚而又无比的狡猾，既朴素又出乎常规的奢华，无比的滑稽可笑。人们一向把中国看作地大物博但国力虚弱，有发明创造但墨守成规，讲迷信但又不信神，生性凶暴残忍却又明智，宗法制而又腐败。"（何兆武、柳御林主编：《中国印象——外国名人论中国文化》，广西师范大学出版社，2001年，第84—85页）这段话中更值得注意的是，所有评价都是以一组组的对立词汇表达，上述每一对特点在欧洲人看来都是不该

中国学者,见于17世纪欧洲书籍中的插图

并存的,但偏偏在中国人身上同时出现,这令欧洲人困惑不解。将中国人的特点以这种对立的方式来表达,本身就体现了欧洲人以为中国是超出他们理性理解范围之外的世界另一极。中国和中国人存在如此多对立特性给欧洲人带来的困惑使他们无法在自己认可的文明序列上定位中国。

除了中国人的性格特征之外,18世纪形成的关于中国文明静止孤立的看法,关于中国专制主义的看法,无不被19世纪和20世纪初的欧洲学者所继承,黑格尔有著名的历史开始于东方,但东方在历史之外的论断,马克斯·韦伯则换了一个"家产制"的名词来继续阐述专制主义。

对中国的印象大致是如此了,但这些印象对欧洲人而言意味着什么,则又随时间变化,甚至在同一时代的不同人也有不同评价。伏尔泰指出中国文明的孤立主义性质,但他对这种性质大体持赞扬态度。他把以中国为首的东方世界定义为一个以静止和孤立为准则的世界,这个世界与以积极活动和文化互动为准则的西方世界相对立,同时也是促使西方自我反省的必要参照。中国人的自给自足和由此而来的和平安宁,被伏尔泰用来抨击欧洲的贪婪和试图通过殖民活动征服全世界的冥顽欲念,他很是欣赏孔子的"己所不欲,勿施于人"的信条。然而对大多数正为欧洲那种生生不息的进步力量所陶醉的启蒙学者来说，中国的停滞与孤立更衬托出充满活力的欧洲文明的伟大与先进。孔多塞和吉本都试图论证欧洲目前的进步之途有足够的自我更新能力，不会像以往的各种文明那样陷于停滞、衰落，乃至消亡，它所指示的是人类进步的新希望。基于这种乐观主义，中国文明的价值只在于它的"历史性"意义，它不是当前历史进程的一部分，它只是欧洲人在确认自身发展道路之正确性时的反面对照物，也是欧洲人借以回顾自己的黑暗历史时的参照物，这种对立就类似光明的现代与黑暗的中世纪之间的对立，是时间上而非空间上的对立。所以孟德斯鸠、孔多塞、赫尔德、黑格尔接二连三地以中国与欧洲之间一静一动的对比来彰显近代欧洲的正确与伟大，欧洲人的好动、尚武、扩张全部成了优点，中国人那种深为耶稣会士和伏尔泰赞赏的和平主义精神相形之下就成了导致中国国力衰弛、国民懦弱的根源，而和平主义本身也成为与进取相对立、与停滞相关联的劣势特征。

4. 时代的变奏

人们的思想一方面来自历史的源流，另一方面也受制于现实的生活。

第一次世界大战，欧洲文明的优越感因为几乎毁掉自己的战争，而受到了拷问。战后，这场厮杀几乎毁掉了欧洲所有近代文明成就，其促使欧洲人反思自己的进步理念与进步方式，当初伏尔泰对欧洲文明贪婪性的孤独的担忧之情此时得到许多人响应，伏尔泰希望欧洲参照中国的静来反思自己过分的动，这一主张也被人重新提起。欧洲主要大学的汉学系都是在这种反思的基础上建设的，已经有的汉学系（如牛津、剑桥和莱顿）也因此而获得了实质性的扩展。

施本格勒在《西方的没落》中一反启蒙时代以来认为近代欧洲文明不会结束的乐观理想，认为西方文明已经完成其历史任务而正在走向没落。不过他倒没有把希望寄托在以中国文明来冷却西方的狂热，他依然认为中国在历史之外，现存的中国是中华帝国暨古老帝国文明之一的伟大历史碎片，行尸走肉般存在于世间。

瓦莱里则真正反思起西方人滥用物力，过分创造，不重视安宁与自由，也不尊重他人的信仰与利益，而以全人类的拯救者自居，结果导致一场令人类饱受践踏的大规模战争。对于西方人引以为傲的使事物永远更紧张、更迅速、更准确、更集中、更惊人的创造精神，瓦莱里对其结果和价值表示质疑。他还提到，中国人也因为这场大战意识到过于固执和持久被动的恶果，当她苏醒后会给世界带来怎样的震荡还不可预料。但无论如何，人类的相互依赖性愈发强烈已是事实，因此西方人当收敛自己的贪欲，去重视另一个民族的生命力。他意识到传统和进步永远是人类的两大对立势力，过去与未来、旧与新都无时不在较量，并且谁也无法消灭对方，因此更需要去理解和深入。瓦莱里依然强调东西方的对立性和本质上的不可融合性，但他不认为对立就是敌对，就是一方定要借助强势取消另一方，他认为对立双方可以试着去相互同情和了解。汤因比更进一步，提出了东方文明与西方文明的互补性，以及东方文明对于建设一个共同的世界文明的必要性甚至是主导性。他说东亚的很多历史遗产都可以使其成为全世界统一的地理和文化上的主轴，这些遗产之一就是中华民族那种在 21 个世纪中始终保持为一个迈向全世界的帝国的经验。请注意，这恰恰是长期以来被欧洲人讥诮为"停滞"的中国的可诟之处，但汤因比却让其升起为世界新文明的晨星。

汤因比所说的其他遗产还包括中华民族的世界精神、儒教世界观中的人道主义、儒教与佛教具有的合理主义。而此前欧洲人只认为自己的文化中才真正有世界精神、人道主义和合理主义。汤因比的这些言论发表于 1972 年，可以说是在经历了两次世界大战之后对欧洲文明和世界文明进程反思后的一个结果，他对西方文明不能自已的掠夺性和扩张性感到不安，提出世界的统一应当在和平中实现，而不是靠武力，由此中国人积淀多年的和平主义精神和在此精神笼罩下的对世界的宁静态度显得弥足珍贵。然而不要忽略，汤因比也是把东西文明作为对立两极来看待，只是他对"对立性"的价值判断不同于启蒙时代以来、资本主义文明急速上升时期的大多数西方人。

上面所列举的这些西方人对中西文明具有对立性这一点并无歧见，但他们对于这种对立性的态度却随着对欧洲近代文明的态度而反复。当他们对自身感到乐观时，便理直气壮地说自己多么优秀与合理，而指摘中国如何不合时宜。当他们对自身感到悲观时，便又探询着是否能从它们的对立面中找到微光烛照。

伏尔泰在近代文明晨光初现之时表露出来的忧思不同寻常，这是他个人伟大的人文主义关怀的体现,但却要被湮没在时代的主流之中。而且伏尔泰那种略带悲观的冷静态度也不能完全算是特立独行,在孔多塞和吉本之前,启蒙学者们出于历史前鉴也一度在担忧,新出现的这个文明阶段,是否也会像以往所有的文明阶段一样在其繁荣之后趋于衰亡?

5. 反观诸己的镜像

通常人们总认为，19世纪中叶以后至20世纪上半叶，是西方中国观发生重大变化的时期，是一个从曼妙少女转变为灶头老妪的时期。其实，西方人（主要是欧洲人）在不同时期对中国的评价首先不可简单以好和坏、美和丑这样的对立概念表达。无论在哪个时期，西方人评价中国在很大程度上都取决于自己对这种异质文化有怎样的需求。

17世纪的欧洲希望用中国文明来增添上帝的荣耀，因此以最大的宽容心来挖掘中国文明中符合基督教教义中善与美之要求的内容。

18世纪，中国在护教者们眼里早无可取之处，但在启蒙学者们眼里则有各式各样的可爱面目，用来攻击教会、用来巩固自己的观点理论、用来证明自己社会改革理想的合理性等等。但这个"可爱"不等于"好看"，而应意味着"有用"，当时以中国作正面例子和反面例子的都不乏其人，如果着眼于对中国的好坏评价，就无法归结这个时代的特征。这个时代是欧洲在借助中国来确定自己发生历史转型的合理性，有人通过把中国树为同盟来进行，有人则认为把中国看作对立面更可行，可以说是具体手法的差异。

但是19世纪之后，将中国作为对立面无疑成为西方世界主流的意见，此时的欧洲再不必向什么权威去证明自己发生转变的正当性，而是志满意得地向全世界展示自己脱胎换骨后的强健与美丽，他需要的是能够反衬自己绝代风华的庸常之辈，中国扮演了这样的角色。因此，西方的中国观不能说是在19世纪后半叶随着中国的屡次战争失败而发生重大转折，也不是马戛尔尼访华才形成欧洲对中国的认识新起点。

我们从前面的分析中可以看出，启蒙时代就是近代以来西方认识中国的起点，不仅有关中国的基本知识从那时获得并巩固，并且从那时起，中国就被欧洲塑造为一个有助于加强欧洲人自我意识的对立文化实体，而且随着欧洲人自我评价的变化，这个对立文化实体的价值也在摇摆。说到此，我们也已经很无奈地意识到，直到今天，欧洲许多关于中国的认识还停留在中西初识的时期，欧洲仍相当顽固地根据自己的需要来理解中国。中国文化曾经在启蒙时代这个历史时期里为欧洲文化和社会的转型做出贡献，但欧洲还远远没有认识中国。

其实，通过比较而认识自己，这恐怕是人类思维中的固有习性，在此基础上发生种种从自身需求出发的文化误读也成为文化发展过程中很难消除的现象，当然误读的好坏结果不能一概而论。我们追溯欧洲认识中国的起点，和在这个起点上认识中国时的特点，以及这些特点对后来的影响；我们分析欧洲人的中国观，指明多少带有本位主义性质的文化误读的存在，这些努力并不是奢望去消解这种现象、奢望历史发展进入一种理想状态，而是希望能在我们的思维中多一些批判与反思的意识，无论是对于我们自身，还是对于别人看待我们的眼光。无论如何，欧洲人在不断自我反思这一点上的确为我们树立了一个好榜样，他始终把中国置于自己的对立面，并不断改变对中国的态度，也正是因为他在不断重新认识自己、重新定位自己。中国成为欧洲反观诸己的"镜像"。

20世纪下半叶以来，中国的变化可以说是翻天覆地，时至今日，"人类命运共同体"的构建，及其具体措施之一的"一带一路"建设，也成为中国展现给西方、给世界的新名片。但是，西方国家打量中国的眼光，依然受到历史惯性的影响。

后　记

1989年8月，我获得德国洪堡基金会（Alexander von Humboldt Stiftung）资助，去欧洲游学，后来在特里尔大学任教。从1989年8月到1999年8月，这十年时间里有整整七年是在德国度过的，除了德国的波鸿、波恩、汉堡、特利尔、柏林、慕尼黑、海德堡等地之外，还曾经于1991年暑假去剑桥大学圣约翰学院访问，参加会议和游历更是及于维也纳、罗马、巴黎、土耳其、西班牙、卢森堡、布鲁塞尔、阿姆斯特丹等欧陆各地。

这段时间几乎比我读硕士和博士研究时间还长。我也因此从治中国中古史转而开始关注西方汉学史，进而转向中西文化关系史。1979年入学读研的时候，导师杨志玖先生的《关于马可·波罗离华的一段记载》正好重新发表，引起轰动，我受命为在南开开讲敦煌学的藤枝晃教授做生活助理，杨先生给这个读书班特别讲了一次他对马可·波罗的研究以及写作那篇文章的经纬。来德国之前，我又曾多次陪先生接受美国《马可·波罗》摄制组的采访，到颐和园拍外景，住在六国饭店，先生给我讲六国饭店的来历。现在想来，先生对我的影响无处不在，我对中西关系的兴趣也逐渐滋长。

回国之后开课，带研究生，做课题，编教材，也曾带博士生去柏林联邦档案馆抄写档案，都涉及中西文化关系史的领域。最近几年则应邀给报刊写了许多这方面的文章。写作之前，自己就有了一个大体的思路和纲目，现在把这些文章汇编起来，进行修订、整理、补写，就有了呈现在读者面前的这本书。

历史是现实永恒的背景。一部中西关系史，主体就是西域、南海交通史，中国与泰西地区文化交流史，它们构成了当今"一带一路"课题的历史文化纵深。鉴于这样的认识，本书力求通俗易懂，要言不烦，给广大读者提供关于"一带一路"的历史文化背景和最前沿的研究成果，为现实关怀提供历史的思考。

　　本书是清华大学文科处2016年度文科自选课题的研究成果，也曾获得清华大学教育基金会有关基金的宝贵资助。三联书店的责编、老友孙晓林女士，不厌其烦地对书稿提出了许多中肯的宝贵意见，令人感动。没有她极其专业的编校工作，本书是不可能以现在的面貌完成的。诸生张明、孟献志、陈昱良、王炳文，为图片的搜集付出了辛勤的劳动。老友洪远平曾仔细阅读书稿，纠正文字讹误。所有这些，在此均表示衷心的感谢。

张国刚
2018年7月9日于北京清华大学荷清苑